读史有学问

三千年来激荡人心的继位史

升级版

博 文 编著

中国华侨出版社

图书在版编目(CIP)数据

三千年来激荡人心的继位史 / 博文编著.—北京：中国华侨出版社，2011.6

ISBN 978-7-5113-1480-2

Ⅰ.①三… Ⅱ.①博… Ⅲ.①政治制度-研究-中国-古代 Ⅳ.①D691

中国版本图书馆 CIP 数据核字(2011)第 107276 号

三千年来激荡人心的继位史

编　　著 / 博　文

责任编辑 / 尹　影

责任校对 / 李向荣

经　　销 / 新华书店

开　　本 / 787×1092 毫米　1/16 开　印张/18　字数/270 千字

印　　刷 / 北京军迪印刷有限责任公司

版　　次 / 2011 年 8 月第 1 版　2020 年 5 月第 2 次印刷

书　　号 / ISBN 978-7-5113-1480-2

定　　价 / 60.00 元

中国华侨出版社　北京市朝阳区静安里 26 号通成达大厦 3 层　邮编：100028

法律顾问：陈鹰律师事务所

编辑部：(010)64443056　　64443979

发行部：(010)64443051　　传真：(010)64439708

网址：www.oveaschin.com

E-mail：oveaschin@sina.com

前言

QIANYAN

太子，作为一国储君，未来帝王，可谓天下最有前途的理想职业，而且独此一家，别无分店。因而，太子之位便理所当然地成为权力中最为紧俏的烫手山芋。

为了拥抱这一特殊职业，那些自认为可以入主皇宫的各色人等，无不使出浑身解数，整合各种资源，除了处心积虑竭力运筹谋划外，还敢冒天下之大不韪而孤注一掷，也因此让中国历史上的权力交接，出现了一幕幕惊心动魄、跌宕起伏的宫廷博弈，上演了一出出同室操戈、骨肉相残的历史悲剧。

众所周知，不论通过何种手段上台的帝王，一旦君临天下，都要册立太子，以此延续并确保自家王朝的长治久安。但同时也决不允许其他皇子争夺太子之位，同时更不容许皇太子窥视或者挑衅自己。可是，面对至高无上的权力诱惑，有的皇太子总是按捺不住提前登基的欲望，或明或暗地向父皇发出挑衅。再加上这种立嫡长不论德才的做法存在明显的承袭硬伤，势必会导致一些素质高于太子的其他皇子被排出圈外，这样就会滋生怨恨和嫉妒，尤其是那些头脑聪明、功勋卓著的皇子，在欲望和野心的支配下，往往不顾亲情，拉拢权臣铤而走险。而那些为了自身利益的后妃、皇子，以及一些大臣，出于各自不同的政治盘算，也自然会推波助澜，或挑拨怂恿太子向父皇挑战，或拉拢其他皇子排挤太子，以保住他们既得利益。这样一来，皇宫就成了腥风血雨、刀光剑影、明争暗斗的博弈平台。

应当说，帝王等人和太子间的残酷冲突，无情地折射出了封建专制体制的腐朽与冷酷，以及专制体制下的统治集团内部为了权力尔虞我诈、六亲不认的残忍阴险。就连一些野心勃勃、权力欲望强烈的母后，也丝毫不念及母子之情，为了除掉作为儿子的政治对手，下手也同样十分凶残。至于众多皇子，为了争得皇太子地位，照样会将屠刀对准这些情同手足的兄长。因而，对大多数太子而言，东宫始终潜伏着让他们离开的危机。从成为太子之日起，就如履薄冰地苟活偷生。这就注定了有些太子根本无法等到登基的那一天，就在激烈的储位争夺中被清理出局。而有一些人原本被排除在权力核心之外的人，或者本身就缺少治国理政的才干，却由于宫廷各种力量的角逐而渔翁得利，当然，里面不乏被政治操作的傀儡成分作怪。

为了感知那些惊心动魄的太子继位场景，我们不妨穿越历史时空，深入封建专制体制下森严的东宫，进入太子生活的天地，揭开诡谲多变的宫廷内幕。在权力面前，呈现出的是一幅人性扭曲、手足相残、伦理错位等不堪入目的惨烈场面，往往令人心惊肉跳、感慨不已。

本书以中国古代帝位传承为主线，用大量翔实的史料，真实生动地再现了自秦、西汉至明、清等 14 个朝代，对太子继位的故事进行了筛选，将其中最具代表性的 42 个人物分为六大部分进行逐一讲述。围绕帝位继承的太子废立，以及围绕他们册立废杀引发的各种政治力量较量，尔虞我诈、父子反目 、母子仇加、兄弟血拼等一幕幕惊心动魄的激荡画面，力图让人们能够全方位、多层面地了解封建社会的政治史，以及专制体制的腐朽黑暗与血腥。

与此同时，本书用深邃的思想和精彩的笔触嬉笑怒骂，品评历史、品读人物、品味人生，告诉你埋藏在历史尘埃中的，或是被曲解误读过的真正的太子继位秘史，让你穿越古今，感受那风云激荡的沧桑岁月。

目录

MULU

第一辑

❖相煎何太急:丧心病狂的篡位者❖

君临天下的皇帝之位也许是这个世界上最具有诱惑力的东西了。为了争夺皇位,无数人变得丧心病狂,尤其是那些在皇位争夺战中落败的人,更是要不惜一切代价将这件天下第一好东西抢到手。对于这些人来说,皇位就是他们毕生追逐的东西,任何挡在他们身前的人都得死!

第二辑

❖政治遮羞布：任人摆布的玩偶继位者❖

皇位传承是一项充满血腥和虚伪的游戏。古代那些皇帝们，就算是那些雄才伟略的有道明君，手上也免不了沾满无辜者的鲜血，口中也不得不讲出言不由衷的政治辞令。但是，这一切的血腥和虚伪都是上不得台面的，这些肮脏的东西，必须被掩藏起来。那些名正言顺的皇帝尚且如此，那些名不正言不顺的当权者就更需要给自己加上一块政治遮羞布，而这块遮羞布则往往就是那些毫无反抗能力，只能任由他们摆布的弱者。

第三辑

❖顺天承命：被潮流推向政治舞台的继位者❖

“顺天承命”，自古以来的任何一个皇位继任者都会拿这4个字来形容自己，来给自己的脸上贴金。也许正是由于这4个字已经被皇帝们用得滥了，后世之人再也不会把这4个字放在心上。但是，历史上还真的就有那么一群顺天承命的人，他们继承皇位虽然也要经过残酷的政治斗争，但却确确实实地顺应了历史发展的潮流，在他们登上皇位之后，也着着实实做出了一番事业。

第四辑

❖政治衣钵:只因生在帝王家❖

生在帝王家是一个人一生的幸运,也可以说是一个人一生的悲哀。帝王家的成员,每个都是天潢贵胄,穿的是绫罗绸缎,吃的是山珍海味,住的是亭台楼阁,坐的是八抬大轿;帝王家的成员,每个都是政坛上的一颗棋子,娶回了政治筹码,嫁给了素未谋面,失去了人身自由,继承了烫手山芋。这就是帝王家的幸运,这也更是帝王家的悲哀。

第五辑

❖风雨飘摇：江山不稳被清场，恋恋不舍愁断肠❖

自古以来，凡是既有野心又有出身的人，无不对高高在上的皇帝之位存有觊觎之心。但是，皇位不是保险箱，虽然当上了天底下权力最大的人，也不见得就能高枕无忧、为所欲为。欧洲有一句古谚："记住，总有人比你更聪明。"对于那些初登皇位的人来说，则是："记住，总有人会想要取代你。"事实上，那些即位不久就被人拉下马的皇帝也着实不在少数。正所谓：江山不稳被清场，恋恋不舍愁断肠。

第六辑

❖千古遗憾:无缘身在最高层,太子终未登龙廷❖

太子是一种高回报高风险的行业。对于那些有志于争夺皇位的人来说,登上太子之位意味着自己在皇位争夺战中占据了先机。不过,一旦成了太子,所有还在觊觎皇位的人都会把你当成眼中钉、肉中刺。以致很多人虽然当上了太子,但还是被人拉下了马,终究没能当上皇帝。至于像胤礽那样苦等几十年却仍然两手空空的太子来说,就只能说是悲剧中的悲剧了。

第一辑

相煎何太急：丧心病狂的篡位者

君临天下的皇帝之位也许是这个世界上最具有诱惑力的东西了。为了争夺皇位，无数人变得丧心病狂，尤其是那些在皇位争夺战中落败的人，更是要不惜一切代价将这件天下第一好东西抢到手。对于这些人来说，皇位就是他们毕生追逐的东西，任何挡在他们身前的人都得死！

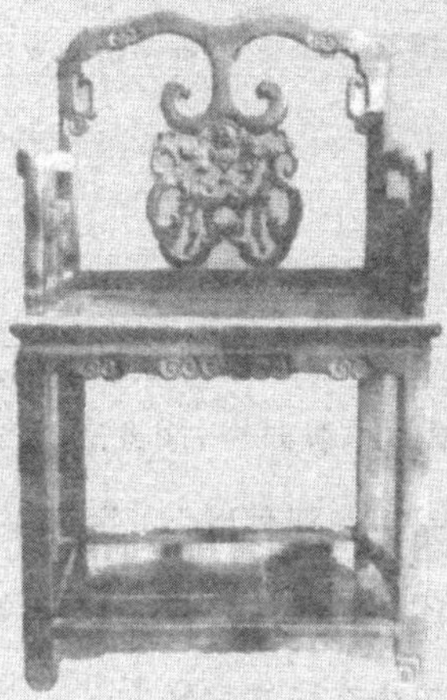

胡亥——杀兄矫诏抢大位的秦二世

胡亥作为皇帝始祖秦始皇最小的儿子，史称秦二世，在中国历史上是一个备受诅咒的人物。因其一直和杀兄篡位以及“指鹿为马”这类词汇联系在一起，早已被钉在历史的耻辱柱上。

按理说，有气吞山河的父皇秦始皇的庇荫和真正的皇亲血统，姑不论胡亥是通过何种血腥的方式继位，但根据“既来之则安之”的传统，总应当有所作为，这样才无愧于自己的“岗位职责”，也不会辱没先人的英明。

可是胡亥这个政治上的“绣花枕头”，一旦君临天下，就陶醉在巨大的政治光环里，只知道整天和杂技演员、后宫美女们在一起吃喝玩乐，发誓要将“娱乐进行到底”。至于朝政，好像他成了旁观者，结果把父亲倾尽毕生精力搭建起来的强大秦国给弄的乱七八糟，甚至闹出“指鹿为马”这样的政治闹剧，不但上演了一出“过把瘾就死”的现实版，还挥霍掉了整个国家，成为天下人的笑柄。

继位内幕

作为秦始皇的第十八子，也就是秦始皇最小的一个儿子，虽然位列皇子，但根据古代最高权力论资排辈的承袭旧规，胡亥应当是距离皇权最远的人。可是，正是这位最没有资格继位的人，在别有用心的阴谋家的操纵下，政治野心却突然迸发，走上了一条歇斯底里的屠杀之路，其众多兄弟姐妹也都成了巩固政权的祭品，从此拉开了我国封建皇位争夺战的序幕。

始皇命归西，胡亥成赌具

历史有时真的让人不可琢磨，胡亥之所以“脱颖而出”荣登皇位，被人看上的正是他的“便于驾驭”，说白了就是他的白痴。这恐怕是对英名盖世的秦始皇的极大羞辱，因为秦始皇当初把自己定位为始皇，就是希望他的大秦江山万古长青。可是秦始皇做梦也没有想到，他的政治衣钵却被无能的小儿子胡亥接去，使大秦江山很快就分崩离析。

公元前221年，秦始皇吞并六国，统一天下，建立了强悍的秦王朝，成为我国历史上最著名的千古一帝。秦始皇不仅是个野心勃勃的皇帝，同时还是位比较狂傲的人。他认为自己有经天纬地之才，完成了别人根本无法完成的历史使命，这样的功绩已超越了三皇五帝。于是，他为了让后人记住他伟大的功勋，就创造了“皇帝”一词，自称为“秦始皇”，意思就是后代皇帝就按“二世”、“三世”这样的顺序无限制地叫下去。可是，这位心比天高、命比纸薄的伟大帝王怎么也没有料到，他会在51岁那年就走到了人生的尽头，更没料到的是，他费尽心机打下来的江山，竟很快毁灭于他的心腹权臣赵高、李斯和他的小儿子胡亥联手导演的政治阴谋里。

公元前210年，秦始皇带着他最疼爱的小儿子胡亥、丞相李斯和中车府令赵高等诸大臣第五次踏上了出巡的道路。可出巡的车队刚走到平原津时，秦始皇就不幸身染重病，但因为秦始皇坚信自己可以长命百岁，就没有把病放在心上。当大队人马走到沙丘平台时，秦始皇的病情却突然恶化，此时的秦始皇意识到自己这次闯不过生死关了，于是立即召集胡亥、李斯、赵高，并给长子扶苏留下一封玺书，让他把军队交给蒙恬，急速赶回咸阳来处理丧葬和继位的身后事宜。玺书写好后，还没来得及发出，秦始皇就一命呜呼了。

但由于秦始皇在这之前没有明确设立太子，若把秦始皇已经去世的消息扩散出去，势必会引发各皇子为争夺皇位而发生内讧。为了大秦江山的稳固，丞相李斯果断下令封锁秦始皇死亡的消息，并迅速赶回咸阳，他一边把秦始皇的尸体安置在车中，让宦官照常坐在车上，传递批答奏章，送水送饭，如同秦始皇生前一样，并且同时催促赵高速发玺书，急召扶苏赶回咸阳。

但出人意料的是，秦始皇活着的时候，他的话总是不打折扣地被贯彻执行，可在他死后尸骨未寒时，赵高就对如何篡改秦始皇的遗诏动起了歪脑筋。由于过去赵高曾经因为招权纳贿、舞文弄法，被秦始皇察觉，并将他交给了蒙恬的弟弟蒙毅来审理，蒙毅自然不敢徇私，便按律定罪，给判了个死刑。可谁知秦始皇却突然改变主意，不但赦免了赵高的死罪，而且还让他官复原职。但此事却在赵高和蒙恬兄弟之间结下了梁子，而蒙恬兄弟又是扶苏最仰重的大臣，一旦根据秦始皇的遗诏让扶苏继位，赵高料到自己肯定没有好的结果。

因此，秦始皇一死，赵高就开始盘算如何保住自己的权势。他认为，唯一可以帮助自己摆脱危险境地的人就是胡亥。过去赵高曾经教胡亥写字和狱律法令等，和他有师徒之谊，况且胡亥私下里也很喜欢他，并且对他的话言听计从。若让胡亥当了皇帝，那么，赵高就可以拥有至高无上的权力了。盘算之后的赵高，终于露出了一丝笑容。

受帝位诱惑，胡亥露出狼性

历史有时真的很无奈，在遭遇某种政治角力之后，会突然改变运行轨道。在秦始皇突然驾崩之后，大秦帝国的权杖竟然掌控在了阴谋家赵高的手中，这就是历史的拐点。赵高不但怂恿胡亥改变了接班路线图，还让利令智昏的胡亥大开杀戒，清除了自己的政治对手，上演了一出骨肉相残的人间悲剧。

当赵高决定要改变大秦的历史走向后，便来到胡亥乘坐的马车上，问胡亥："王子，先皇驾崩，根据遗诏，是让你的哥哥扶苏继位，你有什么想法吗？"

胡亥还算有点自知之明，他知道自己的半斤八两远不够当皇帝的资格，于是便坦然地对赵高说："老师，既然父皇的遗诏是要立哥哥扶苏继位，那我们唯一能做的，就是听从他老人家的安排。"

赵高自然知道胡亥是个烂泥扶不上墙的主儿，但是扶不上也必须得扶，因为这关系到赵高自己的前程问题，甚至是身家性命。他便不动声色地说："王子，可现在天下大权就掌握在你、我和丞相李斯的手里，还不如你自己当皇帝。"

胡亥非常惊恐地说："废掉兄长而自立，那可是不仁；不遵父皇诏命，可谓是不孝；自己能力不够，靠别人力量做皇帝，是无能。这三样可都是大逆不道，老师你怎么能这样呢？"

这些道理赵高自然很明白，但胡亥不做皇帝，那他赵高的一切就会烟消云散。于是他就继续"开导"胡亥："商汤革命，周武伐纣，都是杀了他们的君主，天下没有人说他们不忠的；卫国国君杀掉残暴的父亲自立为王，也没有人说他不孝的，就连孔子还夸他做得对呢。因此，想干大事的人，就不要拘泥小节；有大德的人，就不应该过多计较过失和责备。事贵达权，不可墨守陈规。因小失大，必生祸患；坐失良机，将来必定会后悔！"

皇帝的权力无疑充满了诱惑，再加上赵高这番巧舌如簧的旁征博引，彻底打消了胡亥仅存的良知，他很快就接受了赵高的说法。其实，他也对权力充满了期待，只是怕自己控制不住局面而已，现在有了赵高这个后盾，他心里豁然开朗，决定搏上一把。

但赵高认为，说服胡亥并不是关键，最大的障碍就是李斯。因为李斯是秦始皇最信赖的丞相，在朝野中，他有着举足轻重的作用。如果李斯不同意，立胡亥为皇帝的事就没有任何意义，于是，赵高就开始了对李斯的攻心战。

当时的李斯已年届七旬，应该算是一个相当老辣的政治家了，他对秦始皇朝忠心耿耿，要说动他去改变先皇的遗诏，几乎不存在任何可能性，可赵高却自有办法。一开始，当赵高告诉李斯他想改诏书的事后，李斯坚决反对。可狡猾的赵高又对李斯讲明利害，说如果扶苏做了皇帝，一定会重用蒙恬，到那个时候，别说你宰相的位置不保，甚至还有可能连累身家性命。赵高这番口舌果然厉害，着实打动了李斯。出于种种考虑，李斯最终选择了妥协，和赵高同流，立下胡亥。事实上他的这一选择，完全是助纣为虐，不仅断送了自己的一切，也断送了年轻的大秦帝国。

赵高说服李斯后，便与胡亥组成3人阴谋集团，开始实施一场直接改变秦朝命运的宫廷政变。政变的主谋虽然是赵高，但执行者却是李斯，因为没有他的同意，任何诏书都发布不出去，同时李斯任相多年，在国内的地位和威望都是赵高无法比肩的。

3人阴谋集团达成共识后，就紧急磋商，他们分析认为扶苏虽然机智聪颖，但是，他有其致命的弱点，就是天生一副悲天悯人的慈悲心肠，又恪守孝道。于是，赵高就提议，必须先毁掉秦始皇赐给扶苏的"玺书"，再由李斯伪造一道秦始皇临终前给李斯的临终遗嘱，谎称他在沙丘就接受了始皇的遗诏，是要立皇子胡亥为太子，并以秦始皇的名义把长子扶苏和蒙恬下令赐死。

在这封杜撰的诏书中，直接向扶苏等表明："我巡视天下，祈祷祭祀各地名山的神灵以求长寿。而扶苏和将军蒙恬带领几十万军队驻守边疆，虽然十几年，但却不能向前推进半步，而士兵又伤亡众多，没有立下半点功劳，反而多次上书诽谤于我，因不能解职回京当太子，就心生怨恨。扶苏作为人子而不孝顺，赐剑自杀！将军蒙恬和扶苏一同在外，不纠正他的错误，也应知道他的谋划。作为人臣而不尽忠，一同赐命自杀，把军队交给副将王离。钦此！"

诏书传达到军中后，扶苏备感震惊，但他毕竟不知道父皇已死。根据秦朝法典，扶苏听完使者的宣旨后，便要自裁。可蒙恬却急忙上前制止，他认为始皇既然选派扶苏来做30万大军的监军，这本身就意味着把天下的重任交付给了他，今天怎能凭着使者的一封诏书就选择自杀呢？况且有谁来保证这诏书不是假的呢？蒙恬就劝扶苏先作请示，等弄清诏书的真假后，再死不迟。可扶苏却是位典型的仁孝忠厚的人，认为君要臣死，臣不得不死，父要子亡，子不得不亡，于是便稀里糊涂地拔剑自杀了。但蒙恬却坚决不从，使臣无奈，只好把他抓了起来，囚在狱中。

胡亥、赵高和李斯 3 人得知扶苏已死，备感振奋，便一路欢喜直奔咸阳。当时正值盛夏酷暑，没有几天，秦始皇的尸体便腐烂发臭。李斯和赵高怕引起众人的怀疑，就下令索取鲍鱼，百官车上各载一石，以鱼腥来掩盖尸体的臭气。就这样星夜兼程，赶回咸阳，到达咸阳后就立即宣布胡亥为太子，并为秦始皇举行了盛大的葬礼。葬礼结束后，胡亥便正式即位登上皇帝宝座，称为秦二世。赵高也因为篡位有功而被胡亥提升为郎中令，并常居于宫中参与重大政策的决策，而李斯也保住了他丞相的位子。

千秋评说

人们在谈论历史的时候，往往说历史潮流浩浩荡荡、不可逆转，可有的时候，历史的契机却总是在不经意间掌控在一两个人的手中。赵高、李斯就是在历史的瞬间获取了这样的机会，他们在历史的紧要关头，为了达到自己政治上不可告人的目的而突然发力，逆历史潮流而动，把平庸窝囊的胡亥推向了历史的前台，使得大秦这场原本有序的权力交接，却因为他们膨胀的野心而最终演化成了一场血淋淋的政治豪赌，不但输掉了秦始皇苦心经营的大秦江山，还使历史的运行轨道发生逆转，而作为 3 人阴谋集团主角的赵高、李斯和胡亥也无一人得到善终。

先说这场政治浩劫的主谋赵高，他在历史上则是以典型的小人形象出现的，如果说他在这场篡位中，是因为顾忌扶苏登基而难以自保而采取的非常手段的话，倒不如说他和秦始皇早有心结，他原本是赵国人，一直对秦始皇消灭赵国存在极大仇恨，但却迫于秦始皇的威严而不得不蛰伏起来，且骗取了秦始皇的信赖。这次篡位大打出手，表面上是推胡亥登基，其实他是为了自己更大的政治图谋而作的铺垫。怎奈人算不如天算，虽然报了秦始皇灭赵国的一箭之仇，但却最终没能登上大位，反而被秦始皇的后人子婴所骗斩，可谓死有余辜、罪有应得。

再说李斯，这位原本对秦始皇忠心耿耿的老政治家，对秦始皇统一六国立下了汗马功劳，可他贪恋权威、见风使舵，不但晚节不保，而且还被那位阴谋篡位中的搭档赵高所处死，可谓得不偿失、咎由自取。

最后说一下胡亥，这位原本不懂政治的纨绔子弟，在权欲的诱惑下，不但对长兄扶苏大打出手，而且还对其他20多位兄弟姐妹大开杀戒，完全沦为一个杀人的恶魔，但最终也难以逃脱赵高的精心算计，成了赵高权欲的祭品，这也算是苍天有眼，对他的惩罚吧。

一场由恶魔导演的篡位活动，却使那么多的生灵惨遭杀戮，足见权力的诱惑力，可见通向皇位的太子，也是一个高风险的职位。

刘聪——杀兄登宝座的昭武帝

刘聪出身匈奴，是十六国时期汉国国君刘渊第四子。刘聪从小就聪悟好学，14岁时便精通经史，熟读《孙吴兵法》。在武功方面也十分了得，精通剑术、善于骑射。即便是在书法和文章方面，也颇有造诣，可谓名冠当时的文武全才。深得其父刘渊的器重，并被委以军中重任。但因其生母不是正宫，故其不能作为皇太子承袭父位。所以，刘聪只能和其他同父异母的兄弟一样，出任地方王侯。

可是这位曾经的少年英才，一旦登临大位后，却变成了十足的政治流氓，整天沉迷于酒色，将对他原本极有诱惑力的权力弃之一边，不但遍选天下美女，就连近臣长相好的女儿、孙女也成为他的囊中之物。甚至还荒唐地把先皇的爱妃揽入自己的怀抱，成为天下人的笑柄。

经历史学家考证，刘聪对于他做太子的哥哥刘和并没有什么不恭敬的举动，在刘和登基之后，也丝毫没有露出准备起兵造反的架势。手握重兵却心甘情愿做臣子，刘聪的确是很难得的。不过，究竟发生了怎样的变故，让刘聪这样一个并没有多大野心的人篡权夺位，成为历史上著名的暴君之一呢？

兵权惹祸端，刘聪成为眼中钉

刘聪无疑在众皇子中，是颇具能力的一个，但因其生母不是皇后，自然就丧失了角逐皇位的资格。如果不是初登皇位的兄长刘和首先向其发动血腥的挑衅，刘聪就有可能在其王侯的位置上走到生命的终点。

晋怀帝永嘉四年，刘聪的父皇刘渊病重，他意识到自己不久将会离开人世，便开始对人事布局进行紧急调整。首先立呼延皇后生的儿子梁王刘和为太子，齐王刘裕为大司徒，鲁王刘隆为尚书令，楚王刘聪为大司马大单于，北海王刘义为抚军大将军、领司隶校尉，始安王刘曜为征讨大都督兼单于左辅。同时，刘渊还将太子刘和托付给同姓老臣刘欢乐、刘洋和刘延年，并给他们加官晋职，使其均位列三公，旨在肩负辅佐君主的重任。两天后刘渊就驾崩了。

刘和因母贵而变得子荣，以太子身份顺利登基。可此时，刘和的舅父呼延攸，这位曾因平庸而被刘渊冷落的小官吏，却不甘寂寞了，认为外甥刘和的执政给他带来了可以使自己大展宏图的契机。

于是，呼延攸经仔细斟酌，便开始了他的计划，首先他串通没有被刘渊委以重任的侍中刘乘与西昌王刘锐，3 人一块怂恿刘和说："先帝不顾轻重，让三王在内执掌兵权，尤其是大司马刘聪拥劲卒 10 万逼居近郊，那人可不是个省油的灯，因此，陛下表面上是皇帝，其实只不过是一个傀儡而已，将来的祸福真的难以预测。陛下务必趁此早做决断，免得将来养虎为患，何不在他还没有行动之前，就采取先发制人的策略，斩草除根呢?"

刚登帝位、已经陶醉在巨大政治光环里的刘和，原本就性格多疑，不施恩德，经这 3 人这么一挑拨，顿感不安。于是，便立刻定出诛杀刘聪的阴招，为了确保胜算，刘和就以帝王的口气连夜召来安昌王刘盛、安邑王刘钦等人，并亲自下令按计谋进行。

安昌王刘盛听后大吃一惊，并表示坚决反对，他意味深长地对刚继位的刘和说："现在先帝的棺柩还没有安葬，4 位藩王也没有表现出任何叛逆的举动，一旦自相残杀，岂不让天下人看笑话?何况如今大业未成，陛下千万不要听信小人的谗言，胡乱猜疑兄弟。如果连兄弟都不能相信，那还有谁值得信赖的呢?"

可呼延攸、刘锐哪管这些，就目露凶光，对刘盛发怒说："今天商议的事情，没有其他道理可讲，就是你死我活的斗争，既然你刘盛敢违背圣上旨意，就休怪我等手下无情!"

呼延攸说完，便命令随从立刻把刘盛斩杀。亲眼看到刘盛被杀，软骨头的刘钦十分害怕，便惊恐地说："我愿意听陛下吩咐。"

次日，刘锐便趾高气昂地带领马景准备在单于台攻打楚王刘聪。呼延攸则带领永安国到司徒府攻打齐王刘裕；刘乘也带领安邑王刘钦攻打鲁王刘隆；同时还派尚书田密、武卫将军刘璿攻打北海王刘义。让刘和意想不到的是，田密、刘璿临阵哗变，带着刘义冲过关卡，归附了刘聪，刘聪十分欣喜，就命令将士穿上铠甲等待刘锐自投罗网。

泯灭人性，刘聪走上恶魔之路

如果说刘聪，对其皇兄刘和大开杀戒是完全出于正当防卫的话，那么后来在问鼎权力宝座之后，悍然撕毁对其兄弟刘义的承诺，展现出虚伪和残忍，则纯粹是为了权力而采取的非常手腕。

狡猾的刘锐得知刘聪已有防备，便迅速回师，与呼延攸、刘乘一起攻打刘隆、刘裕，并先后杀死了刘裕和刘隆。刘聪见事已至此，便亲帅大军攻克西明门。刘锐等人逃进南宫，冲在前面的人紧追不舍。不久，刘聪就杀入城内，在光极殿西室杀了屁股还没有暖热龙椅的刘和，并很快抓住刘锐、呼延攸、刘乘等人，就地处死后，把首级悬挂在路口示众。

惊恐不安的大臣们哪见过这等架势，老皇帝尸骨未寒，刚刚继位的刘和便在其舅父呼延攸等人的唆使下，发动了一场家族大战。结果，以刘聪大胜而宣告结束。于是，见风使舵的大臣们就赶紧拥戴刘聪登位。可刘聪因顾忌北海王刘义是单太后的太子身份，就假意把皇位让给刘义。可刚刚经历过一场血雨腥风、仍惊魂不定的刘义哪里还敢接位，便流着泪坚持请刘聪即位。刘聪似乎很勉强，过了很久才答应，说："刘义和各位正是因为祸乱还很厉害，看重我年长几岁，才委托我担此重任。这是国家的大事，我怎么还能一再推辞呢?这样也好，我先管理着，等刘义长大，我再把国家大业交还给他。"

于是刘聪便宣布即位，史称昭武帝。同时刘聪还封刘义为皇太弟，住在东宫，答应等刘义长大了再让位给他。并大赦天下，改年号光兴。

可不久，刘聪为了巩固自己的权力，就再次大开杀戒。因为刘聪知道自己是超越长幼次序而当的皇帝，所以就猜忌他的亲哥哥刘恭会有不同想法。于是就趁着刘恭睡觉，派人挖穿他卧室的墙壁，将刘恭残忍地刺杀了。这样刘聪才感到心里踏实了。

天下安定之后，刘聪的淫欲就开始膨胀。他原本就对单后的美貌情迷心荡，不过碍于父皇刘渊而不敢轻举妄动。可如今做了皇帝，他就没有什么可顾忌的了。这单后也属于水性杨花之人，她见刘聪仪容秀伟，也不免春心荡漾。于是二人一拍即合，便夜夜蒸淫不息。没过几天，宫廷里都知道了此事，一时传为笑谈。单后的儿子刘义正值少年心气，听不得别人的冷嘲热讽，便屡次在入宫看望单后的时候婉转规劝。单后听后顿感羞愧，郁闷成疾，不到一年便撒手人寰。

单后之死，让沉湎女色的刘聪悲悼不已。他得知单后之死是由刘义规劝所致，便十分痛恨刘义。只是念及单后生前情意，不忍对刘义下手。

风流成性的刘聪自从单后死后，便又选了许多美艳的女子充入后宫，任命司空王育的女儿为左昭仪，同时还任命任尚书令的女儿为右昭仪，将大将军王彰的女儿、中书监范隆的女儿、左仆射马景的女儿都封为贵人，右仆射朱纪的女儿为贵妃，都佩着金印紫绶轮流进御。

有了这么多美女的耳鬓厮磨，可刘聪没有满足。他听说太保刘殷家里的两个女儿、4 个孙女都是天姿国色，于是想不分尊卑长幼一并娶进宫里，纳为嫔妃。皇太弟刘义就劝其说同姓不能成婚，刘聪哪管这套，立刻将刘殷的两个女儿、4 个孙女召入宫里，册封两个女儿为左右贵嫔，4 孙女为贵人。就这样，刘聪每日与 6 个美女度春宵。后来，他干脆命儿子刘粲为丞相，一切国事都让刘粲决定，自己每天在后宫纵欲宣淫，不出来管理朝政。

刘聪让儿子刘粲处理国家大事的目的，还有一层的意思，就是给他更多的历练，以便培植儿子刘粲的势力，将来让刘粲做皇帝。

可随着刘义年龄的渐渐长大，刘聪却根本不再提及权力交接一事了。后来和刘义交情较深的太师卢志、太傅崔遐与太保许遐 3 人，暗中开导刘义说："主上从前以殿下为太弟的原因，只不过是为了安抚众望罢了，他其实是想让自己的儿子继承大位，王公以下都清楚，相国的位置自从魏武帝曹操以来就不是人臣应当做的官。现在刘粲位居相国，羽翼威尊超过了东宫，所有大事没有他不参与的，甚至连太宰、大将军及诸王都成了他的羽翼，由此可见，殿下离大位越来越远。可如今不仅仅是继位不继位的问题，而且还隐藏着不可预测的危险，殿下应该早作打算，要至少培育五千精兵可供你随时调遣，最好趁其他诸王都年龄尚幼的时候，将他们的卫兵夺而取之。相国刘粲为人轻佻，只要一个刺客就可以解决掉。"

刘义听了之后，不置可否，迟疑不决，于是 3 人也不再规劝。但这一消息，竟被刘聪知道，因而卢志等 3 人也因规劝刘义谋反之罪而被处死，同时刘聪还派冠威将军卜抽率兵监守东宫，禁止刘义出入。刘义顿感事态严重，便主动上表请求废他为庶人，以晋王刘粲入嗣东宫。但羽翼渐丰的刘粲并没有因此而放过刘义，而是与宦官合谋诬陷皇太弟刘义谋反，刘聪大怒，便废刘义为北部王。刘粲为了彻底扫除接位障碍，最后还是用毒酒毒死了刘义。于是刘粲得立为皇太子，仍领相国、大单于，总摄朝政如前。

太兴元年，刘聪病死，太子刘粲嗣位皇帝。可刘粲继位后，其色欲更上一层楼，立即将其父皇的靳月氏、樊氏、宣氏、王氏全部封为皇后，揽入怀中、收为己用，不分晨夜蒸淫于后宫。刘粲和其祖父、父亲一样，整日荒耽酒色，把军国大事全部交给他信任的护军靳准打理。但让刘粲没有想到的是，勒准早有谋逆之心，他蛊惑刘粲将朝廷大臣太宰、上洛王刘景、大司马刘骥、大司徒刘劢等全部杀死后，然后带兵入宫杀了刘粲。而无辜的刘氏男女不分长幼全部被斩杀于东市，还将刘渊、刘聪父子的坟墓挖开暴尸荒野，并焚烧其宗庙，最后靳准自号为大将军、汉天王。

千秋评说

刘渊、刘聪父子本来是匈奴冒顿单于的后人，当初汉高祖刘邦以宗室女为公主嫁给了冒顿，并约为兄弟，因此冒顿的子孙便将冒姓改为刘氏。因此，刘氏父子虽然号称是大汉皇族之后，但却并不是真正意义上的汉室宗亲。

客观地讲，刘聪父子少年时都是出类拔萃的俊杰，长大后却判若两人，一方面可能是匈奴的道德约束与汉族不一样；另一方面，历代除了开国君主可以有始有终，他们的子孙大多荒淫残忍，为了权力而不惜骨肉相残。抛开道德评价姑且不说，但刘聪的血腥和冷漠，确实是世上罕见，为了攫取最高权力，可以说是不择手段。另外，他在对待女色上，也显得十分的荒谬。一次册立那么多皇后的行为，在历史上绝对是创纪录的，也很少有人为了满足淫欲而像他那样肆意妄为的。

如果说，刘聪当初弑杀新君刘和是出于自卫的话，还有情可原。可他为了巩固自己的权力，竟然对自己的亲哥哥刘恭这个完全无辜的人也如此的灭绝人性，那可就再也免不了要遭受后世人的指责了。可是最令人遗憾的是，刘氏父子几乎采用的是同出一辙的自相残杀方式攫取最高权力，可是却在政治上并无任何建树，却只在贪恋女色上一脉相承。尽管在历史上也留下了帝位，但凭借他们自身的实力，是完全可以有所作为的，但却只扮演了帝王争夺赛中的匆匆过客，甚至坟墓被掘，暴尸荒野。

刘劭——杀父继位的元凶宋伪帝

遍翻各种史书，对南朝宋文帝的太子刘劭的评价几乎呈现一边倒的现象，均称呼其元凶劭。刘劭字休远，是南朝宋文帝刘义隆19个儿子中的长子。他自幼乖巧伶俐、聪明可爱，颇得宋文帝喜欢，又加上他是皇后所生，所以小小年纪，就被册封为太子。

可是日渐长大的刘劭却德行不修，品行恶劣，多行不法之事，经常遭到父皇的严厉责备，甚至准备废黜刘劭的太子之位。但令人没想到的是，刘劭竟敢做下杀父夺位这种有违人伦天道的悖逆之事。因此，他遭到世人的唾骂被称为“元凶劭”也就不足为奇了。

继位内幕

一般来讲，一旦被确立为太子，都是从法定上确定了是皇帝合法身份的接班人，如果没有出现什么大的变故，都会顺利实现皇权的交接。可是刘劭这位皇太子却是一位很不自重的人，还对权力表现出极大的兴趣。尤其是因品行不端而引发父皇失望之后，不但不自行收敛，反而担心被父皇废除，况且也对皇权的漫长等待而表现出了急不可耐。于是，颇为迷信的刘劭便走向了一条极端的道路，竟然残忍地杀害父皇，成为丧心病狂这个词语最好的注解。

江山无父子，刘劭滥用巫术

刘劭是一个权欲极强的人，可他知道自己虽然被明确了接班人的地位，但因父皇的年富力强，就担心需要熬过漫长的等待。这一点，确实让他有些急不可耐，为了早日实现继位大梦，颇为迷信的刘劭就动用巫术，诅咒父皇早日归天。

刘劭的姐姐东阳公主的侍婢王鹦鹉和一个严道育的女巫关系不错，公主见后也很是喜欢。姐弟两人就经常观看严道育表演。于是颇有心计的王鹦鹉就在刘劭姐弟面前刻意表现。一次，一道流光进入衣箱，打开一看，见有两颗圆青可爱的珠子。其实，这不过是一个小小的魔术，却让姐弟两人大为信服，认为这位功力非同寻常的女巫可以在帮助刘劭登皇位上助一臂之力。于是，刘劭便找来和自己私交不错的始兴王刘浚一块商讨对策，准备采用巫术诅咒父皇早死。就这样，几个人在一起昼夜求神，又雕刻代表文帝的玉像埋在含章殿前，诅咒文帝，以便刘劭早日继位。

东阳公主有个名叫陈天兴的奴仆，与王鹦鹉私通。东阳公主病死后，按照规矩，侍婢应该出嫁。可王鹦鹉生性深远，生怕与陈天兴私通的事被泄露出去，便写信求助刘劭杀掉陈天兴。陈天兴被杀后，却起到了敲山震虎的作用，另一个与刘劭一起埋文帝玉像施行诅咒的小黄太监门庆国吓得要死，总感觉自己迟早也要被刘劭杀人灭口，为了自保，就向文帝告发了刘劭等人的龌龊之事。文帝大吃一惊，便急忙派人搜查王鹦鹉家，结果获得了刘劭、刘浚和严道育等人书信往来等罪证。文帝大怒，严厉痛斥两个不争气的儿子，不过并没有对其二人采取什么处分，只是让他们上书谢罪了事，不过则下令搜捕严道育。

次年正月，文帝获取消息，严道育被乔装成尼姑后，仍轮换躲藏于刘劭和刘浚处，就知道两人仍不思悔改，就决定废除太子，赐死刘浚。

但文帝并没有立刻采取行动，而是在考虑废除刘劭后将立谁为太子。因事关重大，文帝就想和重臣徐湛之、江湛、王僧绰等人商议决断，但因文帝顾忌徐、江二人分别和文帝的两个儿子有联姻，怕其二人有私心，文帝就大致和徐、江二人提及了此事，而和王僧绰却进行了更深入的商讨。王担心事情一旦泄露，会出意外，就奉劝文帝务必早作决断，可王僧绰的话并没有引起文帝的足够重视。更要命的是，文帝还把此事告诉了刘浚的生母潘淑妃，潘淑妃爱子心切，连忙密派人通知刘浚。刘浚也很快将此消息告诉刘劭。

为皇位，刘劭不惜滥杀无辜

当初，父皇刘义隆识破太子刘劭巫蛊事件后，虽然十分震怒，但并没有考虑废除刘劭太子的身份，就是希望刘劭能自我反省。可利令智昏的刘劭并没有意识到父皇的宽容，依然我行我素，终于让父皇萌发废除他太子身份的念头。可此时的刘劭已完全变成了一个输红了眼的政治赌徒，为了确保继位成功，竟冒天下之大不韪，走向了杀父篡位的极端。

当刘劭得知父皇有废除他太子身份的时候，大为吃惊，便决定先下手为强。正好文帝给了刘劭的东宫足以与御林军匹敌的强大武装力量，他便决定利用这支武装力量发动宫廷政变。于是他便召集众心腹，诈称皇帝下诏说“鲁秀谋反，你等可于黎明时分率部众入宫，守卫宫阙”，命令心腹张超之等人召集平素私养的死士两千余人，身披铠甲，手执兵刃集结待命。同时召来东宫宿卫军将领预做部署，声称将要有军事行动。

当夜，刘劭又将前任中庶子右军长史萧斌、太子右卫袁淑等人召进东宫，他痛哭流涕地对他们说：“皇上听信谗言，我将被治罪废黜；我再三内省，其实我并没有什么过错，不能蒙受这个不白之冤。我明天一大早将举大事，希望诸位鼎力相助！”说罢，站起身来，向几个人一一下拜。太子的反常言行将几个人吓得惊愕不已，因为这事关生死，谁也不敢贸然吭声，后来见刘劭勃然发怒，也就唯唯诺诺地答应了。

经过大半宿的密谋策划，刘劭便开始政变行动。

元嘉三十年 2 月 21 日夜，凶相毕露的刘劭假传诏书骗开城门，和亲信张超之等率本不能进入台城的东宫部队两千余人杀进皇宫。本来皇宫规矩太子卫队不能入宫门，但刘劭声称受诏入宫有急事，门卫不敢阻拦太子爷，便放军入内。太子心腹张超之等数十人进入禁城，拔刀直上合殿。因文帝整宿都和徐湛之合计废太子的事情，蜡烛还未熄灭，值班的卫兵都熟睡未醒。文帝看见张超之提刀冲入，便慌忙举起座凳自卫，张超之快刀砍下，文帝五指皆落，随即颈上又挨了一刀，顿时倒在血泊中。结果被弑于室内，时年 47 岁。

文帝虽被杀死，但已经杀红了眼的刘劭并未收手，又派人杀了文帝的左右亲信徐湛之、江湛等数十人，并且连潘淑妃也给一同杀掉，还派人剖开其腹，说看看潘淑妃的心长在何处。前去杀潘淑妃的人为了奉迎太子，回来故意禀报说“潘淑妃心邪”，对于这样的回答，刘劭非常满意。

可刘浚带人接应时，刘劭就故意谎称说“潘淑妃为乱兵乱杀”，并迅速观其反应。刘浚稍微一愣神，就迅速反应过来，连忙说道：“这样的结果也正是在下我所希望见到的。”两人遂相安无事。

紧接着，刘劭再次假传诏书，召太尉江夏王刘义恭、尚书令何尚之进宫，并被一一软禁，然后再召集众臣，这时消息已经传开，应召前来的人并不多，文武百官，只有几十人前来捧场。于是刘劭便自立为帝，成为中国南北朝时期宋朝的第四位皇帝。刘劭管不了许多，即刻发布了即位诏书，改元“太初”。草草结束即位仪式后，由于心虚，刘劭马上声称身体不适回了永福省，并将文帝的灵柩迁移至太极前殿，也不敢亲临父皇的丧事。

多行不义必自毙

为了安抚前朝重臣，组建政治班底，搭起朝廷的架子，刘劭任命萧斌为尚书仆射、领军将军，何尚之为司空，张超之等人也都得到擢升，并得到20万钱的赏赐。不久，又对宗室大行封赏，拜江夏王、大将军刘义恭为太保；南谯王、司徒刘义宣为太尉；始兴王、卫将军、荆州刺史刘浚进号为骠骑将军；三弟、南中郎将、江州刺史、武陵王刘骏进号为征南将军，加散骑常侍；南平王、抚军将军刘铄为中军将军；随王、会稽太守刘诞为合州刺史。一开始，他并不知道王僧绰也曾和文帝商议废立之事，并且还任命他做了吏部尚书，可是很快就发现了有关的文书，也随之将其杀掉。同时，刘劭还对抵触他的人还大开杀戒，先后杀死了长沙王刘瑾、瑾弟刘楷、临川王刘烨、桂阳侯刘觊、新谕侯刘球等多位宗室成员，江夏王刘义恭独自逃脱，而他的12个儿子也都被杀。

对于刘劭这样滥杀无辜、无恶不作的暴君，自然会有人发动政变来对付他。当时，武陵王刘骏正率沈庆之等人在长江中游一带镇压地方叛乱。3月，政变消息传入军中。刘劭本以为沈庆之曾经做过他的太子步兵校尉，会为他所用，于是便派人送了封亲笔信，要他秘密杀掉刘骏。沈庆之见事情危急，便求见刘骏，因刘骏不了解他的倾向，便假说有病故意推诿，可沈直闯进来，把信亮给他看。刘骏看后更加害怕，便请求进屋和母亲诀别后再死。

沈庆之十分震怒，说："下官受先帝厚恩，今日之事，唯力是视；殿下何见疑之深！"

刘骏这才定下心来，说："家国安危，皆在将军。"便决定对杀父弑君的刘劭进行讨伐。

刘骏起兵后，各地军政掌管纷纷响应。4月，刘骏在新亭即位，是为孝武帝。5月，辅国将军朱修之等攻入城内，诸军克台城，张超之跑到合殿御床前弑文帝的地方躲藏，被众军士击杀，刳肠割心，诸将碎割他身上的肉，生食以解恨。曾经狂傲的刘劭逃到武库井中，被一副队长高禽捕获。

臧质、刘义恭等大臣临前观刑，刘劭还想乞活，问臧质："能把我流放到偏远之地，饶我一命吗？"

臧质回答说："主上近在航南，到时自有处分。"就将刘劭缚于马上，押至军门。当着他的面，众人先把他 4 个年幼的儿子砍头，刘劭被缚于马鞍之上不能动弹，对临观的弟弟南平王刘铄说："怎么会有这种事呢？"

四子杀毕，临到刘劭，这位嚣张一时的太子爷仰天长叹："不料宋室到了这样的地步！"

刘浚逃出城时遇到刘义恭，眼看跑不掉，就假装投降，问这位皇叔，就提起自己的小名说："虎头现在来，算晚吗？"

刘义恭斩钉截铁，答道："可惜，现在已经为时过晚。"

可刘浚仍抱一线生机，问："能否饶我一死？"

刘义恭答道："可以到皇上处谢罪，到时候再说。"

刘浚似乎抓住了救命的稻草，接着问："不知能否给我个职位，让我为新皇效力？"

刘义恭顿觉好笑，嘲笑道："这就要看你的造化了。"说完，便命令他上马往回走。刘浚一上马，左右立刻按住，白刃注顶，颈血狂喷。

随后，刘劭、刘浚两人的尸首被投入江中，余下的子女妾侍亲近左右皆赐死于狱，太子东宫也被砸毁。严道育和王鹦鹉两个人更被当街鞭杀，然后焚毁其尸，扬灰于江。谁也没有想到，凶狠残暴的刘劭却落了这般下场。

千秋评说

假如刘劭能以孝悌为本，凭借其皇后所生，嫡子承袭，自然是天下共推的没有任何悬念的储君。可是他在权欲的诱惑之下，竟敢冒天下之不韪，做出如此“天

地所不覆载”的逆恶之事，身自横死，妻子屠戮，也属罪有应得。

虽然杀父篡位的人古来鲜见，但毕竟有之，但唯独刘劭之所以遭到最猛烈的天谴，不仅仅是因为他是第一个被正史记载的杀父篡位的暴君，而且因为他所杀的父皇宋文帝刘义隆，是我国历史上颇有建树的一位皇帝，也是我国古代战争史上一位不可多得的战争豪杰。尽管刘义隆本身也有杀兄弟刘义康的劣迹，而且还是他揭开了刘宋王朝骨肉相残的序幕。但人们似乎善于遗忘，唯独记下了刘劭杀父的暴行。

虽然，刘劭通过杀父的宫廷政变攫取了皇位，却在中国历史上没有任何位置，也许并不仅仅因为执政日期的短暂，而是因为他不为人类所齿的暴行。

好在历史是公正的，最后刘劭死在了其三弟刘骏的刀下，结束了他短暂而又罪恶累累的一生，并被后人称为大逆不道的元凶。

拓跋嗣——报父仇杀弟继位的北魏明元帝

拓跋嗣是南北朝时代的历史人物，曾统治过北魏王朝，史称明元帝，庙号太宗明元皇帝。拓跋嗣生于公元392年，是北魏道武帝拓跋珪与刘贵人的儿子，其母亲后来被他封为宣穆皇后。

公元409年，17岁的拓跋嗣登基称帝，并于同年改年号“永兴”。拓跋嗣统治时期，在军事和政治上都有不错的表现，因此也给后人留下了英明、神武的印象。但可惜拓跋嗣在位时间仅有短短的15年，期间他不仅要为政事操劳，同时还要亲自指挥战争，从而导致积劳成疾，最终于公元423年因病去世，享年31岁。

继位内幕

北魏时期帝位的传承注定是要以血腥开道，因为开国皇帝道武帝拓跋珪立下了一个残酷的律条：确立太子之前，必须将其生母杀掉。这样做，虽然可以有效地避免母亲家族势力膨胀和干预朝政怪相的出现。但却也拉开了家族内讧、骨肉相残的悲剧序幕。

母亲惨死，拓跋嗣离宫出走

北魏建于公元 386 年，又称后魏、拓跋魏或元魏。该王朝相继经历了 14 个皇帝的统治，在历史上存在的时间长达 148 年，最终才在公元 534 年，以北魏孝武帝兵败逃往长安后宣告结束。

北魏时期，先后发生了许多重大事件，如太武帝拓跋焘统一北方和孝文帝卓越的政治改革等。不过，除了这些政治事件以外，北魏的一项政治制度也颇受人们的关注。在此期间，北魏皇帝为了避免外戚干预朝政，便下令实施了一项残酷的母死子贵制度。这项制度要求皇帝的继承人在被确立为太子之前，其生母就要被提前处死，以杜绝母以子贵的情况发生。

这项政治制度自北魏开国以来就已经形成，是开国之君拓跋珪制定的。道武帝拓跋珪 15 岁称王，16 岁称帝，建立了北魏王朝，并在统治期间不断扩展着国家的疆土，可谓是戎马一生、战功赫赫。不过，在拓跋珪的晚年阶段，他却遭到了民族矛盾的困扰，导致其备受精神压力，开始变得残酷无情。为了保卫好自己的国家，他不惜效仿汉武帝，却丝毫不顾及感情的存在。

汉武帝统治时期，身为嫔妃的钩弋夫人曾深得皇帝的宠爱，是汉武帝的 4 个重要女人之一，但最终却被赐死。其原因只是因为汉武帝在立钩弋夫人所生的儿子刘弗陵为太子后，担心她日后会凭借生母的身份操控刘弗陵，进而控制国家的政权。于是为了防患于未然，钩弋夫人就不明不白地被赐死了。

有汉武帝这个例子，再加上此前也发生过不少母以子贵，甚至干涉政权的历史事件，因此拓跋珪为了彻底杜绝这一现象的发生，便制定了要立太子，先诛其母的制度。然而，这项制度的最初受害人即是拓跋嗣和他的生母刘贵人。

刘贵人在北魏建国之初就已经入宫了，为道武帝育有一儿一女，女儿被称为华阴公主，儿子则即是明元帝拓跋嗣。公元409年，拓跋嗣被立为太子，其母刘贵人也随即被赐死，这令拓跋嗣悲恸不已。

在得知自己的儿子正在为生母的去世而痛苦不堪时，拓跋珪将他召入宫中，对他说："自古以来，母后临朝摄政的事情屡屡发生，所以我这样做，也是为了国家的长久安危着想。"但毕竟是生母，再加上拓跋嗣自幼就十分孝顺，因此其父的这番话对他来说没有任何作用，反而让他更加伤心，立即便泪流满面，趴在地上痛哭不止。此举让道武帝勃然大怒，立即将儿子赶了出去。

拓跋珪的晚年生活并不理想，他不仅常被政事困扰，而且还因长期服用一种叫做"寒食散"的补药而导致精神有些失常。据说，即使是在上朝的时候，拓跋珪也无法控制自己喜怒无常的情绪，一旦对哪个大臣产生不悦，就会亲自动手对其进行殴打，残酷无情的程度令人发指。

所以拓跋嗣虽然对父亲赐死自己生母的做法十分不满，却也不敢公然地反驳，只能回到自己的住处独自悲伤。但即便如此，拓跋珪还是对儿子的多情感到十分愤怒，并想要再度召他入宫训话。

拓跋嗣宫中的一些人在听说道武帝要再次召见他时，都纷纷劝他说："皇上现在对殿下有怒气，您此时入宫说不定会有生命危险，不如先到别的地方去躲一躲，等皇上气消了再回来见他。"拓跋嗣深知自己父亲的脾气，觉得宫人们说得在理，于是就带着随从离宫出走了。没想到在他出走期间，宫内却发生了翻天覆地的变化。

纨绔子弟拓跋绍愤然杀父

道武帝有两个儿子，拓跋嗣是他的长子，而次子则名为拓跋绍，是拓跋珪与妃子贺兰夫人所生的孩子。据记载，贺兰夫人是道武帝的母亲贺兰太后的妹妹，长得貌美如花，但在遇到拓跋珪之前就已经嫁人了。道武帝年轻时，有一次去母亲家里，看到贺兰夫人，顿生爱意，于是便吵着要娶她为妻。其母贺兰太后没有答应儿子的要求，而是对他说："太漂亮的人大都心地不太善良，而且她现在已经嫁给了别人，你怎么能抢别人的妻子呢？"

不过，让贺兰太后没有想到的是，拓跋珪虽然表面上没有反对自己的意见，但却在暗中派人杀掉了贺兰夫人的丈夫，然后召她入宫为妃，而且两人还育有一子，即拓跋绍。

也许是同父异母的缘故，所以拓跋嗣和拓跋绍的性格也有很大的差异，前者孝顺懂事、谦虚好学，后者则顽劣异常、不听说教。拓跋绍喜欢游街串巷，在大街上常常对行人肆意地欺凌，打劫不说还经常当众扒光别人的衣服，并因此而乐此不疲，可以说是既凶狠又无赖。有一次，道武帝为了惩罚拓跋绍，便将他头朝下吊在井中，直到他奄奄一息时才将他放下来。拓跋嗣对这个弟弟也通常是训斥责骂，所以这父子3人的关系都不太乐观，从而引发了后来的血腥悲剧。

公元409年的一天，拓跋绍的母亲贺兰夫人犯了错误，被性格暴躁的道武帝幽禁，并面临着可能被赐死的危险。为了保命，贺兰夫人便悄悄派人去找儿子拓跋绍，希望他可以营救自己。拓跋绍听到生母有危险，立即召集了一些宦官，商议救母一事。当天晚上，拓跋绍就带着一同密谋的宦官和众多武士冲进了宫中，来到了父亲寝殿的门口。守在殿门口的侍卫大呼有贼，惊醒了仍在睡梦中的道武帝，他立即起来摸着黑寻找自己的弓刀，想要出去捉贼。结果他的儿子拓跋绍以及几个武士却趁乱闯进了寝殿，将还没有找到武器防身的父亲当场杀死。这一年，道武帝 38 岁。

曾经无情地赐死自己妻子的拓跋珪最终却被亲生儿子所杀，这也应该算是因果报应，同时也是他咎由自取。拓跋珪晚年的残酷令许多人都心生厌恶，其中也包括守护他安全的侍卫和下人。俗话说伴君如伴虎，这些跟随在拓跋珪身边的人也许每天都在为自己的性命担忧着，巴不得早点摆脱这个残暴的皇帝。所以当拓跋绍带兵进入道武帝的寝殿时，才没有遭到强有力的阻拦，最终使拓跋珪赔上了自己的性命。

道武帝死后，北魏王朝的统治也陷入了危机之中，众多部落纷纷集结起来，欲争夺皇位。幸好离宫出走的太子拓跋嗣及时赶回，才避免了一场血雨腥风的战争，也保住了北魏王朝的江山。

为报父仇兄弟相残，拓跋嗣登基做皇帝

在拓跋绍残忍弑父的第二天，他派人将宫门紧闭，直到中午才私自下诏将文武百官们都召集到端门之前。众多官员们站在端门口，只见拓跋绍将宫门开了一条缝，并透过门缝对他们说："我有叔父，也有哥哥，你们想要拥立谁为皇帝呢？"这句话让官员们不明所以，沉默了许久后才有人率先反应过来，对拓跋绍说："我们愿意拥立王爷您。"此话一出，其他官员也立刻明白，应该是道武帝已经驾崩了，只是不知道死因，因此也只好随声附和。

散朝后，道武帝去世的消息不胫而走，一时之间朝野大乱。朝廷内部的官员议论纷纷，一方面猜测着道武帝的死因，一方面又在计划着该不该拥立年仅 16 岁的小王爷为帝。而朝廷外部，各部落也纷纷集结，欲夺皇位。面对如此混乱的场景，拓跋绍束手无策，又无人辅佐，只能拿出宫中的绫罗绸缎分发给诸位官员，以笼络人心。

此时，离宫出走的拓跋嗣也得知了父亲去世的消息，于是迅速赶回都城。这件事很快被拓跋绍得知，他派人寻找哥哥的下落，欲将他杀害，因为只有这样，拓

跋绍才能顺利登基称帝。可见这个小王爷虽然年纪尚轻，但城府却已经很深了，并且继承了其父亲的心狠手辣。

在经过一番调查后，拓跋绍得知哥哥拓跋嗣住在随从王洛儿家里，于是便派人前去捉拿，但却没能得逞。因为拓跋嗣白天都躲在城外的深山之中，晚上才回王洛儿家居住。在此期间，王洛儿一直在帮助拓跋嗣同朝廷内的官员们联系，希望能够得到他们的支持，一同对付叛变的拓跋绍。

官员们听说拓跋嗣已经回城，纷纷响应。相对而言，他们还是更希望拥立这位名副其实的太子拓跋嗣的，因为他不仅比拓跋绍年龄稍长，而且在性格上也深得人心，没有继承其父的粗暴个性，比生性凶狠、顽劣的拓跋绍更适合继承皇位。

因此，以拓跋烈为首的几位官员便假意支持拓跋绍，并自告奋勇地向他提出知道拓跋嗣的藏身之地，希望拓跋绍可以命他们前去捉拿。

拓跋烈是道武帝的堂兄，当初他在端门前听到自己的兄弟拓跋珪已经驾崩的消息后，立即痛哭不已，并转身离去，可见他与道武帝有很深的感情。同时他也是一个很明智的人，所以自然支持太子拓跋嗣。

拓跋绍听完拓跋烈等人的请命后，惊喜不已，便立即派两名亲信跟随这几个官员前去捉拿拓跋嗣。两名亲信在拓跋烈等人的带领下果然在深山中看到了拓跋嗣，不过这两人还没来得及高兴，便被官员们杀死了。而拓跋嗣则在几位官员的拥护下返回了都城，其他文武百官在听说了拓跋嗣回城的消息后，也纷纷前往城门口迎接。另一方面，宫廷中支持拓跋嗣的侍卫们也采取了行动，他们将弑父叛变的拓跋绍抓了起来，押送到已经身在城西的拓跋嗣面前，由他处置。此时，道武帝的死因也最终浮出水面。

虽然拓跋嗣天性善良，但对于弑父叛变之人却没有手软。他下令将拓跋绍和其母贺兰夫人，以及曾帮助拓跋绍闯入宫中杀人的武士与宦官全部杀死，而且最先动手刺杀拓跋珪的几个人还被剁成了肉酱。随后，拓跋嗣登基称帝，成为了北魏王朝的第二位皇帝。

拓跋嗣继位后，先是将自己的母亲陈贵人追封为宣穆皇后，之后又给在平定叛乱时的一些有功之臣封官晋爵，如他的叔叔拓跋烈就被以功晋爵为阴平王。

拓跋嗣在位期间，南朝的宋王朝也相继建立，开国之君为宋武帝刘裕。刘裕依靠卓越的军事才能，先灭南燕，又灭西蜀，再借助后秦内乱之际成功灭秦，最终在公元 420 年废东晋恭帝司马德文，自立为帝，建立了宋王朝。

据说在刘裕带兵攻打后秦之际，拓跋嗣曾不顾大臣崔浩的反对，出兵援助后秦，想要从中获利，结果却大败而归。

公元 422 年，宋武帝刘裕去世，拓跋嗣又想出兵攻打宋王朝，这个想法依然遭到了崔浩的反对。不过拓跋嗣却认为，当初刘裕攻打后秦时，就是借后秦的君主刚刚去世，国内一片混乱之际才取得成功的。现在刘裕去世，自然也是攻占宋王朝的好时机。

于是，拓跋嗣亲自带兵攻打宋王朝，挑起了南北朝时期的第一次南北战争。在战争中，北魏一方虽然成功占领了宋王朝的部分领土，但军队内部却也是伤亡惨重。同时，由于是御驾亲征，所以拓跋嗣的身体也每况愈下，在攻打宋王朝一年后，便因积劳成疾而去世，享年 31 岁。

与北魏时期的几位知名的皇帝相比，拓跋嗣所取得的成就可谓是微乎其微，但他却起到了一个很好的承上启下的作用。他的父亲是北魏的开国之君，而他的继承人拓跋焘则完成了统一北方的大业，而他自己也凭借着善良、儒雅的个性而成为了一个仁厚的一国之君。

千秋评说

拓跋嗣是在经历了一场家庭火拼之后登上帝位的。他虽然见证了父皇的残暴与血腥，但他也不允许一个采取同样血腥手段对付父皇的兄弟出现，因而他也同样采取疯狂的报复手段斩杀了兄弟，从而使他的家族走过了一个血腥的轮回。

但拓跋嗣上台后，为了安抚民众，却采取了一系列相对开明的惠民政策，不但重视本民族的经济发展，还大胆吸收汉文化，也赢得了较好的民意基础。他还雄心勃勃地指挥了一场以北魏全胜的南北朝战争，扩张了雄踞北方的版图。虽然因征战操劳而英年早逝，但他却因上承开国君主拓跋珪武功建国，后接太武帝拓跋焘统一北方和大破柔然，而成为北魏历史上承先启后的英明君主。

王继鹏——弑父登基的闽康宗

王继鹏，后改名王昶，生年不详，是五代十国时期闽国的创建者王审知的孙子，闽国第一任皇帝王延钧的长子。历任节度副使知军府事、右仆射、平章事等。后唐清泰二年(公元935年)2月，王延钧称帝，封王继鹏为福王。

纵观王继鹏的一生，可以用歹毒、龌龊和昏庸来概括。首先，他为了一个红颜和父皇不惜翻脸相抗，闹得父子反目。后来为了权力，他竟伙同手下悍然将父皇王延钧杀死，并取而代之登上皇位；但执掌朝廷大权后，他不但不汲取父皇的教训，反而专横跋扈、为所欲为，整天沉湎于声色犬马和红灯绿酒。致使朝政荒疏、民不聊生。最后，导致众亲叛离，只落得比父皇更加悲惨的可怜下场。

由于王继鹏继位时间很短，几乎被历史遗忘，他之所以没有被淡出历史的视野，也许正是因为他的残暴和糜烂，才被“荣幸”地作为历史的丑类而被载入史册。这恐怕是王继鹏所始料不及的。

继位内幕

王继鹏通过发动宫廷政变，杀死其父闽太宗王延均而登上帝位，成为五代时期闽国的第二任皇帝。王继鹏虽然是靠不光彩政变而入主朝廷的，但其却不励精图治专心治国，反而整天纸醉金迷、醉生梦死，不但昏庸无能，而且在政治上毫无建树。

尤其令人所不齿的是，他竟然为了女色而和父皇争风吃醋，最后竟造成政治上的残杀局面。这固然与奸佞小人的离间算计有关，但毕竟父子二人在贪恋女色上同出一辙，成为贻笑天下的宫廷丑闻。

色胆包天，王继鹏和父皇争风吃醋

可以说，古代封建王朝，后宫私生活相对混乱是普遍现象，但像王继鹏这样公开和父皇争风吃醋的则在历史上比较罕见，因为父皇毕竟是一手遮天的九五之尊，拥有至高无上的生杀大权。可是色胆包天的王继鹏却不顾君臣、父子之道，明目张胆地和父皇叫嚣，自此，父子之间酿下无法调和的心结。

王继鹏的父亲王延钧原本是独居东南一偶的闽地首领。因闽一直视中原王朝为正朔，并受其册封。后唐长兴三年末，王延钧差遣使臣到后唐，要求封他为尚书令，因遭后唐拒绝，就与后唐断绝了往来。并于长兴四年自封为皇帝，国号大闽。

王延钧称帝后，就大兴土木，纳妾招妃。特别是爱妃陈金凤更是深得王延钧的宠爱，并被封为皇后。这陈金凤原本是王延钧之父王审知召的才人，在王审知死后她曾削发为尼，后经皇城使李仿的推荐，才成了王延钧的爱妃，并与王延钧常在长春宫里彻夜交欢。但生性淫荡的陈金凤并没有得到满足，竟然暗中和王延钧有暧昧关系的归郎勾搭成奸。国人皆知宫内情形，只有王延钧蒙在鼓里。

李仿听说陈金凤与归郎的不堪之事后，自恃自己推荐陈金凤有功，就对其进行规劝。可陈金凤非但不理，还让她的另一个情人——闽国大将李可殷找机会构陷李仿。李仿得知后大怒，就想方设法除去陈氏，以消自己心头之恨，要是再能因此而获得更大的权力的话，那当然就更好了。于是，李仿便与妹妹李春燕阴谋策划，兄妹俩分析认为，要想夺取权势，就必须用美色诱惑王延钧、王继鹏这对父子。李春燕花容月貌，本身就是一位绝色美女，再加上她又贪恋权贵，自然愿意牺牲色相来换取实惠。

经过一番密谋策划，李仿、李春燕兄妹二人，很快便达成共识，开始行动。首先由李仿出面，先将年轻貌美的李春燕介绍给王继鹏。王继鹏果然是好色之徒，很快就被李春燕的美色所倾倒。一看王继鹏坠入情网，李仿又将李春燕送入宫中，用其迷惑王延钧，这王延钧更是在李春燕的美貌面前难以自持。其实，李仿兄妹的目的就是为了离间王延钧与陈金凤、王继鹏之间的关系。果然，王继鹏见心上人为父皇王廷钧所夺，就对王延钧心生怨恨，想早日夺回李春燕，因而和父皇王延钧结下了难以解开的心结。而得到李春燕的王延钧，更是无心问政了，整日周旋于陈金凤、李春燕之间。致使王继鹏、李仿的权力越来越大。

自从李春燕进宫之后，陈金凤虽然在王延钧心目中的地位就渐渐地发生了倾斜，变得不再像以前那样吃香了，但由于她背后有大将李可殷的暗中支持，权势依然很大，并且不断培植自己的势力，这让作为皇子的王继鹏相当不爽。王继鹏认为，父皇王延钧之所以能够堂而皇之地抢夺他心爱的女人，不就是因为父皇拥有足够的权力吗?而陈金凤这个女人之所以和李可殷偷情，也一定有她的政治盘算。她是想在父皇百年之后，以皇后的身份掌控权力。因此父皇和陈金凤成了王继鹏最为痛恨的人。因为，王继鹏自认为，只有作为太子的自己才是闽国江山的合法继位者。其他任何人，包括皇后在内都无权染指。

兽性大发的王继鹏杀父登基

王继鹏为了一个女人和父皇闹得不可开交，虽然他满腔怒火，但毕竟采取了忍耐和克制，他知道，以当时的条件是根本无法和父皇直接抗衡的。况且，在权力和女色面前，他更倾向于权力，他认为单纯地为了一个女人而让他放弃将来的江山是绝对不划算的。况且时间是站在自己的一边。只要将来拥有了权力，美色将会随之而来。

永和元年10月，王延钧病重，看来已无康复的任何迹象。而且御医陈究也曾断言皇上不久将会离开人世。使得朝廷上下都弥漫着一股不同寻常的气息，特别是皇后陈金凤在李可殷的暗中协助下早已蠢蠢欲动，开始进行政治布局，大有和自己抢班夺权之势。王继鹏感到了事态的严峻性，便与和陈金凤早有心结的李仿商议对策。最后二人同时认为，陈金凤之所以专横跋扈、权倾朝野，就是因为她除了皇上的庇护外，还有掌控部分军权的李可殷的暗中支持。如果不伺机除去李可殷，必将酿成心头大患。而目前父皇已病入膏肓，在没有死亡之前，则是铲除李可殷的最佳时机。否则，让陈金凤走在前面，后果将不堪设想。

于是，王继鹏和李仿就立刻设计处死了和陈金凤有奸情的李可殷，重创了陈金凤集团。李可殷的骤遭惨毙，让陈金凤心痛不已，慌忙转告躺在床上的王延钧，不料此时的王延钧早已神志不清。陈金凤只好守在床边暗自垂泪。谁知到了次日早晨，王延钧的病情却出现了好转，竟然挣扎着坐了起来。陈金凤大喜，立即一把鼻涕一把泪地将李可殷被杀之事告诉了王延钧。王延钧听后勃然大怒，就急忙召集次子王继韬过来一块商议除掉王继鹏。

但王继鹏很快就获悉父皇王延钧清醒过来的事情，也着实吃惊不小，也很快意识到父皇必将拿李可殷被杀之事和他算账，便急忙与李仿合计。于是，二人决定一不做二不休，干脆发动宫廷政变，趁机除掉所有政治对手。当下便调集皇城卫士攻入内宫。

王延钧听到鼓噪声，知道情况有变，便不顾九五之尊身份，躲藏在九龙帐中。受到王继鹏鼓动的士兵士气高涨，到处寻找皇帝王延钧，等发现王延钧躲在九龙帐内，便一阵欣喜，嚎叫着一块乱刺，立刻把王延钧身上捅了几个血窟窿。士兵认为，刚刚从大病中苏醒过来的皇帝必死无疑，便高兴地一块邀功去了。

但不曾想，刺在王延钧身上的伤，均不是致命之伤，他只是躺在那里痛苦呻吟，鲜血流了一床。有胆大宫女过来，见他痛苦不堪，就合力把他喉管刺断，一会儿便死了。

在这次宫廷政变中，被王继鹏列入黑名单的王继韬、陈金凤等均未逃脱，都死于乱兵刀下。经过这场血腥的厮杀，王继鹏很快掌握了宫中大权。鲜血还没有来得及清理，就在李仿等人拥戴下登上帝位。

掌握大权的王继鹏，为了和父皇彻底划清界限，就改名王昶，是为闽康宗。当然，他自然没有忘掉被父皇宠幸的李春燕，现在父皇已除，再也没人敢和自己争风吃醋了。于是，立即将那位百媚千娇的李春燕立为淑妃。

虽然荣登帝位，但王昶并没有增加安全感，反而整天处在恐惧中，也许是他因杀父篡位而引发的做贼心虚的缘故。一有风吹草动，总拿宗室作为靶子，其叔王延羲为了避祸，遂装疯卖傻，但仍被王继鹏软禁自宅。

闽国通文四年，拱宸、控鹤军使朱文进、连重遇因被王昶无端怀疑对皇宫纵火，他们在恐惧之余，遂先发难，并将王昶的叔父王延羲迎进宫来，同时还对王昶展开攻击，王昶逃亡后被追兵抓获，最后与李春燕及诸子一同被杀。曾经杀父篡位的帝王最终未能摆脱可悲的下场。

千秋评说

王继鹏虽然通过杀父手段夺取了最高权力，也夺回了曾经被父皇宠幸过的美色。可谓春风得意、心想事成，但他并未找到那份幸福感，反而整天处在惊恐与不安中。这并不是良心发现的自我谴责，而是始终无法摆脱杀父的阴影的缘故。为了巩固政权，他几乎到了草木皆兵的地步，但仍未最终摆脱疯狂的报复，而落得家破人亡，但历史却未给这位乱伦暴君任何同情。多行不义必自毙，其实，落到这个地步，这完全是他咎由自取。

客观地讲，王继鹏作为治国之君，没有任何可圈可点之处，纯粹是一个反派的典型，但其文采却不可小窥，尤其是缠绵的诗情，更见功力。但如果他有哪怕仅仅只是平均水准的治国理政的能力，其诗情也一定会被后人作为闲情逸致来大加追捧的。但遗憾的是，因他杀父和乱伦，其诗情也自然被打入另册。反而成为了封建帝王生活荒淫、朝政腐败的历史见证。

杨广——逼死哥哥坐朝堂的隋炀帝

隋炀帝杨广是隋朝开国皇帝杨坚的次子，同时也是隋朝的第二位皇帝。在我国历史上，隋炀帝杨广虽然不乏雄才大略，也建立了不朽的赫赫战功，但因其走向政坛的方式是通过发动不光彩的宫廷政变而达到的，况且其双手沾满了兄长杨勇太子的鲜血，而被后人所唾弃，并被誉为超一流的政治演员和邪恶天才。

杨广早年屡立战功，无论是南下平叛，还是北上荡平突厥，杨广都展示了其他皇子所没有的英武与气量。杨广登基后，更是显示出了前无古人的魄力，开展了一系列的活动："修通运河"、"西巡张掖"、"开创科举"、"开发西域"、"东征高丽"等。虽然被后人证明这一切都是非凡之举，也显示了一个豪放帝王的政治情怀。

但是，杨广也同时具备另一个极端：血腥、残忍、暴虐。因而，被历史毫不客气地打入另册，成为古往今来暴君中的典型代表。

继位内幕

客观地讲，杨广具备成为一名优秀的政治家的一切特质。但可惜的是，他仅仅是隋文帝杨坚的次子。皇帝只能有一个，因此，如果不出意外的话，杨广将永远也不会获得问鼎最高权力的机会。但杨广在人生历练中，又深感要想实现自己的政治抱负，就必须登上权力的巅峰，自然他的长兄、太子杨勇就成了他的心头大患。于是，杨广就开始了一场充斥阴谋和血腥的政治厮杀。

枉自深具父风，却与皇位无缘

杨广在青年时期就展现出了过人的才华，完全承袭了其父杨坚的雄才大略之风，在20岁的年纪上就创造了名扬天下的赫赫战功，如果论水平和能力，杨广无疑是众兄弟中最优秀的一个，也应当是父皇最佳的接班人选。但却输在了起跑线上，根本无缘接掌最高权力，使杨广长期处在身份的痛苦煎熬中。

杨广的父亲杨坚，在中国历史上是一个比较幸运的人，他从一员武将到君临天下的皇帝，似乎没有费多少周折，被史学家称为历史上最容易夺得天下的皇帝。他先靠父亲的战功荫庇而成为北周重臣，再因女儿成为北周宣帝宇文资的皇后而成为“国戚”，当周宣帝在22岁就一命呜呼的时候，杨坚则凭着新即位的周静帝外公的身份辅政成为大丞相，并让周静帝技巧性地上演了一场“禅让”大戏，杨坚自立为帝，改元开皇，以杨勇为皇太子，还装模作样地封8岁的周静帝为介公。

可没过几天时间，杨坚为了巩固自己的政权，使得杨家江山永固，就对北周朝宗室举起了屠刀。共计杀周朝文帝子孙25家、孝闵帝子孙及明帝子孙6家、武帝子孙12家，荒唐皇帝宇文赞的儿子静帝宇文阐禅位后即被杀，时年仅9岁。宇文赞另外两个幼子还在襁褓之中，为斩草除根，也被杨坚诛杀。其余的宇文宗室远亲也几乎为杨坚诛杀无遗，数以千计的凤子龙孙都在一年多的时间内惨遭屠戮。

杨坚虽然对北周大开杀戒、毫不手软，却是历史上有名的惧内人物，他对自己的老婆独孤氏总是言听计从。因独孤氏是杨坚父亲顶头上司的女儿，所以，自婚配后，杨坚就对独孤氏有一种敬畏感，并发誓不和其他任何女人生小孩。不过，杨坚的这位发妻、后来的隋朝皇后独孤伽罗倒也毫不含糊，竟然一口气给杨坚生了5个儿子，而且还成为中国历史上少有的强势皇后。自然，独孤伽罗所生的5个皇子也得到了封赏，除长子杨勇被封为皇太子外，其余四子也都被封了王位：

次子杨广为晋王、三子杨俊为秦王、四子杨秀为越王、五子杨谅为汉王。诸王子都是独孤氏所生，这在历代皇后中相当罕见。隋文帝杨坚也曾得意地炫耀说："古代皇帝内宠太多，往往由于嬖爱而废嫡立幼，我没有姬妾，5个儿子也都是皇后所生，一母同胞的亲兄弟必然会和睦相处，绝对不会像前朝那样发生争夺。"让杨坚没有想到的是，宫廷权力的斗争并没有因为这层亲情的面纱就变得温情脉脉，随后而来的宫廷杀戮无情地嘲笑了杨坚的预言。

公元581年，杨坚在建立隋朝的同时，封次子杨广为晋王、并州总管，当时杨广年仅13岁。此时，隋朝只拥有北中国大部分地区，而江南的南朝陈国则是后主陈叔宝当政，一位中国历史上出了名的荒唐皇帝。他沉湎酒色，不恤政事，这也是中国历史上一般昏君的通病。他的宠妃张丽华曾与陈叔宝一起创制了《玉树后庭花》，被后人视为亡国之音。面对陈叔宝这样孱弱昏庸的政治对手，隋文帝认为这是统一全国的绝佳时机。公元588年，文帝调集大军南征，并以20岁的次子杨广为统军元帅。杨广在这场灭陈之战中表现相当出色，所向无敌，势如破竹，一口气攻下了建康，并俘虏了陈后主。在安顿好吏民之后，杨广还为民除害，斩杀了佞臣施文庆、沈客卿等人，并封存府库，资财一无所取，江南民众都称颂杨广的贤德。

在杨广的指挥下，陈国30个州，100个郡，400个县均收归版图。中国在经过了南北朝的大分裂、大动荡之后，终于迎来了大一统的格局。应当说，这是杨广在历史舞台上的首次登场，但却表现不俗。杨广也因此而被晋封为太尉之职。随后，隋文帝又下诏任命杨广为扬州总管，镇江都。后来杨广又南下平定了江南高智慧的叛乱，北上击败了突厥的进犯。由此可见，杨广绝非平庸之辈，而且功劳远在其他皇子之上。作为次子，无论杨广的功勋多么卓著，但根据世袭的规矩，杨广却不具备登基的资格。

权令智昏，不惜拿亲哥哥开刀

按照周礼旧制，杨广是不具备接掌皇帝之位资格的。但权力欲望极强的他，随着年龄的增长，越来越感到权力的重要性。他对地方诸侯的职位也越来越显示出索然无味。于是，杨广为达到自己的政治目的，就处心积虑地开始了他的行动，处处诋毁太子杨勇。可作为太子的杨勇又偏偏不争气，不但才识中等，而且待人接物又大大咧咧，生活又非常奢侈，极好声色犬马。再加上杨勇的母亲独孤氏又特别妒恨男人喜声色犬马和多蓄内宠，所以，最终导致了杨广的取而代之。

杨广认为，无论从各方面来讲，自己都超出长兄太子杨勇许多，但只要太子在，就意味着自己永远没有登大位的机会，必须想法将大哥除去，才能达到自己的目的。于是，就暗自玩弄野心和权术，可太子杨勇却浑然不知。因杨勇生性率直、为人宽厚，从小就受到父母宠爱，被立为太子后，就直接参与军国大事。但长大后的杨勇却变得奢侈，这就犯了父亲的忌讳；尤其是其好色的特质，更为母亲独孤皇后所忌讳。特别是独孤皇后为杨勇精心挑选的妻子元氏，在饱受冷落后又突然死去，让她怀疑是杨勇故意毒死所致。而且，杨勇又到处选妃，过着醉生梦死的生活，这让推崇一夫一妻制的独孤皇后相当愤怒，她在不断派人监控这个儿子的同时，还在文帝耳边大吹枕头风，谴责杨勇的过失。正是这不可理喻的嫉妒，才使得独孤皇后失去了作为一个政治家应有的智慧，在这个问题上的反感心理终于铸成了她和隋文帝的一个重大的决策失误，而且这个失误最终被证明对隋王朝的打击是致命的。

善于察言观色的杨广，虽然也是好色之徒，但是在争夺帝位的形势下，他极为狡猾地将自己伪装成了十分谦虚自抑之人。一次，隋文帝来到杨广家里，早有准备的杨广便随父皇四处查看，只见殿内乐器布满灰尘，琴弦断绝，一眼就可以看出有好长时间没有使用，老皇帝非常高兴，并就此认定杨广这个儿子绝对不好声妓歌舞，这和那位连铠甲都以金玉装饰的太子杨勇形成了鲜明的对比。

杨广为了败坏太子的形象，就暗中派遣和他关系亲密的大臣宇文述、杨素等人在父母面前百般诋毁太子杨勇。因太子本性直率，不知矫饰，每每喜怒形于色，于是隋文帝便逐渐萌发了要废掉杨勇太子的想法。

杨广当上扬州总管后，在与母后独孤氏道别时，故意流露出一副依依不舍的样子，伏地流泪不止，独孤皇后也潸然泪下。杨广倾吐满腹委屈："儿臣非常看重兄弟情谊，可不知道在哪里得罪了太子?他一直在想除掉我。每当想到自己不知哪天就会被害而死，真的有些惶恐万分。"

独孤皇后听后大为震惊，说："杨勇也太不自量力了，我费尽心思为他娶的元妃，他却一点也不爱念，专宠云妃，还对元妃下黑手，毒死元妃。我现在还活着，他就敢这样对待你们，不知道等我死后，会怎样加害你们兄弟呢?一想到等你父皇百年之后，你们兄弟就得向云妃那个小妖精跪拜称臣，为娘我真是心如刀绞啊!"

杨广看到母后已经动心，就频频再拜，呜咽不止。独孤皇后也抱着儿子大哭。至此，独孤皇后已经下了废掉杨勇的决心。恰好有一年冬至，百官都到太子宫中称贺，杨勇超出礼制规定而直接受贺，独孤皇后便对杨坚说："太子勇率性任意，动多乖张，今日冬至，百官循例进宫，他却独自受贺。圣上尚需劝诫他一番才好。"

年事已高的隋文帝本来就对权力十分敏感，就立即下诏给群臣：此后不得擅贺东宫。文帝与太子杨勇的矛盾已经无法调和。

公元 600 年 10 月，杨坚突然派人召杨勇入殿。杨勇闻命大惊，忙问使者："父皇不是要杀掉我吧?"进宫后，则发现父皇戎服陈兵，百官肃立。杨坚立刻宣布废掉太子杨勇，立晋王杨广为太子，并由杨广负责派人将杨勇押至东宫看管。杨勇被囚于府内，常常上书诉冤，杨广则命人把书信全部销毁。无奈的杨勇只好爬到树顶大声叫屈，希望老皇上能听见后亲自询问。可杨广的心腹大臣杨素趁机上奏说杨勇得了神经病。杨坚听信此言，就没有再给杨勇诉冤进谏的机会。

杨广成为太子后，并没有高枕无忧，他认为一旦自己在父母面前露出马脚，太子之位就难免会再次产生变数，因此，工于心计的他继续发挥他善于表演的天赋。后来，皇后独孤氏病逝。杨广进宫拜见父皇时显得悲痛欲绝，痛不欲生。但一回太子宫就欢声笑语。为了表示思母致哀，杨广对外宣称每天只吃两勺米，在灵前号哭跪伏，可私下里却派人精制猪鱼肉脯，装在竹管里以蜡封口藏于袖中，没人时就趁机吃上几口。

在独孤皇后死后，杨坚没有了约束力，开始放纵起来，整天与宣华夫人、容华夫人两位美女醉生梦死。不久便身染重病，杨坚自感不妙，便躺在床上与文武百官诀别。杨广担心父亲在弥留之际会发生什么变故，就秘密派人问杨素内宫父皇的病状。杨素则把老皇帝的病情一五一十写明，封上信封回送杨广。但送信的宫人转了几道手，误以为是送给皇帝的上奏，便呈给杨坚。杨坚见信后悔恨交加，忽又见陈夫人神色慌张地进来，忙问缘由。陈夫人哭着说："太子无礼!"原来陈夫人去更衣时，被杨广抱住求欢，被她挣脱后跑了出来。

杨坚气得捶床大叫："这个畜生，怎么能成就大事!是独孤误导了我!"于是，急忙召唤身边的大臣杨述、元岩说："赶快呼我儿杨勇来见!"但不料此事被杨素获悉，立即告知杨广，又矫诏逮捕了杨述和元岩，又命杨广的心腹张衡入内"伺候"皇上，并禁止宫内一切人员出入，不久就传出文帝驾崩的消息，由此可见，杨坚并非善终。

杨坚一死，杨广就急不可耐地登上了皇帝的宝座。当晚，杨坚就将自己的庶母宣华夫人弄上床，并残忍地诛杀了废太子杨勇全家。就这样，这位靠阴谋和手腕，在阴谋与血泊中登上了帝位的杨广，成为中国历史上最有名的荒淫无道的昏暴之君。

事到如此，昔日老皇帝杨坚自以为同父同母的手足兄弟之间不会自相残杀的预言，在冰冷残酷的宫廷政治中被击得粉碎，成了一个并不好笑反而十分凄凉的笑话。

千秋评说

杨广之所以能够登上大位，除了是自己建立的卓越功勋外，还有自己在生活上矫情伪饰以骗取父母的信任，获取了尚方宝剑。同时，他还想方设法拉拢朝中大臣为自己说话，这就无形中为自己设置了一道防火墙，特别是他用重金收买的深得父亲信任的宰相、大将军杨素。杨素也在他处安全多维的行动中发挥了极其重要的作用。

客观地讲，杨广篡位的确充满了血腥与残暴，在生活上也丧失了伦理之道。但他也无疑是一个雄心勃勃的帝王。如果避开他登基时的残忍和生活上的不检点不谈的话，杨广足可以称得上是一位千古明君，尤其是其文治武功，绝对不在康熙和唐太宗之下。

杨广即位后，不但开凿了大运河，促进了南北经济的交流；还修订了法律，针对隋文帝末年比较严酷的法律进行了大刀阔斧的改革；设立了进士科，促成了科举制的形成；兴办学校，访求遗散图书，并加以保护；几次派遣使者去流求和西域，加强了内地同边境的关系。这些举动，绝非平庸帝王所为，毫无疑问，杨广在中国历史上是颇有建树的豪迈君王。但是从古至今，人们在评价杨广时，更多的是把眼光放在了他的阴谋和残忍上，而忽视了他的文治武功。实际上，杨广在我国史册上影响深远。最值得一提的是，在他20岁的时候，就统领51万大军，完成了统一中国的大业，结束了上百年来中国分裂的局面，也结束了中国三四百年的战乱时代。从此中国进入了和平、强盛的时代。从这个层面讲，隋炀帝杨广功不可没。

当然，一个统一中国、开疆辟土、改革法制、促进贸易、展现国威的有为君王，却因为自己的残忍而最终没有带来鲜花和掌声，甚至没有赢得身为一代帝王的尊严，就被后人钉在历史的耻辱柱上。

宁令哥——受挑拨怒杀父王遭人算计

宁令哥是西夏立国后的第一任皇太子，也是一个常被人们所忽视的人物。不过，提到宁令哥的父亲，人们或许并不陌生。

宁令哥的父亲名叫李元昊，是西夏王朝的开国皇帝，史称夏景宗。据了解，宁令哥应该是夏景宗的次子，但由于长子早逝，因此宁令哥也曾被立为皇太子。后因种种原因，其太子之位被废，同时还让他因此丧命。宁令哥死后不久，他的弟弟、年仅一岁有余的李谅祚继位，史称夏毅宗。

宁令哥的人生经历悲壮而凄惨，所以他与他的事迹也不该被历史所淹没。

继位内幕

作为西夏王朝的第一位皇太子，宁令哥本该拥有无上的荣耀，但他最终不仅没有登上皇位，反而还背上了一个弑父的罪名。究竟是什么让这个太子失去了人性，变得丧心病狂、不择手段？是对父亲的绝望？还是被阴谋所迫？这似乎只有他自己才最为清楚了。

父皇强势，太子疑似窝囊废

在中国西部地区，曾有一个由少数民族之一的党项族所建立的王朝，该王朝在历史上存在了近200年之久，且国运昌盛、国土辽阔。这个王朝建于公元1038

年，开国之君为夏景宗李元昊，建国时以夏为号，史称大夏或西夏。

西夏王朝的第一位皇帝李元昊，不仅拉开了国家发展的序幕，同时在其统治时期，西夏在政治、经济和军事等方面都得到了飞速发展，让人不得不对李元昊的远见卓识所钦佩。

李元昊出生于公元 1004 年，他自称是北魏鲜卑族拓跋氏的后代，同时他的祖父李继迁和父亲李德明均是战功赫赫的英雄人物，从而为西夏王朝的建立奠定了坚实的基础。

在两位父辈的影响下，李元昊自小便对兵书十分感兴趣，时常手不释卷，专心研读，并精于其蕴。少年时期的李元昊时常穿白色长袖衣，头戴黑冠，身佩弓矢，自乘骏马，带领着百余骑兵出行。由于他天生身材魁梧、英姿飒爽，再加上出行时前有旗手开道，后有侍卫步卒手持青色伞盖相随，使其显得十分威风，颇有一代将领之范。

除了熟读兵书外，李元昊在其他方面的文才也毫不逊色，他精通汉学，又懂佛学，而且对治国安邦的法律著作也具有浓厚的兴趣，再加上善于思考和策划，对事物又有独到的见解，从而造就了文有韬略、武有谋勇的一代英才，也成就了西夏王朝最初的辉煌。

公元 1032 年，李元昊继承父业，同时也接替了他的父亲想要建国称帝的宏伟大业。据了解，在李元昊继位之前，西夏的领土就已经达到了两万余里，“东尽黄河，西界玉门，南接萧关，北控大漠”，丝毫不逊色于当时的宋、辽两国。因此脱离宋朝的控制，自立为帝便也成为了李元昊最首要的任务。而且早在他还没有继承父位时，他就已经对自己的先辈因称臣于宋而不得不改变本民族生活习惯的现象十分不满。

因此在继位后，李元昊一边设法增强党项族的内部团结，一边又进行了一番整顿。他决定不再使用唐、宋王朝赐封给其祖的李姓、赵姓，而是改姓嵬名，称“吾祖”。在党项语中，“吾祖”可解释为“青天子”的意思。此外，李元昊还要求党项族人都秃其发，剃光头，并穿耳戴重环饰，并率先按照这一要求对自己进行了改变，起到了很好的带头作用。李元昊这样做，一方面是要使自己的部族与辽、宋两国区别开来，另一方面则是想效仿和纪念他心目中的祖先鲜卑拓跋，并延续祖先留下的传统风俗。

公元 1034 年，经过对部族内部进行一番整顿后，李元昊开始大兴土木，他派人对宫城进行了大规模的重建和扩建，并将兴州改为兴庆府（今宁夏银川），升为首都，同时还效仿唐都长安、宋都东京的布局对兴庆府进行了重新设计和调整。此后，李元昊又选拔了众多文武百官，设立了中央政府机构。至此，西夏王朝在李元昊一步步的指导下已经粗具规模。

公元 1038 年，34 岁的李元昊在兴庆府正式登基称帝。建国后，他凭借着自己卓越的头脑，以及从治国安邦的法律著作中所吸取的经验，继续振兴国家。李元昊先是网罗人才，在完善国家政治体系的同时，还为培养后代而成立了专门的人才机构，推动了国家教育事业的发展。然后，李元昊又通过修筑道路和渠道，以及提高畜牧业生产等方式，提升了国有经济的力量，在短时间里完成了向封建制的转化。与此同时，李元昊还制定了新的战略方针，以率领军队继续扩充西夏的领土。

通过李元昊所进行的一系列的措施和改革，西夏王朝在政治、经济、军事、文化以及对方政策等方面都得到了迅猛发展，很快便从一个全新的国家进入了鼎盛阶段，与宋、辽两国形成了三国鼎立的局面。

由此可见，针对统治国家而言，李元昊可谓是一代典范，值得后期的领导者争相效仿，但对于李元昊的生活品质和生活作风，人们却不敢恭维。尤其是在统治的后期，李元昊时常到贺兰山的离宫和众多嫔妃纵情享乐，并且还自私自利地做出了许多荒唐的举动，完全不顾伦理和道德的约束，从而让他的儿子宁令哥对他的不满越积越深，甚至演变成了仇恨。

许多凭借着赫赫战功而成为开国皇帝的君主，都存在着野蛮和残忍的一面，李元昊也同样如此。为了保护自己的地位，铲除威胁，他甚至可以六亲不认，就连对待他的母亲卫慕氏也不例外。据说，卫慕氏的兄弟卫慕山喜曾密谋取代皇帝之位，此事让李元昊得知后，他便立即下令将卫慕家族全部赐死，其中也包括其母卫慕氏在内。

此外，李元昊的妃子索氏和咩迷氏，也都是因为受到了叛乱的牵连而命丧于皇帝之手。更令人难以置信的是，李元昊还曾亲手杀死了自己的儿子，因为有人诬陷说这个儿子并非是他的亲骨肉，于是他在一气之下便将孩子和孩子的母亲一同杀掉了，如此无情的做法，令人不寒而栗。

李元昊有过多位妃子，且相继册立过两位皇后。第一个皇后叫做野利氏，是野利家族的后代，也是宁令哥的母亲。李元昊曾经十分喜欢野利氏，再加上野利家族也曾在建立西夏王朝的过程中作出了许多的贡献，可谓是功不可没，因此野利氏便成为了李元昊的第一位皇后。

在宁令哥之前，野利氏就曾生过一个儿子。据说这个孩子生性仁慈，爱好修道，与其父亲李元昊的性格有很大的反差，也曾是皇太子的最佳人选，但却不幸英年早逝。后来野利氏再次怀孕，便生下了次子宁令哥。

宁令哥继承了其父的性格，做事十分冲动，也正因为如此，才酿成了最终的悲剧。或许是因为李元昊总是忙于国事，业余时间又时常沉浸在众多妃子的温柔乡中，所以宁令哥与父亲之间的感情并不是很深厚。

对于父亲的冷淡和薄情，宁令哥只能默默地接受，他深知如果惹怒了父亲，所造成的后果有多么的可怕。但李元昊却似乎一点也不顾念父子之情，甚至还做出了强占儿子之妻的行为，最终激怒了一直默默无闻的宁令哥。

新娘成后妈，皇太子怒火满腔

宁令哥曾经拥有一位十分美丽的太子妃，那是他的母亲野利氏精心为他挑选的，称没移氏。这个妻子不仅长相貌美，而且还举止优雅，颇具大家闺秀的气质。宁令哥对她一见钟情，于是也就顺理成章地与她结为了夫妻。

然而好景不长，正所谓爱美之心人皆有之，没移氏不仅俘虏了宁令哥的心，而且还让李元昊也甚为心动。为了将美人据为己有，李元昊不顾她已为人妇，不顾皇后野利氏的反对，甚至不顾儿子宁令哥的感受，明目张胆地霸占了没移氏，使其成为了自己的新妃。

或许是因为抢来的东西比较珍贵吧，李元昊对没移氏十分宠爱。他在天都山下（今黄湾村）为这位新妃修建了豪华壮丽的离宫，并在离宫中同没移氏举行了盛大的婚礼，此后每年的盛夏时节，李元昊和没移氏就会双双来到天都山，在离宫中纵情享乐。

昔日的新娘成了自己的后妈，这对宁令哥来说可以说是一个很大的打击，使他的心里充满了怨恨，他恨父亲的霸权行为，也恨父亲对自己感受的轻视，更恨没移氏的薄情寡义。

对于李元昊的所作所为，没移氏这个曾经的儿媳不仅没有丝毫的不满，反而欣然接受了这一切，并公然与李元昊大献恩爱，似乎已然忘记了与宁令哥最初的夫妻之情。由此可见，没移氏是一个城府很深的女人，她深知成为一个皇帝的妃子远比成为太子妃要更为荣耀，所以她才会毫不犹豫地抛弃宁令哥，投入李元昊的怀抱。

正如没移氏所预料的一样，她在嫁给李元昊后，确实得到了更多的殊荣，并拥有了自己的离宫。而且不久后，没移氏还成功取代了野利氏的位置，成为了西夏的新皇后。不过，这件事却彻底点燃了宁令哥的怒火，导致了李元昊的离世。而在李元昊去世后不久，辽国便发动了一场入侵西夏的战争，没移氏在这场战争中沦为了俘虏，被御驾亲征的辽兴宗带回了辽国，至于她以后的命运，人们便不得而知了。

受挑拨，太子出手遭算计

李元昊强娶没移氏为妃之事，不仅让宁令哥心生怨恨，而且其母野利氏也是大为不满。尤其是在看到李元昊为没移氏修建离宫之时，野利氏更是无法忍受。她嫁给李元昊已经有 20 多年了，却依然住在故居之中，然而没移氏却后来者居上，独自一人享用新居，这让野利氏心理十分不平衡。

由于原本出身于一个大家族，因此野利氏也无法承受丈夫对她的不公平待遇和日益的冷淡。于是，她来到李元昊面前，数落着丈夫的是是非非，想要以此来发泄心中的不满。此时的李元昊已经移情别恋，不再宠爱野利氏，所以当听到野利氏在自己面前不停地抱怨之时，便心生厌恶。再加上野利家族大势已去，李元昊已经不需要再依靠他们的支持。因此在一怒之下，李元昊便废了野利氏的皇后身份，将她贬为庶人，改立没移氏为新皇后。

宁令哥或许还没有从失去妻子的痛苦中脱离出来，却又接到了这个噩耗，曾经的妻子不仅背叛了自己，而且还取代了母亲的地位。同时这一切，还都是自己的亲生父亲一手造成的。新仇旧恨，如何让宁令哥轻易释怀?偏偏此时，还有人不失时机地出来火上浇油，这个人就是没藏讹庞。

没藏讹庞的妹妹没藏氏，也是李元昊所宠爱的妃子之一，但她最初却是野利氏的兄长野利玉乞的妻子，即宁令哥的舅母。野利玉乞曾被人诬陷说他与宋朝私通，因此而遭到了李元昊的斩杀。野利玉乞死后，李元昊就立即将没藏氏带入了宫中，据说他对这个女人早已垂涎很久了。

李元昊斩杀野利玉乞，又夺人之妻的举动，自然引起了皇后野利氏的强烈不满。为了杜绝丈夫与没藏氏来往，野利氏借助皇后的权力将没藏氏送到了一座寺院之中，迫使她出家为尼，改称“没藏大师”。但是让野利氏没有想到的是，此后，李元昊经常前往那座寺院与没藏氏幽会。1047 年，没藏氏为李元昊生下了一个儿子，即后来的夏毅宗李谅祚。

没藏氏在与李元昊生下儿子李谅祚后，由于身份特殊，所以孩子没有被送入宫中，而是由没藏氏的哥哥没藏讹庞代为养育。借此，没藏讹庞很快便得到了李元昊的重用，被任命为国相，手握重权。不过，没藏讹庞似乎并没有就此满足，他的目标是希望自己的外甥李谅祚能够继承皇位。这样一来，不仅自己的妹妹没藏氏能够成为皇太后，而且没藏部族还可以借皇帝年幼为由完全掌控国家的政权。

为了达到这个目的，没藏讹庞必然要先解决了太子宁令哥。他目睹了李元昊对自己儿子所做的一切，知道宁令哥心里的愤怒已经被点燃了，于是他趁机向太子示好，并对他说："杀掉你的父亲，代替他的皇帝之位，我们都会拥戴你的。"

此时的宁令哥已经被怨恨冲昏了头脑，根本没有怀疑没藏讹庞的诚心。此后不久，他就联合野利家族的几个人，趁李元昊酒醉之际闯入了他的寝宫。宁令哥一见到父亲，便立即用刀砍下了他的鼻子。由于太过疼痛，李元昊的酒也醒了，他被疼得到处乱跑，大喊着抓贼。估计他怎么都不会想到，宁令哥竟然做出了如此大逆不道的行为，不过他曾经为了铲除威胁，用毒酒害死了母亲，现在也应该算是因果报应吧。

宁令哥砍掉父亲的鼻子后，由于害怕，再加上也已经惊动了众人，于是便扔下刀逃跑了。由于是在没藏讹庞的怂恿下，宁令哥才做出了如此荒唐的举动，因此事后他便跑到了没藏讹庞的家里，想在此躲藏，结果却反而被没藏讹庞抓了起来。

第二天，由于惊吓过度和失血过多，李元昊不治而亡，时年 1048 年。借助皇帝的离世，没藏讹庞为宁令哥扣上了弑父的大罪，将他和他的母亲野利氏全部杀死。自此，宁令哥的皇太子生涯也彻底落下了帷幕。

紧接着，没藏讹庞又不顾李元昊在临死前留下的、要让自己的党弟继位的遗命，以父死子继为由，将不到两岁的李谅祚推上了帝位，而没藏讹庞本人则与新皇后没藏氏一起，成为了李谅祚背后的主控者，并把持着西夏王朝的政权长达 10 多年之久。

没藏讹庞的阴谋虽然不被人所接受，但不得不说，他这个如意算盘打得可谓是相当巧妙。他怂恿宁令哥弑父，如果成功了，就是一箭双雕，即刻便可让自己的外甥登基称帝。而如果宁令哥失败了，没有杀死自己的父亲，但他谋杀皇帝的罪名却无可厚非，自然也是必死无疑，那么李谅祚就能代替皇太子之位，将来必定会继承帝位。所以无论怎样，宁令哥都可以算是这场阴谋的最大受害者。他的一时冲动虽然排解了心中的愤怒，但却也同时赔上了自己年轻的生命，并且还被冠上了一个弑父的罪名。可见冲动真的十分可怕，不仅害人，而且害己。

千秋评说

在西夏王朝的历史上，宁令哥也算是一个不可或缺的人物。虽然他没有太多的历史建树，但他毕竟是西夏王朝的第一个皇太子，而且还和他的父皇，也就是西夏王朝的开国皇帝李元昊有着太多的恩怨情仇。尤其是李元昊对宁令哥新婚妻子的掠夺性占有，更是把父子的矛盾彻底引爆。后又在奸佞蓄意地挑唆下，上演了一场父子相残的闹剧。结果，在父皇因割鼻而死后，宁令哥也惨遭暗算致死。

假如李元昊不强占儿子貌美的新婚妻子；假如没移氏能够稍微收敛，而不过分挑衅宁令哥的生母野利氏；假如宁令哥面对各种耻辱和挑衅再保持一下克制；假如曾身为宁令哥舅母的没藏氏能够念及旧情，而不萌发让自己仅有周岁的幼子继位的想法，那么悲剧也许就有可能避免。可是这么多的假如，却完全呈现在同一个平面上，从而使悲剧一触即发。

在中国封建王朝的历史上，夺人之妻和弑父的行为都被看作是十恶不赦的。而这二者恰恰都降临在了宁令哥一个人的身上，只是在前者中他是受害者，后者中则变成了主使者。因此他的行为既情有可原，又罪可当诛，这就是宁令哥既悲壮又凶残的写照。

赵光义——烛影利斧手刃皇兄的宋太宗

宋太宗赵光义是宋朝开国皇帝宋太祖赵匡胤的弟弟，在中国历史上，赵光义是一个颇为特殊的帝王。原本，按照封建王朝的嫡长子继承制度，赵光义与大宋皇位之间是根本不可能产生任何交集的。但在历史上，赵光义最后却成功地继承了他哥哥赵匡胤的政治遗产。这一特殊的继承结果对太宗王朝的政治有着非常重要的影响，甚至反映在太宗个人的性格及生活上。

历史对于赵光义的质疑是，他的登基与其兄赵匡胤的突然驾崩有着说不清道不明的联系。尽管赵光义为了证明自己继位的合法性，搬出了其母杜太后临终遗命的说法，即所谓的“金匮之盟”。也就是说，帝位的承袭打破子承父业的固有传统，而是按兄弟次序传承。但这样的解释，不但不被当时的人们所认可，后人也认为这不过是赵光义撒的一个弥天大谎，是他为给自己披上合法的政治外衣所进行的粉饰杜撰。正史和民间，针对宋太祖之死和“金匮之盟”大相径庭的记载，尤其是烛影斧声在民间广泛传播，更是让宋太宗难以摆脱干系。特别是赵光义的后人也对先祖赵光义弑兄篡位的认可，也更让天下人相信赵光义在登基上绝对有巨大的“猫腻”藏于期间。但无论事实真相究竟如何，赵光义究竟是如何继位的，已经成为历史上的一大不解之谜。

继位内幕

赵光义虽然在治国方面颇有贤名，但对于继位问题的纠结却伴随了他一生。虽然没有任何人对其治理国家的能力产生质疑，他也尽职尽责地完成了一个英明君主所承担的一切，但他毕竟涉嫌打破了皇位接班的程序，并因而备受历史的诘问。

宋太祖暴毙，赵光义杀兄越位登基

公元976年，宋代开国之君赵匡胤一夜之间猝然离世，可正史中却没有他患病的任何记载，而野史中关于赵匡胤死法的记载和说法又与官方正史大相径庭。因而，赵匡胤的死因，就成了历史上一宗离奇的悬案。遍查各种文字记载，均倾向赵光义杀兄篡位一说。

根据现有的相关资料，归纳整理后，也许能基本上还原那段尘封的历史。

开宝九年10月，一个风雪交加的夜晚，太祖虽身体略感不适，但因朝中有事，还是命人将时任开封府尹的晋王赵光义宣召入宫。

赵光义入宫后，太祖就急忙喝退左右，单独与兄弟赵光义酌酒对饮，商议国家大事。室外的宫女和宦官在烛影摇晃中，远远地看到赵光义时而离席，摆手后退，似在躲避和谢绝什么，又见太祖手持玉斧戳地，"嚓嚓"斧声清晰可闻，显然二人谈话并不投机。

与此同时，这些宫女和宦官还听到太祖大声喊："好为之，好为之。"两人饮酒至深夜，赵光义便告辞出来。

可是，谁也没有想到，到了凌晨，大宋的开国皇帝宋太祖就稀里糊涂地驾崩了。得知太祖去世，宋皇后立即命宦官王继恩赶紧宣召皇子赵德芳入宫，商讨继位大事。

可是，这位宦官王继恩却直接去了开封府请赵光义，而令人蹊跷的是赵光义似乎早有准备，精于医术的心腹程德玄早已在开封府门外等候。据程德玄称，他在前夜二鼓时分，就有人唤他出来，说是晋王召见，可他出门一看并无他人，因担心晋王有病，便前来探视，正好和找晋王的王继恩相遇在开封府前。于是，王继恩和程德玄二人便叩门入府谏见赵光义。赵光义得知宫中来人，不由得有些紧张，满脸讶异，犹豫不决。

可王继恩的一句话："时间久了，恐怕被别人抢先了。"却让赵光义下定进宫的决心。

于是，3 人便冒着风雪赶往宫中。到皇宫殿外时，王继恩则请赵光义和程德玄在外稍候，让他自己先去通报，可程德玄却主张直接进去，不用等候，便与赵光义直接闯入殿内。

宋皇后原本是叫内侍王继恩把皇子赵德芳叫来。见王继恩回宫，宋皇后就急忙问："德芳来了吗？"

王继恩回答："是晋王过来了。"

宋皇后十分惊诧，但她毕竟是名门闺秀，很快便反应过来，便哭着对刚进门的赵光义说："官家，我母子的性命，都托付给你了。"

根据大宋律条，官家是对皇帝的称呼，宋皇后这样喊赵光义，就意味着她已经承认了赵光义做皇帝的既成事实。赵光义也深受感动，伤心地流泪说："共保富贵，不用担心。"

于是，赵光义便登基为帝，史称宋太宗。

宋太祖之死，扑朔迷离，蹊跷离奇，但宋太宗抢在赵德芳之前登基却是铁的事实。因而太宗的继位也就留下了许多令人不解的疑团，其中历来便有太宗毒死太祖之说。因太祖本人身体健康，对于太祖的突然猝死，赵光义似乎早有预知，不然的话，他不会让亲信程德玄在府外等候。

大开杀戒固皇位

赵光义虽然知道自己为大宋江山立下了汗马功劳，但兄死弟及的皇位继承方式，与传统上的父子相传比较，可谓名不正，言不顺。为了扫除政治上的壁垒，赵光义显示出了血腥残忍的一面，不管是谁，只要敢质疑他皇位的来历，他决不会手下留情。

应当说，赵光义是一个政治上的博弈高手，自攫取最高权力后，他采取了诸多恩威并举、分化拉拢等手段。

首先，赵光义改年号为“太平兴国”，宣示成就一番事业的信心，并对在皇位更替中涉及的关键人物都作了精心安排。他任命其弟赵廷美为开封尹兼中书令，封齐王；任命太祖的两个儿子赵德昭和赵德芳为节度使。同时，还将太祖和赵廷美的子女均称为皇子皇女，特别是太祖的3个女儿还被封为国公主，甚至连太祖的旧部薛居正、沈伦、卢多逊、曹彬和楚昭辅等人也都加官晋爵。其实，人们都知道，这不过是赵光义为封口而采取的怀柔政策。

除此之外，赵光义还通过培养和提拔自己的亲信以及扩大科举取士人数，来培植私人势力。纵然这样，也未能彻底堵住人们对其继位合法性而提出的质疑。特别是赵光义对前朝老臣的政治清洗，更是引发了不少的反对声浪。为了树立自己继承的合法性，赵光义又抛出了其母杜太后的临终赠言，说杜太后在弥留之际曾对赵匡胤安排道：“如果后周的继位者是一个年长的人，你怎么会有今天呢?你和光义都是我儿子，你将来要把帝位传让与他，国有长君，才是社稷之福啊！”赵匡胤点头表示同意。于是就让宰相赵普当面写成誓词，封存于金匮里，这就是所谓的“金匮之盟”，也就是赵光义“兄死弟及”的合法根据。

由于赵光义在巩固政权方面采取了一系列措施，即使当时朝野内外均对太宗的继位有诸多非议，但赵光义也照样能够把权力牢牢地掌控在自己手中，将整个朝廷逐渐演变成服从自己的机构，而“斧声烛影”和“金匮之盟”则成为了后人永远猜不透、解不开的谜团。

赵光义在当了赵宋王朝的第二任皇帝好长时间后，仍感觉如履薄冰，当然最使他放心不下的仍然是关于皇位的潜在斗争并没有随着时间的延续而逐渐消除。在他率兵北伐契丹时，军中即有人试图拥立赵匡胤的长子赵德昭为帝，另有赵匡胤四子赵德芳和弟弟赵廷美，这无疑都是自己的潜在威胁。公元 979 年，赵德昭因遭太宗的猜忌而被迫自杀，两年之后，年方 23 岁的赵德芳又莫名其妙地突然辞世，这使赵光义紧绷的神经稍微轻松了一些。但轻松过后，又感到弟弟赵廷美依然是个不可小觑的潜在对手。赵廷美生于后晋天福十二年(公元 947 年)，比赵匡胤小 20 岁，比赵光义小 8 岁，仅比赵德昭大 4 岁。赵光义即位之初，为了安抚人心，也曾将赵廷美的儿子称作皇子，女儿称为公主。公元 979 年，又将赵廷美晋封为齐王，后封秦王。而且赵廷美也和赵光义当年一样当了开封尹并兼中书令，位在宰相之上。在赵德昭自杀、赵德芳死亡之后，最有可能觎觊帝位的就是这位一母所生的弟弟。此患不除，赵光义心里始终踏实不了。但赵光义不敢明目张胆地对廷美下手，就唆使旧僚来揭发秦王赵廷美阴谋造反。赵光义不但没收了赵廷美的私第，还废除其儿女皇子皇女的称谓。但赵廷美的悲惨命运并没有就此到头。后来开封知府李符又落井下石，上书说赵廷美不思改过。于是，赵廷美被降为涪陵县公，安置到房州。赵光义命人严加监管。赵廷美气愤难平，两年后便死在房州，年仅 38 岁。赵廷美死后，赵光义对外称赵廷美乃是乳母陈国夫人耿氏的儿子并非杜太后所生，这样就彻底地将赵廷美排除在皇位继承系统之外。当时，杜太后早已去世，太宗兄弟也只剩下他一人，赵光义所言无人能够反驳。因此，赵廷美到底是谁的儿子，恐怕也只有赵光义自己最为清楚。

经过上述种种手段，赵光义终于清除了危及政权的所有障碍。可是赵光义在权力巩固之后，最头疼的就是如何对待此后的皇位继承问题。按照他自己所谓的“金匮之盟”的约定，他的弟弟赵廷美应当是皇位第一继承人，并由赵廷美再传回太祖之子赵德昭。这是赵光义最不愿意看到的结果。赵光义自己也没有想到，当初自己捏造的“金匮之盟”虽然曾经发挥了掩人耳目的作用，但最终却成为限制了赵光义传子的愿望。自古帝王传承多为父死子继，赵光义自然也不例外。为此，赵光义绞尽脑汁，力图一一排除传子过程中的所有障碍，并最终达到了目的——逼死弟弟赵廷美和侄儿赵德昭、赵德芳，逼疯长子，并按照自己的意愿实现了权力的顺利交接。

千秋评说

作为大宋王朝第二位皇帝的宋太宗赵光义，虽然在历史上没有像其前任宋太祖那样留下“黄袍加身”和“杯酒释兵权”的神奇传说，但也绝非泛泛之辈。虽然倾其一生也未能摆脱弑兄的嫌疑，也最终未能占据道德的制高点，但其政治手腕还是值得人们去仔细地品读和回味的。

姑不论其兄长赵匡胤死于何因，但赵匡胤死后留下了两个青春勃发的儿子赵德昭和赵德芳却是不争的事实。在以子承父业为正统的封建时代，皇子的身上无疑会拥有更多的政治光环，可赵光义却以另类手腕打破传统旧制，以弟弟的身份荣登皇帝宝座，这在历史上绝对罕见。

应当说，赵光义在继位问题上表现出了较高的政治智慧，当他意识到其杜撰的“金匮之盟”虽然为自己继位发挥了重要作用，但后来却成为自己帝位传子的障碍时，就立即采取应对措施，并利用前朝老臣赵普为自己成功解套。赵普在太祖时代以佐命元臣之身份在中枢机构执政达10年之久，与太祖私交甚厚，被其视为左右手。太祖时代的一系列重大事件上，赵普都发挥了重要作用。可是他在赵光义继位上却是坚决的反对者。因此，他与赵光义的关系极为微妙。但赵光义继位后，要维护权力、安抚人心，就必须要赵普这样的开国元勋来装点门面，所以就对赵普采取了相当高明的公关措施。终于，使这位宿敌变成了政治盟友。于是，后来当赵光义向他询问传任赵廷美之事时，赵普自然领会赵光义的心意，便在朝廷之上说：“自古帝王传位乃是父传子，当年太祖已误，陛下今日还要再错吗？”这句话大获赵光义赏识，坚定了赵光义传子的信心。此后，赵普在赵光义传位的过程中也确实扮演了重要的角色。

反观宋太宗赵光义的一生，虽然为大宋江山的繁荣奠定了基础，但其弑兄篡位的丑闻却成为他一生挥之不去的政治硬伤。也尽管他动用了所能驾驭的政治资源为自己多方辩解，但却收效甚微，甚至引起人们更大的反感。就连赵光义的后代宋高宗赵构，也相信他的老祖宗是"弑兄篡位"的元凶，而带有赎罪之心把皇位传给了赵匡胤的七世孙赵昚。但是，作为政治人物，单纯地论起宋太宗赵光义对社会的贡献，应当说他毫不逊色，有许多值得肯定的地方。但却因为他的那位皇兄赵匡胤是一位雄才大略的开国帝王，况且太祖不明不白地死去，也和宋太宗赵光义有着剪不断、理还乱的千头万绪关系，就使得宋太祖成为宋太宗赵光义永远无法逾越的道德标杆，只能一生蛰伏在太祖的羽翼之下，成为另类凄美的悲剧人物。

第二辑

政治遮羞布：任人摆布的玩偶继位者

皇位传承是一项充满血腥和虚伪的游戏。古代那些皇帝们，就算是那些雄才伟略的有道明君，手上也免不了沾满无辜者的鲜血，口中也不得不讲出言不由衷的政治辞令。但是，这一切的血腥和虚伪都是上不得台面的，这些肮脏的东西，必须被掩藏起来。那些名正言顺的皇帝尚且如此，那些名不正言不顺的当权者就更需要给自己加上一块政治遮羞布，而这块遮羞布则往往就是那些毫无反抗能力，只能任由他们摆布的弱者。

刘盈——被亲生母亲绑架做傀儡的汉惠帝

汉惠帝刘盈是西汉王朝的第二位皇帝。他的父母可都是出了名的狠角色。父亲刘邦，可谓草堆里爬出来的盖世英雄；母亲吕雉是一位以狠扬名的角色，也是帝国里第一个临朝称制的太后。

刘盈有如此荣耀的父母，而且自己又被立为太子，应当说，这等好事，即便是打着灯笼也难以找到。可是这个在大汉第一家庭长大的刘盈，后来虽也做了皇帝，但是却始终郁郁寡欢，从16岁登基，到23岁就走到了生命的终点。

事实上，刘盈做皇帝，只不过是表象，而真正掌权的则是隐居他身后的母亲吕雉，他只不过是名誉上的最高元首，却到死都没有获取真正意义上独立执政的权力。最让他无法忍受的是，他的母后吕雉，为了掌控权力，竟让他不顾伦理娶了自己亲姐姐的女儿为妻，让他一生都套上了无法示众的精神枷锁。

应当说，汉惠帝是西汉史上一个奇怪的空白地带。在他之前，有"雄才大略"的开国父皇，身后有母后专政，再往后有文景之治，在这些辉煌璀璨的名字中间，他的名字，自然要被遮掩得暗淡无光。

继位内幕

按照常理，刘盈出生在如此优越的大汉第一家庭，而且又被明确了太子的地位，最终也登上了象征最高权力的宝座，其政治道路可谓一帆风顺。可刘盈并未体会到权力给他带来的荣耀和尊贵，相反，却品味了无数的权力屈辱和精神蹂蹦。从太子地位险些不保，到登基后的权力掣肘，刘盈可谓心力疲惫、狼狈不堪，在无奈中走完了他坎坷而又短暂的一生。其实，真正一次次伤害刘盈的是他的父亲刘邦，而一次次在他伤口上不断撒盐的则是他的母亲吕雉。

太子地位不保，母后出手相援

刘盈作为西汉开国皇帝刘邦和皇后吕雉的嫡亲长子，被明确为太子，名正言顺，是天经地义的皇位继承者。可是，刘盈的这对父母，因为并不是真心相爱，在父亲刘邦移情别恋后，而使刘盈的太子地位受到严重冲击，甚至到了岌岌可危的地步。如果不是母亲吕雉据理力争，恐怕太子地位早就易人。

刘邦当初作为混混时，充其量也就是一个比村长略大的小官，能娶上吕员外家才貌俱佳的女子为妻，算得上是烧了高香。但刘邦并不珍惜这段婚姻，婚后依然不改当初的放荡不羁，照样和一些女人厮混，而把娇滴滴的吕雉一个人留在家里干活，就这样，吕雉也从大家闺秀变成了农村妇女。等到吕雉为刘邦生下长女鲁元和长子刘盈后，刘邦依然是江山易改，本性难移，抱着“家花不如野花香”的扭曲心理，继续风流快活。这些都被年幼的刘盈看在眼里。虽然当时不太懂事，但从有记忆以来，他就隐隐约约地感受到父母的感情生活并不和谐，在他幼小的心灵里留下了阴影。

后来，刘邦在造反途中遇见了一个能歌善舞的美人戚姬，刘邦更是与其形影不离，即便是行军打仗也把戚姬带在身边。而吕雉则在家里给刘邦辛辛苦苦拉扯儿女。对此，吕雉免不了暗地里在家摔盘子、哭鼻子。这些都给刘盈留下了很深的烙印。刘盈从小就变得沉默寡言了，特别是有一次父亲对他近乎绝情的对待，让他后来无论如何努力都无法抚平心灵的创伤。

在楚汉相争的一次战斗中，刘邦被项羽打的落荒而逃。坐在马车里飞快地逃命，可项羽的骑兵却在后面狂追，把刘邦吓得不知如何是好。但由于车上人多，马车跑的速度非常慢。眼看项羽的骑兵要追上来了，刘邦竟然做出了不可思议的事情。他竟狠心地将女儿鲁元和儿子刘盈推下了马车。幸亏部将夏侯婴赶紧将他们再次抱起放在车上，可刘邦再次将儿女推下车。夏侯婴看不过去，又急忙抱上来，刘邦再推下去，就这样来来回回好几次。刘邦实在不耐烦了，就瞪着眼睛警告夏侯婴说："你竟然敢违抗我的命令！"夏侯婴也很气愤，以"虎毒不食子"与刘邦抗辩。但刘邦很不以为然，最后夏侯婴得抱起两个孩子跑着逃命！值得庆幸的是，最后竟然逃脱了项羽的追兵。在这件事上，刘邦的举动成了刘盈童年一个挥之不去的恶梦。直到后来他们姐弟被送到了关中，才在战略后方过上了安宁的生活。到了刘邦消灭了项羽的势力，取得楚汉战争的胜利，就立刘盈为太子，这时的刘盈才刚刚 9 岁。

但因为刘盈文弱，外表也显得缺少英武的所谓帝王之气，所以刘邦并不太喜欢他，而是喜欢他最宠爱的戚夫人所生的儿子刘如意，就想把刘盈废掉，让刘如意做太子。但在众人的反对下，刘邦只好作罢，但是刘盈的太子地位却时刻受到威胁。由于刘盈当时还是个孩子，对此还不是很明白。但他的母亲吕后却可不是一般的人物，为了以后的权势，她便开始了行动。首先找足智多谋的张良讨主意。而张良则建议她找刘邦极为尊敬的"四皓"，让他们帮助她说服刘邦。吕后依计行事，"四皓"果然发挥了重要作用。在平定淮南王英布反叛时，是"四皓"想方设法让刘邦收回了成命，不再坚持让刘盈领兵镇压的念头。

刘邦平定英布叛乱后，因为伤痛病倒了，这时，他又动了更换太子的意念。张良的劝谏没有起作用，其他的人也没有让刘邦改变主意，最后还是"四皓"以实际行动说服了刘邦。

在一次宴会时，每个都在 80 高龄以上的"四皓"陪着太子刘盈一同入席，这使刘邦很惊讶，觉得太子已经羽翼丰满了，如果再重立太子，恐怕会导致政局混乱。刘邦才彻底打消了更换太子的念头。此后，刘盈的太子地位才基本稳定了。

登大宝刘盈名为皇帝，无权柄惠帝实为傀儡

尽管刘盈在走向皇位的过程中险象环生，但在母后吕雉的精心斡旋下，刘盈还是在父皇刘邦驾崩后十分顺利地登上了皇帝的宝座。可是，登上皇帝宝座的刘盈，并没有真正领略到问鼎天下的君王尊严，因为他那位咄咄逼人的母后，才是实际上的最高领导者，他不过是一个象征性的政治道具而已，而真正的权杖则牢牢地掌控在母后的手里。他不过是权力游戏中的一枚棋子。

公元前 195 年，刘邦病死，刘盈在母后吕雉的张罗下顺利地继承了皇位，这时他才刚满 16 岁。刘盈继承皇位后，基本上延续了父亲的政策，而且还有父亲的一批有经验的大臣相辅佐，而母后吕雉则被封为皇太后。

谁也没想到，在刘邦生前曾经多次受到打压的吕雉，在刘邦去世后，不但不忌惮任何人，反而突然爆发了强烈的政治参与意识，并利用手中的权力开始了近似疯狂的反攻，使很多人都惨死在她的手中。而贵为一国之君的刘盈，既无能力阻止，也无权利过问，只得无奈地远远地望着母后不断地发飙。

首先，吕雉为了掌控权力，竟然让刘盈这个儿皇帝迎娶刘盈的亲姐姐，也就是吕后亲闺女所生的女儿为妻。对于这样乱伦的婚姻搭配，虽然遭到了刘盈和其姐姐的强烈反对，但反对无效，最后，刘盈这位亲舅舅竟然荒唐地迎娶了自己的亲外甥女为妻。因为，吕雉认为，这样一来，皇后就成了她的亲外甥女了。可为此，吕雉不但毁掉了儿子的幸福，也葬送了外甥女的幸福。致使外甥女在 13 岁就成了寡妇，而且到 30 岁去世时还是一个处女。

在刘盈为自己的婚姻大为烦恼的时候，吕雉又开始了另一轮的政治清洗。对刘邦生前最喜欢的戚夫人展开疯狂的反扑，因为，戚夫人昔日不但和她在刘邦面前争宠，还想让她的儿子刘如意替代自己的儿子刘盈的太子身份。因此，吕雉对她深恶痛绝，恨不得一口将其咬死。戚夫人明显地感受到来自对手吕雉手腕的惨

烈，在惊恐了无数次以后，戚夫人想请求赐白绫自杀。但吕雉并不同意，她要让戚夫人体会到求生不得、求死不能的绝望！

在对待家族问题上，皇帝刘盈与皇太后吕雉持完全不同的态度，但刘盈却无力左右局势，只得在无可奈何中任由皇太后大发淫威。吕雉很快列出了一系列罪证把戚夫人打入冷宫，囚禁在特种监狱里，并把她漂亮的长发全部一根一根地拔下来，用铁链拴住脖子，穿上粗笨的囚衣，在牢房里劳改。

当初刘邦死前，也领教过吕雉的毒辣，也害怕在他死后，吕雉加害戚夫人母子，于是把刘如意派到了较远的封地去做王，并让御史大夫周昌陪伴。刘邦打的算盘是：因为当初在废太子之事上周昌曾经力阻自己，吕雉也曾经很感激周昌，她大概可能也许会顾及一点周昌的情分而不加害刘如意。但吕后哪还念及这些情分，只想早日把刘如意除掉，以免后患。吕雉终于最后还是设法把刘如意从封地骗到了长安皇宫。可这却引起了皇帝刘盈的警觉，刘盈知道自己的母亲狠毒，是想杀害弟弟刘如意，为了保护弟弟的安全，刘盈便把刘如意日夜带在身边，寸步不离，连睡觉的时候都在一起。这样一来，要杀刘如意就非常困难。但吕雉终于等到了下手的机会。一日，刘盈醒来，见弟弟刘如意睡的正香，不忍心叫醒他，就自己出外打猎去了。吕雉立马派人毒死了刘如意。等刘盈打猎回来，看见弟弟还在睡觉，便唤其起床，却无动静。扳过刘如意的身子一看，让刘盈大惊失色，不再是活泼可爱的弟弟，而是一具七窍流血的尸体！

刘盈的灵魂受到了强烈的震撼，他知道母亲报复戚夫人尚能理解，但是刘如意却还只是一个孩子，自己保护了这么久，原本以为母亲会明白自己作为皇帝的意思，会放弃杀害刘如意，可是没想到，母后竟然如此出手！但吕后并未就此收手，而是加大对戚夫人的惩罚力度，派人挑断了她的手筋、脚筋；然后又派人挖掉了戚夫人的眼睛，毒成了哑巴，熏聋了耳朵；最后竟然惨绝人寰地把戚夫人扔到了茅厕，变成了人彘。从此，美丽的戚夫人不复存在，只剩下一个扔在厕所里的怪物。

面对如此狠毒的皇太后，刘盈终于彻底绝望了，他为有这样的母后而羞耻，也为自己无力掌控国家而懊恼，终于在郁闷中凄惨地死去，时年只有23岁，成为汉室江山历史上最灰暗的一页。

千秋评说

刘盈这位可怜得有些窝囊的皇帝，从16岁登基，到23岁走完生命的历程，虽然在台上执政7年，但却没有展现出任何个人的风格，因为他一直处在强悍的母后的阴影里。与神勇的父皇刘邦相比，竟是天渊之别。虽然刘盈没有展示其政治抱负，但并不意味着他的政治平庸，其实，这个曾经被放置在田埂之上的婴孩，在成了一国之君后也确实想励精图治、继续开创父皇的霸业，怎奈生不逢时，竟然遭遇了强劲的政治对手，那就是他的母后吕雉，成为他的克星，终于遗憾地走完了短暂的一生。

在大汉初年，讲究的是家天下，在国事上，刘盈是名正言顺的皇帝，而且年纪成年，按理说，吕后并不能过多地进行钳制，但吕后却是一个权力欲望很强的人，却对刘盈处处掣肘。另外，在家事上，吕后作为母亲，更具有至高无上的权威。毕竟，刘盈是个以孝称道的人，而且还为了保住刘盈的储位，费了太多的心思，如果没有吕后的坚持，刘盈也不会走到政治前台。这才是刘盈受制吕后的直接原因。刘盈也因遵从母命而在其死后获赠谥号“孝惠”，“孝”意即孝子善于继承父亲的事业，这对于政治人物来说，不能不说是一种讽刺。

刘盈这位名门之后，从幼年时的颠簸，到太子身份的摇摆。再从登基继位，到权力架空。刘盈的一生，可谓糟糕透顶、窝囊丛生。甚至，还背着一个乱伦的恶名，其实，对他来说，真是天大的冤枉，因为他的婚姻完全出于母后固权的政治绑架，他不过是一个失败婚姻的牺牲品。

应当说，刘盈这位正宗的刘邦传人，身上不缺少强势的基因，也应该和后来的文帝和景帝一样应该有更大的作为，但因为母亲吕雉，他还是过早地去世了。就连史学家，都在有意和无意之间弱化了他。司马迁写《史记》，甚至没有为其立世家，而且在评价中还使用了“仁弱”这样一个绝对算不上褒义的形容词。但不管怎样，这位短命的皇帝还是在大汉江山的传承上确立了第二代政治人物的地位。

刘肇——被窦太后视作政治玩偶的汉和帝

刘肇是汉章帝的第四个儿子，也是东汉的第四位皇帝，自幼聪慧，能力超群，史称汉和帝。刘肇出身虽好，可是他的一生却经历了无数的艰难和坎坷，年纪轻轻就命丧黄泉，成了中国历史上短命皇帝中的一员。

刘肇得以登上皇位虽然是当时宫廷中政治博弈的结果，但其在位期间却有着不俗的表现。据史料记载，在刘肇 14 岁时，就展现出了非同寻常的政治智慧。登基之后，更是在险象环生的政治生态中，用非常周密老道的谋略打败了盘根错节的政治势力，彻底铲除了势力颇大的窦氏集团，为其独立执政创造了条件，也为自己赢得了不错的口碑。

继位内幕

若按正常的帝王接班路线图，刘肇是无缘问鼎帝位的，因为他的兄长刘庆已经被父皇明白无误地立为太子，成了名正言顺的皇位继承人了。但后宫中 4 个女人的权力博弈却使刘肇意外地登上了皇位。这是他的不幸，也是他的万幸。不幸的是，从小就成为权力赌场中的赌注，不但离开了生母，随时都可能有性命之忧，甚至最终还真给他的生母带来了杀身之祸。但万幸的是，他在后宫女人博弈中，成为获胜方的既得利益者，登上了皇帝的大位，史称汉和帝。虽然在登基之初，忍受了不少的屈辱和蹂躏，但毕竟给他提供了当时天下最大的人生平台，也让他释放了堪称斗争经典的政治智慧，从而在帝王序列里留下了他应有的位置。

天上掉馅饼，后宫恶斗刘肇受益

刘肇命运的改变，源于一位女人，那就是在历史上颇有名气的窦太后。

窦氏系出名门，然而家道中落。但由于受家庭文化的熏染，窦氏 6 岁便能吟诗作文，而且天生丽质。建初二年（公元 77 年）8 月，窦氏及其妹妹被选入长乐宫。由于她貌美惊艳、举止非凡，深得马太后的赏识，更得到了汉章帝刘炟的喜爱，入宫短短一年时间，就被章帝封为皇后。而后，马太后病逝，宫内权力最大的女人莫过于窦皇后。

皇后窦氏虽伴驾数年，屡承雨露，但却始终未育得龙种，反而被妃嫔们抢先一步，王氏生下男孩刘伉、刘全，宋氏生下男孩刘庆，梁氏生下男孩刘肇。章帝刘炟十分高兴，就根据综合评估的结果，立刘庆当太子，封刘伉当千乘王，封刘全当平春王。这在“母以子为贵”的封建时代，确实让无子的窦氏感到了一种无形的压力，生怕有一天会在皇帝面前失宠。窦氏在嫉妒的同时，又急又恨，就突发奇想，何不收养一个儿子，以巩固自己的地位?恰好，梁氏生下男孩刘肇时间不久，窦氏便逼着刘炟把新生儿刘肇抱来，当做自己的儿子。

因梁氏自感不是窦氏的对手，就只好将儿子出手相让，并且梁氏暗自庆幸。因为梁氏认为窦皇后之所以收养刘肇，就是想将刘肇培养为太子，以巩固她自己的皇后地位。虽然刘庆已经被立为了太子，但刘庆的母亲宋氏仅仅是一个贵人的身份，只是因为窦皇后膝下无子，才给刘庆提供了机会。现在窦皇后要收养自己的儿子刘肇，就意味着儿子身价的提高，很有可能被立为皇太子，一旦这样，儿子将来一定不会亏待生母一家的。梁氏想到这里，自然有些欣慰，从情感上说，将儿子送给窦皇后虽然有骨肉分离的痛苦，但却有利于儿子将来的发展，于是便很爽快地将刘肇送给了窦皇后。可后来梁氏的这番话却传到了窦皇后的耳朵里，窦皇后为此十分震怒。于是，便找了个机会故意诬陷梁贵人。梁贵人无奈，走投无路，选择了自杀。就这样，窦皇后便成了刘肇独一无二的母后。

果如梁氏所料，窦皇后收养刘肇的目的，就是想培养他为皇太子。因利害冲突，太子刘庆的母亲宋氏，自然就成了窦皇后的心头大患。她要想方设法在章帝面前诋毁这对母子。

恰巧，太子刘庆的母亲宋氏生病害口，想吃野兔，便偷偷地给娘家人写信索取。皇后窦氏截获此信后，诬蔑宋氏联络宫外，图谋不轨，迫使宋氏服毒自杀。刘炟心有不忍，要厚葬宋氏。窦皇后却不依，并逼着刘炟废掉太子刘庆，改立刘肇当太子。

刘炟觉得这样做对不起刘庆，便强行封刘庆当清河王，享受太子的待遇。因在太子的问题上，窦皇后展示出了咄咄逼人的气势，使章帝刘炟心生怨气，渐渐疏远窦氏，宠爱妃嫔申氏，并先后生下男孩刘寿、刘开。但刘肇的太子地位，却因为窦皇后的强势介入而变得日益牢固。由此可见，在这场看不见硝烟的宫廷博弈中，刘肇才是最大的受益者。

登上皇位却沦为窦氏傀儡

有了窦皇后这个上可通天的政治巨伞的保护，刘肇这个颇为幸运的少年儿童，的确在太子身份上得到了进一步的巩固。而与此同时，窦皇后也变得更加肆无忌惮。

虽然，在太子更换的过程中，窦皇后与章帝的思想发生了激烈的碰撞，也留下了很深的芥蒂。但窦皇后的张狂却没有任何收敛，并且依靠哥哥窦宪不断扩充私人势力。最后这窦宪竟敢强抢御妹沁水公主刘致的花园。章帝刘炟偶然得知此事，大发雷霆，找来窦宪臭骂一顿，怒斥道："窦家真是狗胆包天，连公主的花园都敢抢，这要是老百姓，还不让你窦家给生吞活剥了。窦家再敢胡作非为，朕只当踩死个老鼠，把窦家统统收拾掉。”

窦宪知道闯了祸，匍匐在地，叩头如捣蒜，脑门鲜血直淌，不停地哀声求道：“臣罪该万死，请陛下饶命！”

但此事在窦皇后的斡旋下却安然无恙，足见窦皇后的影响力。

章和二年2月，年仅33岁的汉章帝驾崩于章德殿前。10岁的皇太子刘肇在窦皇后的辅佐下登上了皇位，史称汉和帝。刘肇便尊窦皇后为皇太后。因和帝年幼，实际大权则完全掌控在窦太后的手中。窦皇后成了窦太后以后，自然趾高气昂，她抚养刘肇，为的就是这一天，现在目的达到了，她当然要好好地享受这来之不易的胜利果实。首先，她把哥哥窦宪提升为侍中，直接掌握朝廷机密，负责向全国发布她的诏书；之后，她让弟弟窦笃任虎贲中郎将，统领皇帝的侍卫；她还安排另外两个弟弟窦景、窦环任中常将，负责传达诏令、拟定文书。如此一来，朝廷的重要位置都被她的兄弟们所垄断，曾经的“刘家王朝”实际上很快就转换了颜色，成了名副其实的“窦家王朝”，而位居九五之尊的刘肇却成了权力遗忘的角落，只得无奈地望着窦太后到处发号施令。

其实，窥视权力多年的窦皇太后，一朝权力在握，自然会发挥到极致。她在大量任用亲信的同时，还对章帝的一些规定作了重大改进。比如：命诸王返回封国，又增加盐铁税以充军费。

富贵不忘娘家人，这恐怕是全天下大多数妇女的通病，窦皇太后提携娘家兄弟，原本无可厚非，但她为了给娘家兄弟谋利，竟然不惜牺牲他人的利益，这就让人无法接受了。

窦宪心胸狭窄，是个亡命之徒，他养了许多刺客，看谁不顺眼，就暗杀谁。都乡侯刘畅与窦宪政见不合，他来京都洛阳吊唁汉章帝时，颇得窦皇太后的欢心。窦宪恐怕刘畅会分了他的权力，便派刺客暗杀刘畅。窦宪派人刺杀了他。窦太后发觉后大怒，并将其关进内宫。恰巧北匈奴再次扰边，南匈奴请求朝廷出兵征讨。为了使窦宪免受处罚，窦皇太后为他制造了一个“戴罪立功”的机会，让他带兵讨伐北匈奴。尽管朝中大臣纷纷上书，指责窦皇太后不该“以一人之计，弃万人之命”，但窦皇太后却一意孤行，执意派窦宪出征北匈奴。结果，汉军连战连捷，窦宪率军出塞1500多公里，大破北匈奴大军，窦宪也因此威名大振。

窦宪得胜还朝后，窦皇太后更有了袒护兄长的理由，不但下令赦免了窦宪的杀人罪，还升任他为大将军，封武阳侯，地位仅次于当朝太傅。紧接着，她又斥巨资为自己的兄弟们修建了豪华住宅，楼馆错落，弥街绝里。

就这样，权倾一时的窦皇太后，更加肆无忌惮地满足着窦氏家族成员的所有私欲，皇帝刘肇俨然成了多余的点缀。渐渐地，窦皇太后觉得，连刘肇这个傀儡也没保留的必要时，她就和兄弟们商议了诛杀刘肇的计谋。

眼看着，一场腥风血雨的宫廷政变就要上演。可这个登基4年，受尽了窝囊气的小皇帝刘肇，已经在政治博弈中得到了历练。经过周密的考虑，决定寻求宦官郑众的帮助。于是一场反政变的行动悄然展开。结果，这个在窦皇太后眼里几乎不屑一顾的儿皇帝却突然发力，彻底粉碎了窦氏集团政变的阴谋，取得了大获全胜的结局。

千秋评说

客观地讲，刘肇说不上是幸运还是不幸，出生不久，就被他父亲的大老婆——窦皇后看中，因她自己不会生育而担心自己皇后的位置动摇，便将刘肇认做养子，间接地实现了母凭子贵的目标，这虽然有政治交易的成分，但却给刘肇提供了登上政治舞台的契机。虽然，刘肇的权力始终受到窦皇太后的掣肘，甚至险些被她暗算。但毕竟在10岁的时候，至少在名义上刘肇成了东汉帝国的第四位法人代表。但其实是窦太后手中的一枚任意摆布的棋子。

随着刘肇年龄渐长，他慢慢地感觉到了窦皇太后对自己态度的转变，也觉察到了暗藏在窦宪等人眼中的仇恨。但复杂的政治生态，使他很快获得了与众不同的政治历练，迅速成熟，在14岁的少年时代就敢于亮剑，并铲除了日益嚣张的窦氏集团，削减了窦皇太后干预朝政所造成的政治影响。但遗憾的是，后来这位独立执政的皇帝，虽然在智能上并不逊色，但却是一个短命的皇帝。终于在历史上没有获得大的建树。

刘协——颠沛流离的汉献帝

刘协，字伯和，祖籍沛县（今江苏沛县，即高祖刘邦出生地），生于洛阳，汉灵帝之子，母亲是汉灵帝后宫中的王美人。刘协是东汉的最后一任皇帝，史称汉献帝。

汉献帝刘协也许是中国历史上最无奈、最憋屈的一位皇帝。他这一生虽然名义上是大汉天子，但是却过得颠沛流离，像一个人人都欲得之而甘心的珍贵物件一样被各路诸侯争来抢去，几乎没有过过一天舒心的日子，也从来没尝到过当皇帝、掌大权是个什么滋味。

汉献帝与历史上著名的傀儡皇帝晋惠帝司马衷不同。晋惠帝是因为自己本身实在无能，所以才以九五之尊的身份被人呼来喝去，丝毫没有身为皇帝的尊严。但是汉献帝刘协却并非无能之辈，他脑中有谋略，胸中有抱负，但偏偏被那些诸侯们牢牢地控制住，丝毫得不到施展的机会。

继位内幕

东汉末年，穷途末路的大汉王朝已被各地并起的群雄肢解得四分五裂。这些陷入混战的军阀大多数没有正经的名分，而当时的人们对于所谓的“正统”又是极为看重的，因此，当时的大汉天子汉献帝刘协就成了东汉末年人人都欲得之而甘心的最炙手可热的一件宝贝。

董卓擅行废立，刘协登上帝位

刘协出生于公元 181 年，他的父亲是当时大汉朝的皇帝汉灵帝刘宏。但是，出生于皇家的刘协本来是没有资格成为皇帝的，因为他不是嫡子，他的母亲王美人只是汉灵帝后宫中一个极其普通的女人罢了，甚至连嫔妃的称号都没有，而且在生下刘协之后不久就被当时朝中的权臣何进的妹妹、汉灵帝刘宏的正宫皇后何氏给毒死了。

不过，幸运的是，汉灵帝一向与自己的正宫皇后何氏不合，对于何氏生下的嫡子刘辩也不大喜欢，而是把一腔父爱都倾注在了刘协的身上。在王美人死后不久，刘宏把这个自己最疼爱的儿子交给了自己的母亲董太后抚养。

汉灵帝喜欢刘协，自然就希望刘协能够成为自己的皇位继承人。但是，何皇后和刘辩背后的靠山是大将军何进，汉灵帝虽然是皇帝，也奈何他不得，于是只能把这份期望藏在心里。公元 189 年，汉灵帝刘宏走到了自己的人生尽头，在弥留之际，他将自己心爱的儿子刘协托付给了一位名叫蹇硕的心腹权宦，希望蹇硕能够把自己的儿子扶上皇位。可是，就算是蹇硕和董太后两人的势力联合起来也远不是大将军何进的对手，因此蹇硕辜负了先皇帝的期望，他先是与其他宦官势力发生了分裂，因此在接下来的斗争中输给了以大将军何进为首的外戚势力。最终，登上皇位的仍旧是刘辩，失败了的蹇硕和不甘寂寞的董太后最终都没能逃脱被处死的命运。刘辩即位后，封刘协为渤海王，不久又转封为陈留王。

东汉末期，外戚和宦官轮流掌权。大将军何进的妹妹之前是皇后，刘辩继承了皇位之后，何皇后变成了何太后，因此何进是当时外戚势力的代表，而与他针锋相对的则是宫中的 10 位有权势的大太监，这些太监以张让为首，统称“十常侍”。何进与袁绍等人密谋，想要发动兵变，除去十常侍，但可惜何进谋事不密，反而被十常侍诱进宫去杀了。但是，杀了何进的十常侍也并没能讨了好去。埋伏在宫外的袁绍等人见何进已死，带兵杀进了皇宫。在兵荒马乱之中，十常侍多半被袁绍的手下所杀，只有张让和段圭劫持了皇帝刘辩和陈留王刘协逃出了洛阳城。

刘辩和陈留王刘协跟着张让等人在乡下东躲西藏，吃尽了苦头。后来，他们终于被尚书卢植、河南中部掾闵贡等人救了出来。但是，就在一行人回宫的途中，他们碰见了听说京城内乱而带兵前来勤王的董卓。董卓问刘辩整个乱事的经过，刘辩支支吾吾地说不清楚，刘协则侃侃而谈，丝毫不失皇家的威仪。董卓认为刘协贤能，且为董太后所养，又自以为与董太后同族，于是便对刘协颇为看重。董卓进京以后，不仅收编了当初何进手下的军队，而且策反了前来讨伐他的执金吾将军丁原的义子吕布。吕布杀了丁原，带着丁原的部属投靠了董卓。自此之后，董卓声势大涨，成为了当时天下诸侯中最有实力的一股。控制朝廷后，为了立威，董卓力排众议，废黜了刘辩，转而立刘协为帝，并且以刘协的名义挟天子以令诸侯。董卓在洛阳和长安等地烧杀掳掠，无恶不作，但是刘协毕竟只是个 10 岁的孩子，能有什么办法?也就只能乖乖地当董卓手中的一颗棋子罢了。

后来，多行不义的董卓被司徒王允联合吕布除掉了。当然，这两个人也并不准备为了刘协打算。董卓死后，王允做了录尚书事，吕布则晋升为奋威将军，二人共同主持朝政，刘协则依然是他们手中的棋子。

王允和吕布掌权还不到一个月，公元 192 年 6 月 1 日，董卓部将李傕、郭汜等人击败吕布，占领长安，杀死王允，把刘协一把抢了过来，控制了东汉政权。刘协只得又封李傕为车骑将军、开府、领司隶校尉、假节、池阳侯，后又升为大司马；郭汜为后将军、美阳侯，樊稠为右将军、万年侯，张济被封为镇东将军、平阳侯。

又过了一年，李傕杀死了樊稠并且与郭汜闹翻，两人在长安城外率领军队大打出手。刘协趁李傕、郭汜二人内讧之际，由董承、杨奉等人保着逃出了长安。但是，刘协一行人逃得匆忙，再加上当时关中大旱，一行人缺衣少食，忍饥挨饿，日子过得苦不堪言。

为了改变自己的生存状态，打击董卓余党，摆脱他们的威胁，汉献帝无奈之下只得饮鸩止渴，采取了以虎击狼的权宜之计，招来了兵强马壮的曹操。曹操把汉献帝刘协迎入洛阳供给衣食，而且对刘协这个没有半点实权只有名号的皇帝恭敬无比。刘协十分感动，封曹操为司隶校尉、录尚书事、节钺。但是，曹操同样也是一只准备利用刘协的饿狼，不久便露出了尖牙利齿。刘协依然是一个没有实权的皇帝。

奸雄曹操弄权，献帝密谋抗争

公元 196 年 6 月，曹操挟持汉献帝北上，迁都许昌。从此，曹操彻底达到了"挟天子以令诸侯"的图谋，并且切实地走上了高速发展的道路。但是，对于汉献帝刘协来说，曹操需要的是他身上的这块名叫"天子"的招牌，这块招牌是他"挟天子以令诸侯"的重要道具。因此，曹操实际上十分希望刘协是一个像晋惠帝司马衷一样懦弱得无以复加的皇帝，越是这样的皇帝，曹操越容易控制。但是，从刘协当初面对董卓时的表现我们就可以看出，他实际上是一个相当有头脑，同时很具才干的人，而这样的人是不适合做傀儡皇帝的。以曹操看人功夫，自然可以看出刘协是什么样的人，因此，刘协的境遇每况愈下，曹操对刘协的才干不放心，刘协对曹操的专权不甘心。

公元 200 年 3 月，汉献帝刘协开始实施他抢班夺权的计划。想要夺回原本应该属于自己的权力，刘协就必须要依靠朝中的大臣来除掉曹操。但是，自从当上皇帝，刘协就是一个掌握在别人手中的傀儡，从来也没得到过任何一丝培植自己的政治势力的机会，满朝文武中，值得信任的、仍然忠于汉室的人总共也没有几个。于是，无奈的汉献帝找上了他的大舅哥，时任车骑将军的国舅董承。董承是当初跟汉献帝一起从李傕、郭汜手中逃出来的老臣，在汉献帝眼中，恐怕满朝文武也就只有他最值得信任了。

这一天，汉献帝刘协悄悄咬破自己的手指，拿过一幅白绢，用自己的鲜血在这幅白绢上写下了委托董承召集忠臣义士讨伐曹操的诏书。写好之后，刘协让董承的妹妹董贵妃把这封血书密诏用针线缝在一条玉带当中。紧接着，刘协宣召董承进宫，对他当年拼死保驾的行为大加赞赏，并把那条藏有密诏的玉带赐给了董承。颁下衣带诏之后，刘协又相中了另一个人，认为他也是有能力帮助自己摆脱曹操控制的人选，这个人就是刘备。

当时，刘备因为被吕布打败，无奈之下只得投靠了曹操。刘备是汉室宗亲，而且仁义的名声传遍了天下。于是，汉献帝在一次朝会上接见了刘备，认刘备为皇叔，并且封他做左将军。当然，汉献帝封的将军只不过是个没有兵权的虚衔。

接到了衣带诏的董承果然是个心怀汉室的忠臣。他开始积极行动，与工部侍郎王子服、长水校尉种辑、议郎吴硕、昭信将军吴子兰、西凉太守马腾、太医吉平以及左将军刘备等人共同密谋除去曹操。但是，曹操的党羽遍布朝野，兵权也都掌握在曹氏宗族的手里，仅靠这几个人，又怎么能够除去曹操呢?

巧的是，当时曹操犯了头风病，由太医吉平负责医治，这是个千载难逢的好机会。吉平在给曹操吃的药里下了毒，但曹操幸运地逃过一劫。就在这关键的当口，董承家里的一个家奴因为对董承不满而出面告发董承纠集人众，意欲谋反。曹操听了这个家奴的报告之后带兵抄了董承的家，在董承家中搜出了衣带诏和参与衣带诏事件的那群人的名单。暴怒的曹操大开杀戒，将董承等人满门抄斩，参与衣带诏的那群人中只有不在许昌的马腾和刘备得以幸免。至此，曹操仍然余怒未消，他带剑闯入了汉献帝的寝宫，将已有5个月身孕的董贵妃残忍地杀死在汉献帝刘协面前。

衣带诏事件最终以曹操的胜利而告终。但是，执著的刘协却并不准备就此收手。公元214年，刘协连同皇后伏寿，与伏皇后的父亲伏完密谋诛杀曹操。但是这一次，事情仍然还是泄露了出去，曹操将伏后禁闭冷宫逼其自缢，伏皇后所生的两位皇子也被曹操派人毒死了。当伏皇后被曹操派去的尚书令华歆从宫中搜出牵走时，曾哭着求刘协救救她。可刘协又有什么能力能够救她呢?只好痛苦地说："我自己都不知道什么时候就要被害死了!"伏皇后死后，曹操斩草除根，把她的兄弟伏德以及宗族百余口杀了个干干净净。

从那以后，曹操对于刘协的监视更加严密了。他不仅派心腹曹洪率领五千精兵日夜在皇宫附近警戒，而且就连刘协的嫔妃也全都换成他自己的嫔妃了。刘协至此也彻底死了心，再也没有谋划过诛杀曹操的行动。

不过，曹操虽然把汉献帝刘协当做一个彻头彻尾的政治工具来使用，并且对刘协百般防范，但却始终没有生出废帝自立的念头。也许曹操是怕像王莽一样招来万世的恶名吧，但不管怎样，曹操至死也不过做到了魏王、加九锡、大汉丞相而已。他魏武帝的名号是他的儿子曹丕在篡汉自立之后追封给他的。“使天命在吾，吾其为周文王”这是曹操本人对于自己为何不曾废帝自立的解释。因此，终其一生，曹操虽有“彼可取而代之”之心，但一直还是安安分分地做着“周文王”，奉汉正朔，做着汉臣。

被迫禅让，刘协终结悲剧皇帝生涯

曹操死后，他的二儿子曹丕继承了魏王之位。曹丕与他的父亲不同，他可不想当什么周文王，他要做君临天下的天子。再说，此时天下三分，魏蜀吴三国在群雄当中脱颖而出，建立了自己的政权，再“挟天子”，人家刘备和孙权这样的“诸侯”也不会服从号令了。既然诸侯不再服从天子之令，那还要刘协这个傀儡天子做什么用呢？

于是，曹丕派遣华歆等一班文武去见刘协，逼他把皇位禅让给自己。见到刘协，华歆说道：“启禀陛下，魏王曹丕自从登位以来，德行播于四方，仁义及于万物，已经超越了古代的圣人的作为。现在群臣商议，大家认为汉朝的天数已经用完了，所以希望陛下能够效仿尧、舜，把皇帝的位子禅让给魏王来坐。这件事上合天意，下合民心，陛下您也可以安安稳稳地享清福，实在是一件难得的好事啊。”

虽说刘协早就知道会有这一天，但是当这一天真正到来的时候，他还是感到了一丝悲凉。他看着前来逼宫的这些文武百官，忽然间悲从中来，哭着说道：“当年我的祖先汉高祖刘邦斩蛇起义，灭亡了秦朝，又打败了西楚霸王项羽，经历了无数的艰难困苦才打下了汉朝的400年基业。自从我登上皇位以来，虽然我没什么才华，但是毕竟也没犯什么大的过错，又怎么忍心将祖宗传了400年的基业拱手送人呢?求你们再重新禀公商议一下吧。"

王朗说："自古以来，有兴盛就有衰败，又哪有不灭亡的国，不衰落的家呢?汉朝已经传承了400多年，到了陛下这里实在是气数已尽。因此陛下最好还是早早把皇帝的位子让给魏王来坐，不要再迟疑了。如果再迟疑的话，生出什么不可测的变化，陛下您就后悔也来不及了。"刘协听罢王朗这番语带威胁的话，万念俱灰，只好哭着点了点头，走进后殿去了。

第二天，曹洪、曹休等人强行把刘协拖去上朝。在朝堂上，曹丕站在一边，文武百官强逼刘协答应将天子之位禅让给曹丕，而曹丕则假惺惺地谦辞不受。结果，朝廷当中仅存的几个还忠于汉室的大臣也都被曹洪等人杀死了。无奈之下，刘协只得命令陈群撰写禅让的诏书。

但是，诏书颁布之后，曹丕却坚决不肯奉诏。原来，历史上像这种强逼别人禅位给自己的，都要装模作样地推辞几次，以便造成一个自己是被逼无奈才做皇帝的假象来欺骗世人。最终，当汉献帝第三次颁布禅让诏书的时候，曹丕终于勉为其难地答应下来。从此，延续了400多年曾经盛极一时的大汉王朝灭亡了，曹丕如愿以偿地当上了皇帝，史称魏文帝。

千秋评说

从最初被劫持出宫，到被董卓当做政治招牌扶持称帝，到李傕、郭汜之乱时的颠沛流离，再到被曹操玩弄于股掌之上，到最终被曹丕一脚踹开，刘协走过了颠簸流离的一生。期间，尽管他也做了一些抗争，但都是蚂蚁撼树，无济于事。更多的是羞辱和无奈。他知道，他身上的那点皇室血统，只不过是被军阀们当做了廉价的行政资源。

刘协在被军阀们当做足球一样，踢来踢去之后，逐渐失去了利用的价值，就被当做抹布给随意抛弃。他也因此遗憾地成为大汉帝国的终结者。纵观刘协的一生，可用悲惨、凄凉来形容。虽然他头上顶着九五之尊的天子头衔，却从没真正地主宰过自己的命运。

曹芳——夹在两个托孤大臣中的小皇帝

曹芳字兰卿，是三国时期魏国的第二任皇帝魏明帝曹叡的养子。在曹叡逝世之后，曹芳继位成为了曹魏的第三任皇帝。根据《魏氏春秋》记载，曹芳可能是任城王曹彰的孙子，魏武帝曹操的曾孙。

曹芳8岁登基，一生都被控制在曹爽、司马懿、司马师等权臣的手中，没有获得丝毫施展自己政治手腕的机会，因此其政治才能如何，后人自然也就不得而知了。至于这位在历史上毫无作为的傀儡皇帝在死后竟会得了一个“厉”字的谥号，那就着实令人有些啼笑皆非了。像曹芳这种时时被人攥在掌心里的人，又怎么可能“厉”得起来呢？

继位内幕

魏明帝曹叡的突然病重使曹魏政权出现了政治真空。魏明帝曹叡自己没有儿子，但是在曹氏宗族当中并不缺乏贤能之士。可是，曹叡在选择继承人的事情上存在私心。因此，他不肯在自己的那些叔伯兄弟当中寻找贤明之人来继承皇位，而是选择立自己的养子曹芳。但是，曹芳当时只有8岁。因此，为了在养子和族人之间构筑一道防火墙，曹叡临终任命朝中重臣司马懿和曹爽做顾命大臣。夹在这两个野心勃勃的权臣之间，年纪轻轻缺乏根基的曹芳又会经历多么坎坷的一生呢?

权力角逐，曹爽排挤司马懿

事实上，古往今来的历史学家对于魏明帝曹叡的评价是很高的，把他和曹操、曹丕一起并称为“魏之三祖”。曹叡在位 13 年，他在位期间，魏国政治清明，并且多次打退了蜀吴两国的进攻，丝毫没有辜负了他名字当中的那个“叡”字。但是，就是这样一个聪慧贤明的帝王，却在布置自己身后事的时候走了眼、犯了傻。

且不说他选择曹芳继位是对是错，因为人毕竟都是有私心的，都希望跟自己最亲近的人能越过越好。在曹叡的心里，深知曹芳只不过是自己的养子而不是亲生儿子，在朝中也没有根基，如果别人当了皇帝，恐怕第一个要除掉的就是曹芳，而且曹芳一点反抗的余地都没有。既然如此，那就只好叫曹芳来当皇帝了。

但是让曹芳做皇帝也是有问题的。当时，曹芳只有 8 岁，再加上是过继过来的儿子，没有强大的外戚集团的保护，这皇位又如何坐得稳?因此，他选择让曹爽和司马懿两个人做辅政大臣，辅佐曹芳直至亲政为止。

当时，司马懿正带兵在外征战。曹叡知道自己已经不行了，就急急忙忙下诏，把司马懿叫了回来。司马懿到病榻前来见他时，曹叡把他的养子、继承人曹芳也叫到面前对司马懿说:“天下的事都可以忍耐，唯有死是不可以忍耐的。但是我极力地坚持着不肯死去，就是为了见你一面，把我这唯一的儿子，同时也是曹魏帝国的下一任继承人托付给你。”说完，曹叡让曹芳走上前来双手搂住司马懿的脖子表示亲近。听了这话，老奸巨猾的司马懿自然是声泪俱下，表示一定尽心辅佐幼主，曹叡才放心地瞑目而去。

曹叡给自己 8 岁的继承人立顾命大臣是一件很正常的事，让司马懿和曹爽同时辅政互相制约也是无可厚非的。但是，曹叡错就错在他选错了人来当这个顾命大臣。要知道，顾命大臣的人选对于一个国家的兴亡来说，往往比国君的人选更重要。要想国泰民安，并且让年少的小皇帝顺利亲政，前一任国君就必须任命那种敦厚方正、一心为国、大公无私的人来做这个顾命大臣。比如，汉武帝给自己的儿子汉昭帝刘弗陵选的顾命大臣霍光就是这样的人，霍光虽然在历史上留下了擅行废立的恶名，但他始终是以为国家牟利益作为自己行事的出发点的。但可惜的是，曹爽和司马懿两个人都不是这样的人。

魏武帝曹操的儿子不少。曹操的儿子中，曹丕、曹彰、曹植等是亲生儿子，在此之外，还有一些人是曹操的养子。这些养子们虽然不具有继承权，但曹操对他们却着实信任，并且加意栽培，曹真就是众养子中成就最高的一个。当年曹操与人打仗，曹真很小的时候他父母都在打仗时死了，曹操就把曹真收养了，而且据说曹操对曹真真的就像亲生儿子一样。后来，曹真直做到魏国的大司马大将军。而曹爽，就是这个曹真的儿子。魏明帝时期，曹真逝世之后，曹爽继承了曹真的爵位。曹爽继任之后，在魏国朝中做得也是风生水起，累迁散骑侍郎，城门校尉，加散骑常侍，转任武卫将军。当曹操病重，并决意托孤与他的时候，便任他为大将军，假节钺。曹芳顺利登基之后又晋升曹爽为侍中，改封武安侯。

司马懿字仲达，河内郡温县孝敬里（今属河南温县）人。司马懿作为中国古代智慧的化身诸葛亮一生的对手可以说是大大有名，是当时杰出的政治家、军事家，曾历任大都督、太尉、太傅等重要官职，是辅佐魏国三代的托孤辅政之重臣，曹芳继位后，与曹爽二人各统精兵三千，共执朝政。

曹芳即位之初，曹爽凡事皆与司马懿商议，不敢专行。司马懿至少在表面上也对曹爽极其尊重，以礼让之。但是，大权在握之后，曹爽的野心是一天大过一天，他不再甘心与司马懿共掌朝政，而是打算排挤掉司马懿。因为曹爽深知，在朝中，只有司马懿有能力跟自己叫板，要是收拾了司马懿的话，自己轻而易举地就可以控制曹芳那个小皇帝，甚至以后找个由头把曹芳赶下台，自己做皇帝也不是不可能的，毕竟自己也是曹氏宗族嘛。因此，曹爽听从了亲信丁谧的建议，尊司马懿为太傅，趁机削去了司马懿的军权；晋升司马懿的亲信蒋济为太尉，趁机免去蒋济原执掌禁卫大权的领军将军一职。

与此同时，曹爽又任命自己的二弟曹羲为中领军，废除禁军五营中的中垒、中坚两营校尉，把两营兵众统一交由曹羲统领，并且让自己的三弟曹训做了武卫将军，统领禁军武卫营，四弟曹彦为散骑常侍。这样一来，曹爽兄弟就已经把京师禁军完全掌控在自己的手里了，他的表弟夏侯玄则被任命为中护军，负责总统诸将，把整个武将选拔系统也纳入自己的控制范围。

这还不算，因为曹爽深知司马懿的老奸巨猾，因此他在政治上也要进一步打击司马氏的势力。在政治上，曹爽不断安插自己的亲信担任朝中要紧的职务。比如，他任命丁谧、何晏、邓飏为尚书，且由何晏负责选拔官员；任用李胜为河南尹、毕轨为司隶校尉，控制京城内外权柄；同时让尚书们每天先把奏章送给自己看，自己看过之后再装模作样地去向司马懿请教一番。后来，随着曹爽权位的渐渐稳固，他甚至连把国家大事通报给司马懿这样一个原本就是例行公事的步骤给省去了，彻底把司马懿晾在一边，国家大事全由他一人决断。

作为一个智谋足以与诸葛亮相提并论，并且深具野心的老谋深算的政治家，司马懿自然不会甘心束手就擒。但是，司马懿也深知，他虽然战功赫赫，在当时的魏国朝廷当中没有任何人能够比得上他。但是他毕竟不姓曹，在极其重视血统和传承的魏国他是外人，因此在政治资本上是根本不能和曹爽相提并论的。随着自己手中的实权渐渐被曹爽所架空，于是司马懿干脆称病不来上朝，刻意回避曹爽，韬光养晦、静待良机。

司马懿的回避让曹爽更加肆无忌惮。他纵容党羽亲信，任意妄为，割洛阳和野王典农的数百顷桑田和汤沐地作为自己的产业，又窃取官物，向州郡索取无度，地方官们都是敢怒不敢言。与此同时，卢毓、傅嘏等一些开罪过何晏等人的大臣，都因小事而被免官。

不仅如此，曹爽的饮食、车马和衣服都与皇帝的类似，相比于年少的曹芳，曹爽的生活还要奢靡得多。在曹爽家里，珍贵的玩物不计其数，曹爽妻妾如云，甚至还私自把不少原来服侍魏明帝曹叡的美女强占为自己的姬妾。这还不算，曹爽又擅取太乐乐器和调武库禁兵制作布置华丽的窟室，多次与何晏等人在其中饮酒作乐，极尽奢华。曹爽的二弟曹羲见自己的兄长竟然如此肆意妄为，心中甚为忧虑。但他屡次劝谏，曹爽就是不听，无奈之下，曹羲只得涕泣而去。

对于曹爽的倒行逆施，既然连司马懿都要退避三舍，此时年纪尚轻、手中无权的小皇帝曹芳自然也没什么反对的能力，只好乖乖地做曹爽手中的政治玩偶。

高平陵政变，司马懿一举夺取曹魏实权

正所谓多行不义必自毙，曹爽倒行逆施的行为激起了魏国朝野上下的一致反对。相反，司马懿与曹爽同为顾命大臣，却用自己恬淡谦退的行为赢得了越来越多朝中大臣的支持。那些对曹爽的行为极其不满的大臣纷纷聚集在了司马懿身边，希望司马懿能够出面推翻曹爽。

曹爽却完全没意识到自己已经大祸临头。曾经多次与曹羲等去洛阳城外游玩，曹爽的亲信大司农桓范认为他们兄弟掌握朝政和禁军，不宜一起离开，以免一旦有人关闭城门反对他们，洛阳城中无人主持大局，局势就会变得非常危险。但是，司马懿长期以来对他的容让让曹爽认为司马懿早已经无意再跟自己争权夺位了，而朝中除了司马懿外，再没有其他人能够对自己构成威胁。因此，对于桓范的劝告，曹爽虽然嘴上答应着，心里却不以为然，仍然是我行我素。后来，经不住桓范的一再劝阻，曹爽决定再试探司马懿一下。

正好这时，曹爽的心腹李胜受命任荆州刺史。在李胜临行前，曹爽让他前往司马懿的住处拜会，顺便探一探司马懿的虚实。结果，老奸巨猾的司马懿一听说李胜来访，马上便猜到是曹爽让他来的。于是，司马懿在李胜面前故意装得眼睛也花了，耳朵也聋了，喝一碗参汤，竟然有一大半都落在了衣襟上，一副病入膏肓的样子。司马懿的这番表演骗过了李胜。李胜将司马懿的状态报告给曹爽，曹爽

信以为真，更加对司马懿没有戒心了。

公元 249 年 2 月 5 日，曹爽三兄弟带着小皇帝曹芳前往高平陵拜祭已故的国君魏明帝曹叡。趁着曹爽兄弟出城的机会，司马懿在洛阳发动了高平陵政变。

司马懿先是前往永宁宫拜见素来与曹爽不睦的郭太后，对郭太后历数曹爽兄弟败乱国典、擅权营私的诸多罪状。郭太后一听就知道了司马懿的来意，于是下旨命令司马懿罢废曹爽。得了郭太后的圣旨，司马懿与蒋济等占据洛水浮桥，关闭了洛阳城门，把曹爽兄弟关在了城外，他的这些做法和当初桓范所说的一点都不差。

紧接着，司马懿在得到郭太后的首肯之后任命司徒高柔假节代理大将军事，全面接管曹爽的职权；王观行总领军事，接管原本被曹羲控制的禁军。

曹爽在得知洛阳城内发生了政变，政变的主谋正是司马懿之后，一时间惊慌失措。等镇定下来之后，干脆将天子车驾留在伊水之南，砍伐树木建成鹿角，征发屯兵数千人以自守。与此同时，曹爽的心腹大司农桓范与大将军司马鲁芝设法逃出了洛阳，跑到高平陵会合曹爽。桓范认为，司马懿和郭太后已经占据了洛阳城，而曹爽手中的这点兵力也根本没有能力再把洛阳城夺回来。于是，桓范建议曹爽带着小皇帝曹芳去许昌，以皇帝的名义号召全国兵马反击司马懿。但是，曹爽却只是犹豫不决。

司马懿知道曹爽手中有皇帝曹芳这个法宝，他也害怕曹爽会挟持曹芳，并以皇帝的名义召各路军马勤王。于是，司马懿先后派侍中许允、尚书陈泰以及曹爽所亲信的殿中校尉尹大目等人前去面见曹爽，劝他放弃权力，并以指着洛水发誓，只要曹爽肯交出兵权，自己不仅不会伤害他们兄弟，而且还可保留他的爵位。

曹爽想了一夜，最终还是决定放弃抵抗，请皇帝罢免自己的一切职务，并向司马懿认罪投降。当曹爽解下印绶时，主簿杨综劝道："您掌控天子，手握大权，难道要放弃这些权位而跑到东市去被砍头吗？"但曹爽此时已经是毫无斗志，决意要投降了。

曹爽兄弟被免职后，以侯爵的身份回到府第，司马懿在曹爽府第四角筑起高楼，命人日夜监视。曹爽兄弟不安心，于是声称食物不足，向司马懿索求食物。后来司马懿送来食物，曹爽兄弟十分高兴，自以为司马懿不会赶尽杀绝。但不久后，与曹爽兄弟交情甚密的黄门张当在司马懿的严刑拷问之下，只得供称曹爽和何晏等人意图谋反。于是，司马懿终于找到了借口处置曹爽兄弟，曾经权倾一时的曹爽一家被司马懿杀了个干干净净。自此，司马懿终于彻底取代了曹爽，成为了把持朝政的权臣，小皇帝曹芳就像一件玩具一样被司马懿从曹爽手中夺了过来。

两年之后，司马懿去世了，他的长子司马师继承了他的权力和爵位。公元254年，曹芳和中书令李丰、光禄大夫张缉、黄门监苏铄、永宁署令乐敦、冗从仆射刘宝贤企图让太常夏侯玄代替司马师辅政。但可惜的是，曹芳谋事不密，被司马师安插在他身边的眼线查知了他的企图。结果，司马师把这帮密谋的大臣连同夏侯玄全部抓了起来，一并夷灭三族。几个月后，司马师以天子已经成年，但却不理朝政，整日只知道与近臣郭怀、袁信等人寻欢作乐为由，奏请皇太后郭氏废黜了小皇帝曹芳的帝位，让他做齐王，将他押往位于山东临淄的封地看管。

千秋评说

曹芳，这位被过早推上权力舞台的可怜的政治婴儿，自8岁登基就开始了他窝囊的政治旅途。虽然父皇在驾崩之前，给他设立了两位保驾护航的政治强人，作为抵御曹氏家族封杀围堵的政治堡垒，也确实在一定程度上减缓了曹氏家族权力遭窥视的风险。但也等于同时给他套上了两根看不见的政治枷锁，使他同时失去了普通孩子应有的生活乐趣。

虽然，曹芳的继位，延续了魏明帝的政治香火，但由于年幼的缘故，曹芳自始至终却没有真正行驶过帝王的权力。只不过是夹在两座政治高山之间的一个玩偶。可是，当但他从混沌的孩童时代，渐渐对权力有些依恋的时候，却又被他所倚重的托孤重臣的后代从皇位上给拉了下来。好在没有一棍子打死，只是被贬为王。这在某种程度上部分地保全了他的尊严，并没有出现史上常见的喋血场面，这也算是他不幸中的万幸吧。

元氏——被祖母伪称孙子的登基女婴

元氏（公元528年2月12日—?），女，鲜卑人，北魏孝明帝元诩与宫嫔潘充华的女儿，也是孝明帝唯一的骨肉。从严格意义上讲，她才是中国历史上、也是世界历史上有明确记载的第一位女皇帝，并且是北魏自道武帝拓跋珪立国以来在位的第十位皇帝。

但是，元氏却在中国历史上鲜为人知，甚至在各种史书上都找不到她的任何位置。元氏的女皇帝身份之所以普遍不被后世所承认，史书上从来也不把她列入正统皇帝系列，原因有三：一，她是其祖母胡太后一手导演的政治欺骗的杰作——以女充男；二，她是在襁褓中继位的，她继位时出生才不过50天，堪称史上最小的皇帝；三，在位时间过分短暂，甚至不到一天的时间，就被导演这幕政治大戏的祖母胡太后自己揭穿。

当然，元氏之所以在历史上没有位置，除了上述三种原因外，还在于长大成人后，究竟从事了什么，都有哪些作为，这些问题都是历史上的空白。后世的历史学家们遍查各种史料，却始终无法找到任何有关于她长大之后的事情的历史记载，因而元氏这个“史上最早女皇帝”的生平也就成了千古之谜。

由于出生在特殊的家庭里，元氏从未出生时，就被贴上了政治标签，也不知道在其出生前，被其祖母胡太后做过多少次精密的政治盘算。继而出生后，就被其祖母胡太后拿来冒充男孩，而其实，她却是不折不扣的女儿之身。在皇位传承这种大事上也敢弄虚作假，胡太后堪称是中国历史上的一朵奇葩。

母子成寇仇，女婴元氏无端卷入政治漩涡

导演这一闹剧的胡太后原本是北魏司徒胡国珍的女儿。后来，胡氏因为容貌秀丽、品德端正而被选入了后宫，成了宣武帝的贵妃。

当时，北魏的后宫实行的是母死子贵的制度。因此，宫中诸嫔妃及宫人们凡是与皇帝有过肌肤之亲的，都纷纷祈愿，希望自己能够生个公主，千万别生皇子。因为皇子降生的那天，也就是她们的死期。

胡氏看见这种情况后，不禁感叹道："如果人人都这样的话，一国之君岂不是要绝后了吗?我怎么能够为了一己之私而不生育皇子呢?因此，她被宠幸之后，并不像其余妃嫔祈祷生下的是公主，想反地，胡贵嫔非常希望自己能够为皇帝生下一个皇子。后来，天遂人愿，胡氏果然成了宣武帝唯一的皇子元诩的母亲，这个元诩就是后来的北魏孝明帝。

生下皇子的胡贵嫔非但没有被赐死，反而被大喜过望的宣武帝晋封为贵妃。她的儿子元诩也被册立为皇储。这件事令当时的皇后高氏又是嫉妒又是愤恨。高皇后想方设法想要制胡贵妃于死地，多亏朝中大臣刘腾、于忠、崔光等从中相助，才保全了胡贵妃的性命。

宣武帝驾崩之后，胡贵妃的儿子元诩即位。元诩尊高皇后为皇太后，自己的母亲胡贵妃为皇太妃。不久，胡氏就逼皇太后高氏到瑶光寺出家做了尼姑，而自

己顺理成章地成为了胡太后。

从此之后，胡太后亲览万机，裁决政事，随手批答，把朝政处理得有条不紊。

孝明帝元诩的日渐长大，让母子间渐渐生出了矛盾。按照北魏的祖制，如果即位的皇帝年幼的话，皇太后是有权利临朝听政的。但是，当皇帝长大之后，皇太后却需要把处理国家大事的权力交还给皇帝，让皇帝亲政。

但是，权力这东西一旦到了手，任何人都不会轻易放开的，胡太后自然也不例外。这样一来，胡太后不肯放权，孝明帝急于夺权，再加上胡太后在生活上荒淫放荡，这不但引起朝臣们的反感，连孝明帝对她也大为不满。尤其是孝明帝把与胡太后私通的清河王元怿处死后，胡太后对儿子也恨之入骨，母子之间的裂痕越来越深。终于，孝明帝为了夺权，密令大将尔朱荣进兵首都洛阳，准备以兵变的方式胁迫胡太后归政。

胡太后知道后，自然不肯束手就擒。正赶上这时候孝明帝的后妃潘充华生下了一个皇女。胡太后就打起了这个孙女的主意。她假称潘充华生下的是皇子，而且下令大赦天下，以此来转移朝臣的视线，让人们深信不已，然后暗中谋划除去孝明帝。

武泰元年2月二十五癸丑日（公元528年3月31日），孝明帝元诩突然驾崩。虽然历史上并无记载，但孝明帝多半是被胡太后串通近臣用毒酒毒死的。孝明帝一死，胡太后的阴谋也就到了图穷匕见的时候。

昙花一现，元氏创下在位时间最短纪录

孝明帝元诩突然驾崩之后的第二天，胡太后谎称皇女元氏为皇太子，拥立元氏登基为皇帝。这样一来，胡太后就成了太皇太后，也就可以顺理成章地继续临朝听政了。当时的元氏出生刚满50天，由于没有跨年，因此就没有改元，仍然沿用“武泰”年号。这样，从常理上来说，元氏成为北魏第十位皇帝，亦为中国历史

上、也是世界历史上第一位女皇帝。当然，由于这位女婴皇帝才出生一个多月，不可能真正地行使皇帝的权力，实权仍然掌握在她的祖母、临朝称制的胡太后手中，元氏只不过是胡太后的傀儡。

又过了一天，胡太后见人心已定，于是便发布了一道诏书，这道诏书令所有人都大吃一惊。诏书上说，昨天胡太后所立的皇帝本是女儿身，因此废黜昨天刚刚登基的女婴皇帝，改立宗室临洮王元康的世子元钊为皇帝。元钊于第二天正式即位，成为了北魏王朝3天内的第二位皇帝。

胡太后对这次事件的解释是：孝明帝死得仓促，来不及指定继承人，因此只好让他唯一的女儿暂且以皇子身份继承皇位。但是后来，胡太后又发现元钊是继承皇位更加合适的人选，再加上历史上也没有女人做皇帝的先例，于是便废黜了元氏女婴皇帝而让元钊当皇帝。当然，这一废一立都是胡太后试图长期掌握帝国最高权力而使出的手段，因为元钊虽然比女婴皇帝大几岁，但也只有3岁，胡太后立他为皇帝是因为他年幼不能管理国家，她可以继续临朝称制，做事实上的女皇帝。而那位仅仅当了不到一天皇帝的女婴元氏也就此不知所踪。

千秋评说

历史上的少年天子本来并不算少，但像元氏这样，先被人为地用欺世盗名的方式改换性别，再立为太子乃至于继位的却绝无仅有。而且在位时间之短，也是空前绝后的。

元氏从被立为太子到登上皇位，都充满了戏剧性，从而成为历史上十分罕见的绝本。但她无论被其祖母胡太后捧的多高，但都无法更改她作为襁褓中女婴的这一客观现实。而一个对世界还没有任何感触的婴儿，却在理论上成了北魏时期的一位皇帝却是不争的事实。这也算是封建帝王时代特有的政治遗产吧。

从某种程度上讲，元氏这个女婴本身也是封建帝制的受害者，混沌之年就被作为政治傀儡，让祖母胡太后玩弄于股掌之上。客观地说，胡太后是具备独立执政的能力和水平的，但是在男权至上的封建时代，即便是你具有手眼通天的本事，也无法堂而皇之地走向历史的前台，只能退居幕后暗箱操作，而元氏只不过是其祖母胡太后运作权力的一层遮羞布而已。而有时候，历史确实需要遮羞的，否则，将引发人们对权力交接的正统性。

李显——两次被母后推上宝座的唐中宗

李显，是唐高宗和武则天的三儿子。他曾被封为周王，后来改为英王，并在母后武则天的辅佐下登上了帝位。但可惜的是，唐中宗李显在皇帝的位子上连屁股还没有坐热，就又被母后赶了下去。后来，过足了官瘾的武则天在寿终正寝之前，经过最终评估，竟然再次将李显扶上大位。李显也因此而成了中国历史上第一位“二进宫”的两朝天子。

让人感到滑稽的是，作为一国之君，李显一生的命运却全部操纵在几个女人的手里。其中3个是与他有血缘关系的：母亲武则天、妹妹太平公主、女儿安乐公主；另两个则是他的妻妾：皇后韦氏、昭容上官婉儿。

客观地讲，中国历史上曾出现过很多窝囊的皇帝，但这些皇帝从来都没有像李显那样俯首帖耳甘愿承受别人的摆布，或多或少地为改变自身的被动地位而做过一些努力和抗争。可李显对于别人的摆布却乐此不疲，他甚至都没有萌发过掌握自己命运的想法。因而，李显应该算是这类窝囊皇帝中的杰出代表。

继位内幕

自古以来，被称为九五之尊的帝王之位都是群雄逐鹿的政治平台，为了爬上这个象征权力威严的神圣岗位，历史上曾上演了无数次的刀光剑影和血雨腥风。李显的两次登基，从表面上看，是其皇子身份的优越感所致，但其实都是其母后武则天背后政治博弈后的权力盘算。因而，在李显两次继位中间，插进了一段母后武则天一手导演的“武周”大戏，虽给历史增加了不少的看点，但却也给李显这颓废颠簸的一生平添了一些佐证。

母后弄权，挟持李显登皇位

武则天是唐高宗李治的皇后。由于唐高宗李治身体不好，因此就委托武则天代理自己来处理国家大事。武则天处理政务有章有法，不像李治那样久诿不决，很为群臣敬服。高宗虽讨厌她的独行独断，但许多国家大事又不能不倚重她。这样，就使武则天逐渐从幕后走向前台，竟与高宗一起接受群臣朝拜，天下人称为“二圣”。自此，高宗形同虚设，国家权柄，尽在武则天的掌握之中。

后来，唐高宗感到自己无权，行动不自在，就与上官仪等大臣密谋废掉武则天。可是，唐高宗又哪里是武则天的对手呢?很快，唐高宗的图谋就被武则天发觉了。不仅上官仪被处死，而且自此之后，每逢高宗上朝，武则天就在后面垂帘听政。

李显在众皇子中排行第三，他之所以能够打破排序出任太子，并非因为其能力超凡，而是他的母后武则天在政治舞台上频频发力的结果。在皇位继承的问题上，唐高宗有意让太子，同时也是自己的长子李弘即位。太子李弘不甘心受武则天的摆布，于是，武则天用毒酒杀死了他，改立次子李贤为太子。李贤同样不愿意做武则天的傀儡，因此，武则天又把李贤贬为庶人，改立第三子李显为太子。李显这个窝囊废是个令武则天十分满意的优质傀儡。最终，公元 683 年，在唐高宗去世之后，李显在武则天的扶植下登上了皇位，史称唐中宗。唐中宗即位后，武则天以皇太后的名义继续临朝听政。

强势女皇权欲膨胀，窝囊皇帝被踢出局

李显即位之后，按照高宗的遗诏，裴炎等任宰辅，军国大事由武太后决策。但是，从傀儡变成了皇帝的李显忘记了自己的处境。要知道，武则天正当壮年，威望如日中天，李显即便当上了皇帝，也仍然只是个傀儡皇帝。

李显被自己身上的天子光环晃花了眼，认为只要有了皇帝的名份，就等于掌握了全盘局势，根本就没有想过虚名与实权之间究竟有多大差距，一登基就不把武则天放在眼里了。公元 **684** 年正月，李显封韦氏为皇后。紧接着，在韦氏的要求下，韦氏的父亲韦玄贞被封为了豫州刺史。

李显和韦氏不愧是两口子，就连在政治上的弱智表现都极其相似。同李显一样，当了皇后的韦氏也不知道自己姓什么了。她竟然得寸进尺地要求李显封自己的父亲做侍中！要知道，这可是一个只有尽心尽力几十年的功勋老臣才有可能登上的高位，更是对一个大臣来说几乎是最终极的荣耀。可是就算是韦氏提出的这样一个无理要求，李显也打算答应她，甚至还要破格为韦玄贞封王！

这时，受遗诏辅政的裴炎终于看不过眼了。这不是瞎胡闹吗？韦玄贞何德何能，仗着裙带关系当个小官可以，怎么能担此大任呢？

在李显眼里，当皇帝就是为所欲为。因此，他毫不思索地对裴炎说："我就算想要把皇帝的位子让给韦玄贞又怎么样？又何况是封他做侍中呢？"

作为一国之君，说这话实在是太过了。裴炎是一位受高宗遗命辅政的老臣，一看李显如此不可理喻，二话不说，扭头就走。可怜李显还在洋洋得意呢，觉得这个讨厌的裴炎终于还是在自己的威严之下屈服了。谁知，裴炎这一走可不是白走的。他直接去了武则天那里，告了李显的状，说李显如何如何胡作非为，要是这样下去，以后还不把朝廷管得乌烟瘴气？甚至建议武则天废掉李显。武则天正打算自己登基做皇帝呢，一听这话，大怒，马上就给裴炎下了一道命令。

很快，武则天和裴炎带着羽林军来到了大殿。当着众大臣的面，武后当即命人扶帝下殿。大祸临头的李显还一头雾水呢！他高声喊冤道：“我犯了什么罪？”武则天回答说：“你都要把天下让给韦玄贞了，还说自己无罪？”一句话，问得李显哑口无言。

可怜的唐中宗李显仅仅在位两个月就从皇帝降格成了卢陵王。

政治博弈，武则天还权柄，唐中宗“二进宫”

李显下野后，母后武则天的治国才情确实得到了完美体现，她也过了一段潇洒的帝王生活，并且改写了我国历史上男人一统天下的政治格局。武则天也确实是位胸藏珠玑的执政女杰，不但铸造了女性执政的神话，还构建了以武氏家族为依托的官场体系。除了任用酷吏、宠养内侍之外，最令人垢病的是在确定皇位继承权上的摇摆不定。她先是把儿子由皇帝降成皇太子，又想把李家开下改成武姓，以至于她的侄子武三思也眼巴巴地等着继承皇位，还曾把儿子赐姓武。不过虽然闹来闹去，估计也没有人真正相信她会把皇位传给自己的侄子。你既然是李家的媳妇，就已经打上了李家的烙印，再说，儿子和侄子谁更近，那不明摆着吗？

当时的名臣狄仁杰更是明确地告诉武则天，如果立侄儿当皇帝，将来姑祖母的后人们就不知道该怎么称呼她了，那么，只好把她请出宗庙。如果立儿子的话，那么还可以千秋万岁配享太庙。

武则天觉得狄仁杰的话非常有道理。公元 699 年，中宗被武则天召回京城，重新被立为太子。公元 705 年，81 岁的武则天病重。正月丙午日，宰相张柬之、右羽林大将军李多祚等人突率羽林军 500 余人冲入玄武门，杀张易之、张昌宗。迫使武则天皇帝传位于中宗，改年号为“神龙”。2 月，复国号为唐。就这样，这个政治低能儿李显神奇般地完成了自己的皇位“二进宫”。

唐中宗李显复位后还是当年的那副做派，十几年的幽禁生涯并没能让他学会一丝一毫的治国之术。则一登上皇位，李显马上立韦氏为皇后。又不顾大臣的劝阻，破格追封韦皇后的父亲韦玄贞为王，终于完成了十几年前未完成的“心愿”。

不仅如此，李显还让韦皇后参与朝政，却对张柬之等功臣不加信用。然后将韦皇后的女儿安乐公主嫁给武三思之子武崇训。封上官婉儿为昭容，教她专掌制命，负责起草皇帝的诏令。

看到自己父亲身边的女人们一个个都成了朝廷里的风云人物，李显的女儿安乐公主也是一个权力欲极强的女人，既然有武则天的范例在前，她还有什么可怕的?因此，安乐公主竟然要求自己的父亲封自己做“皇太女”，成为皇位的合法继承人!

就这样，唐中宗李显虽然身为皇帝，但却被身边这几位掌权的女人摆弄得团团转，最终被韦氏和安乐公主合谋毒死了，结束了自己窝窝囊囊的传奇一生，终年 54 岁。

千秋评说

应当说，李显天生就不是玩政治的料，可这么一个政治的夹心饼，却稀里糊涂地成了权力赌场中的一枚棋子，被身边的几个女人揉来搓去，上演了一幕幕令人啼笑皆非的政治闹剧。

不要说李显掌控权力的艺术，就是权力的技能都称不上。整个一个十足的政治蹩脚演员和舞台小丑。

李显虽然两次入主政治大位，但由于他的生性懦弱，更缺少统揽全局的政治谋略。作为一个帝王，他甚至连自己的老婆和别人有奸情这等小事都摆不平，更不要说他的执政理念了。正是因为他的过度懦弱，才让他的老婆韦氏有了效仿武则天压皇位的想法，并在公元 710 年，和女儿安乐公主共同毒杀李显，立李重茂为少帝。

如果对唐朝诸皇帝做一个最悲惨的评估，恐怕既不是战乱中继位的肃宗李亨，也不是最终亡国的唐朝末代皇帝唐哀帝，肯定是这位中宗李显。可遗憾的是，这位经历过官场沉浮的昏庸者，却并没有在政治上变得成熟，而成为后人嘲讽的政治弱智儿。

第三辑

顺天承命：被潮流推向政治舞台的继位者

“顺天承命”，自古以来的任何一个皇位继任者都会拿这4个字来形容自己，来给自己的脸上贴金。也许正是由于这4个字已经被皇帝们用得滥了，后世之人再也不会把这4个字放在心上。但是，历史上还真的就有那么一群顺天承命的人，他们继承皇位虽然也要经过残酷的政治斗争，但却确确实实地顺应了历史发展的潮流，在他们登上皇位之后，也着着实实做出了一番事业。

刘恒——被平乱大臣推上皇位的汉文帝

汉文帝刘恒，是汉高祖刘邦的第四个儿子，也是西汉的第三位皇帝。汉文帝雄才大略，在治国方面卓有建树，不但以“文景之治”的盛世载入史册，而且他所施行的仁政对后世也产生了深远的影响。不仅如此，汉文帝刘恒更是二十四孝故事中唯一的帝王，足见其在我国古代帝王中所具有的尊崇地位。

可就是这样一位英明的皇帝，起初却对帝王之位没有任何企图，甚至拒绝再三。客观地讲，刘恒之所以能够登上帝位，是刘姓宗室与功臣集团之间最终平衡的产物，也是最高统治集团进行利益和权力再分配的结果，更是皇权体制的一次重组和洗牌。

令人欣慰的是，这位被历史潮流推上政治舞台的刘恒，并没有辜负天下苍生的厚望。不但通过一系列改革措施弥合了社会的分歧，削弱了诸侯割据的实力，巩固了自己的政权，还为天下百姓开创了罕见的盛世。因而，汉文帝刘恒，素来被后人视为一个值得称道的好皇帝。

继位内幕

汉文帝这位历史上颇有作为的一代明君，其皇位却实实在在是捡来的。用鹬蚌相争，渔翁得利这句话来形容刘恒登上皇位的过程可以说是再恰当不过了。

吕后高举屠刀杀皇子，刘恒隐忍不发躲清算

刘恒在刘邦的众多儿子中无疑是很幸运的。刘邦共有8个儿子，其中只有汉惠帝刘盈是吕雉所生。在惠帝去世后，吕后对最高权力的欲望更加强烈，为了达到自己长期掌握政权的目的，在大力培植吕氏集团的势力的同时，更是对刘邦其他的儿子们大开杀戒。结果，刘邦的4个儿子先后死在吕后的屠刀之下。而刘恒不但能够成功地躲过吕后的政治清算，还和他母亲薄氏安然地获得了封赏，而且吕后在死前对他都没有任何防范。这不能不说，是和他的隐忍智慧有关。

公元前195年，刘邦在长乐宫病死。刘邦的死直接导致汉朝政权落入了刘邦的夫人，当时的皇太后吕雉的手中。在吕后的扶植下，同年，她为刘邦所生的唯一一个儿子刘盈即位，也就是历史上所说的汉惠帝。

汉惠帝即位时只有17岁，再加上生性懦弱，而且对自己的母亲怕得要死。因此，自己虽然贵为皇帝，也只能任由母亲吕后独揽大权，自己只能做朝堂上的傀儡。

公元前188年，年仅23岁的惠帝刘盈忧愤而死。儿子的死并没能让吕后的权力欲望有一丝一毫的消退。很快，吕后立少帝，少帝年幼，吕后自然继续临朝称制。4年后，少帝被废，吕后又拥立了恒山王刘弘当皇帝。

傀儡皇帝换了一个又一个，吕家的势力也是越来越壮大。吕后甚至不断地找借口诛杀刘邦的儿子们，把吕家的政治对手一一消灭。《汉书·外戚传》中的“杀高祖子赵幽王友、共王恢及燕灵王建。于是立侄子吕台为吕王，台弟产为梁王，建城侯吕释之子禄为赵王，台子通为燕王”就是吕后残杀刘氏扶植吕氏的最好写照。

不仅如此，吕后的亲戚吕台、吕产、吕禄及吕通都被封了王，吕家势力不断壮大，刘邦当年所立下的“非刘不王”的限制也被打破了。

在吕后疯狂迫害刘邦诸子的情形下，后来成了汉文帝的刘恒却得以幸免。这是因为，在刘邦的众位皇子当中，刘恒是最不引人注目的一个。刘恒的母亲薄姬

原是项羽所封魏国王宫里的一名宫女。刘邦灭魏之后曾将许多宫女选进自己的后宫，薄姬就是其中的一个。后来，薄姬曾经被刘邦宠幸了一段时间，便为刘邦生下了刘恒这个儿子。但是，薄姬虽然生下了皇子，但却逐渐失去了刘邦的宠爱。因此，她的地位一直是“姬”，甚至连个“夫人”的名号都没混到手。所以，比起当年风光无限的戚姬和她的儿子刘如意，刘恒母子实际上根本就是汉朝宫廷里不起眼的小人物。再加上刘恒母子事事小心，从不惹是生非，因此下场也就比戚姬母子好得多。在刘恒 7 岁时，30 多位大臣共同保举他做了代王。虽然地位没其他王子那样显赫，但这恰好帮文帝躲过了吕后的迫害，幸运地活了下来。

刘氏宗族和大臣们对吕后都深感愤慨，但都惧怕吕后的残暴而敢怒不敢言。待到吕后死后，这次密谋的消息传到了刘氏宗室——齐王刘襄那里，为了保卫刘氏的江山，他决定起兵讨伐诸吕。

公元前 180 年 7 月，吕后因病去世。吕后一死，吕氏宗族惶惶不安，唯恐遭到迫害，于是在上将军吕禄家中秘密聚合共谋作乱之事，以便彻底夺取刘氏的江山。诸吕作乱，齐王刘襄随即调集军队，高举勤王的大旗发兵西进。

为了抵挡刘襄的进攻，相国吕产派遣大将军灌婴率兵迎战。灌婴本来是汉室开国元勋，是忠于刘氏王朝的重要人物。他在领兵到达莱阳之后，不仅没有与刘襄交战，反而与刘襄联合，反戈一击，杀向了长安城。

在长安城里，太尉周勃、右丞相陈平等私下密谋策划，设计让上将军吕禄交出了兵权。周勃进入军中，让士兵们拥戴吕氏的就袒露右肩，拥戴刘氏的就袒露左肩，结果吕氏不得人心，军中士兵纷纷袒露左肩，表示愿意效忠刘氏。周勃就这样顺利地控制了长安城周边的军队。接着，周勃命令朱虚侯刘章率兵千人以进宫护卫皇帝为名，伺机捕杀了统率着不少效忠于吕氏的御林军的相国吕产。吕产被杀之后，周勃和陈平又分派人手去捕杀诸吕，凡是吕氏宗族，不论老少全部处死。至此，吕氏集团被剿灭，统治大权又回到刘氏集团手中。

刘襄刘泽鹬蚌相争，刘恒意外渔翁得利

大汉初年，政治权力的核心部分主要由宗室、功臣、外戚三种势力构成。三大集团既有共同利益，又各有自身利益，而每种势力的消长都可能引起皇权结构的波动。任何一种势力的过度发展，都会打破均衡，导致冲突。在吕后死后，吕氏兄弟认为全面夺权的机会已经来临。然而，这显然低估了汉朝老臣们的忠诚与能力。很快，老臣周勃与陈平便将吕氏集团一举剿灭，汉室江山出现了暂时的权力真空。现在，大家所面对的是一个非常现实的问题，谁来继承帝位?

按理说，最先竖起抗吕大旗的汉室成员、齐王刘襄最有资格继承汉室江山，而且他还是刘邦的长房长孙。然而，他曾经得罪过的琅玡王刘泽却反对他当皇帝。

刘襄在起兵讨伐诸吕的时侯，曾经设计挟持了琅琊王刘泽，夺取了琅琊的军队。对于这件事，刘泽始终怀恨在心。后来，刘泽假意提出前往长安说服众位老臣，让他们拥立刘襄为帝。但是，刘泽到了长安以后，却出尔反尔，极力反对立刘襄为帝。

刘泽说:“齐王刘襄的确很有能力，而且宅心仁厚。只是虽然齐王本人很不错，可他的舅舅驷均这个人很有权势，而且野心极大。”这话虽然表面上是在夸刘襄，但却是吃准了功臣集团的软肋，经历了漫长的吕氏专权，现在的功臣集团最怕的就是再来个外戚专权，把朝廷弄得乌烟瘴气。因此，刘泽的话一出口，功臣集团的态度马上来了个180度的大转弯，所有人都开始反对刘襄当皇帝。对此结果，齐王刘襄当然不满意，他表达了自己的反对意见。结果还没有动用到中央南北军团，只是灌婴小小地展示了一下军威，刘襄就乖乖地回自己的封地去了。

这样一来，众人的目光由刘邦的孙子转到了刘邦的儿子们身上。刘邦总共8

个儿子，从大到小排列为：齐悼惠王刘肥、汉惠帝刘盈、赵隐王刘如意、代王（后来的汉文帝）刘恒、梁王刘恢、淮阳王刘友、淮南厉王刘长以及燕王刘建。在这8个儿子当中，除了刘邦的长子齐悼惠王刘肥早早去世之外，赵隐王刘如意、梁王刘恢、淮阳王刘友以及燕王刘建都已经被吕后迫害致死了，再加上在位4年就去世的刘盈，这样一来，刘邦的儿子就只剩下代王刘恒和淮南厉王刘长了。

淮南厉王刘长虽然不是吕后亲生，但却是吕后一手抚养大的，跟吕后的关系非同一般。这也正是他没有遭到吕后迫害的原因。但也正是因为这一点，他并没能获得功臣集团的青睐，失去了当皇帝的机会。

最后，就只剩下代王刘恒了。大臣们认为刘恒宽厚仁慈，而且名声很好，于是派出使者去接刘恒赴长安继承皇位。

刘恒见到使者，开始并不是很高兴，反而起了疑心。刘恒的属臣们意见也不尽相同，有的认为是一个阴谋，有的则认为是一个天赐良机，不可放过。左右为难的刘恒决定用占卜来决定吉凶。结果达到一个“大横”的占卜结果，这个结果的意思是：大横所裂的纹路很是正当，我不久要即位天王，将父亲的伟业光大发扬，就像启延续禹的那样。

但即便如此，刘恒还是不放心。为了以防万一，刘恒在向长安进发的过程中可以说是步步小心，生怕自己成了政治斗争的牺牲品。他先是派舅舅薄昭先到长安探听虚实，然后在离长安城50里的时候，又派属下宋昌先进城探路，然后才自己进了长安城。

来到长安，刘恒遇到了周勃和陈平。在皇室和功臣商讨应当由谁来继承皇位的会议上，已经被内定的刘恒当然还是要先推辞一番。他说了一通推荐楚王刘交（刘邦的弟弟）、齐王刘襄之类的废话。最终，陈平鼓动他的如簧之舌，还是说服了刘恒。刘恒就这样住进了未央宫，成了君临天下的汉文帝。

刘恒之所以能够登上帝位的原因，说起来有些可笑。朝中大臣们看重的实际上并不是刘恒本身的德行和能力。他们选择刘恒竟是因为刘恒本身的势力很小，而且他的母亲薄太后的娘家几乎无人。因为母家势力小而当上皇帝，刘恒可以算是前无古人，后无来者了。

刘恒登基之后，那位差一点就当了皇帝的齐王刘襄很快就抑郁而死了。又过了3年，当时也是皇帝候选人之一的淮南厉王刘长举起了叛旗，想要推翻刘恒的统治。但是，刘长尚未行动，他的企图就被朝廷发觉。刘恒派人传刘长入京，罢去他的封号，将他发配蜀郡。在入蜀的途中，刘长绝食而死。

就这样，刘恒渐渐稳固了自己的统治，然后施行仁政，成了历史上赫赫有名的汉文帝。

千秋评说

刘恒在王室与功臣的政治妥协交易中，因偶然因素登上帝位，但他却汲取了惠帝被架空的教训，更不愿意像历史上许多被大臣们扶植上位的皇帝一样，只做傀儡，而是牢牢地把住了汉室江山。

为了巩固自己的权力，刘恒不但任命亲信担当领军大将，还对帮助自己上台的有功之臣也大加封赏。为了安抚刘氏宗室成员，在保持原有诸侯地位不变的基础上又加封了许多新的诸侯，虽然这一政策导致很多负面作用，但对他上台之初的皇位巩固却发挥了至关重要的作用。当然，对于一些敢于挑衅他威严的诸侯，刘恒也毫不手软。在镇压济北王刘兴居和淮南厉王刘长的叛乱这件事中，刘恒不但显示了他强硬的手腕，还起到了杀鸡儆猴的作用，让其他诸侯不敢轻举妄动。这样一来，刘恒不仅很快坐稳了皇位，而且成了一个名副其实的皇帝，还建立了名垂青史的不朽伟业。刘恒也因此而跻身中国历史上屈指可数的伟大帝王序列。

苻坚——铲除暴君登帝位

苻坚字永固，又字文玉，小名坚头，略阳临渭（今甘肃秦安东南）人，氐族。苻坚史称宣召皇帝，是前秦丞相苻雄的儿子，前秦开国君主苻洪的孙子，前秦第一位皇帝苻健的侄儿，其祖先世代为西戎酋长，同时也是东晋十六国时期的一位雄才大略的君主。

历史学家陈登原认为苻坚有四大优点：文学优良、内政修明、大度容人、武功赫赫。纵观中国古代君王，真正能做到这四点的寥寥无几。在苻坚的统治之下，前秦帝国横扫黄河流域，是中国历史上第一个统一中国北方的非汉族的少数民族政权，可谓盛极一时。他所建立的这些赫赫功业，可以说丝毫不在当年的魏武帝曹操之下。

继位内幕

虽然后来经历了肥水之战的惨败，但这并不能抹去苻坚在政治上的才华和功绩，纵观整个历史，苻坚的执政能力毫无疑问是可以排在很靠前的位置的。那么，这样一位雄才大略的君主，又是经过了怎样一番波折才登上了皇帝之位的呢？

勤奋好学，少年天才呼之欲出

史籍上说，苻坚自幼就生具了一副富贵的面相。传说在他出生的时候，当时的市井上流传着一举童谣："草付臣又土王咸阳"。"草付"即是"苻"；"臣又土"是繁体的“坚”，也就是说，将来会有一个名叫苻坚的人在咸阳称王立国。谶文童谣一类的话是很受迷信的古人的重视的。当年陈胜吴广举兵起义的时候，就曾经装神弄鬼地编造“大楚兴，陈胜王”之类的谶语，那些兵卒们一听，果然就死心塌地地跟着他们造反。因此，在苻坚出生的时候市面上流传着“草付臣又土王咸阳”这样的话，那是非常吉利的，于是，苻坚的父亲苻雄干脆就给自己的儿子起名叫“苻坚”了。

也许正是应验了那句童谣中的话，苻坚自幼聪明过人，7 岁的时候就知道帮助周围的小伙伴，因此自然而然地成了那群孩子的首领。八九岁时，苻坚的一言一行，就已经成熟稳重地如同大人一般了，所以，苻坚从小就备受祖父苻洪的宠爱。当时有个善于相面的人，在路上看到苻坚长相奇特，心中一动，就想试试他。于是，这个人上前拉住苻坚的手说："这里是皇帝巡行的街道，你们在此玩耍，不怕司隶校尉（大致相当于现在的公安局局长）把你们捆起来问罪吗？"苻坚回答说："司隶校尉只捆有罪的人，不捆玩耍的小孩。"这个人听了苻坚的回答之后，哈哈大笑，对随行的人说："这孩子有霸王之相，以后必定是个了不起的人物啊！"后来两人又相遇，那个善于相面的人悄悄对苻坚说："你的面相不同寻常，日后必定大富大贵，前途不可限量。"苻坚听了这话，却一点都不感到意外，他一本正经地说："如果真的有那一天，我终生不会忘记您的恩德。"

在苻坚 8 岁的时候，一天，他突然向爷爷苻洪提出自己想要上学、想要读书的请求，想让爷爷给自己请个家庭教师。苻洪惊奇地望着这个从小便出类拔萃的孙子说："我们这个民族从来只知喝酒吃肉，如今你想求学，实在太好了！你以后啊，一定会比你爷爷更有出息的！"苻洪第二天就给苻坚请了一个饱学宿儒做老师。从那以后，苻坚跟着老师刻苦攻读，潜心研读经史典籍，并且随着学识的不断增长而立下了经世济民、统一天下的大志向。成年之后，苻坚深厚的才学、广阔的胸襟、高雅的谈吐让他结交了许多当世豪杰，很快成了在朝野中享有盛誉的佼佼者。

堂兄苻生残暴不仁，天才苻坚众望所归

公元353年，苻坚的伯父——前秦的开国皇帝苻健病死，他的三儿子苻生继位，做了前秦帝国皇帝。

苻生自幼无赖，瞎了一只眼。祖父苻洪活着的时候，十分不喜欢苻生，曾当着苻生的面对左右的侍从们说："我听说瞎子一只眼流泪，不知是不是真的？"左右侍从自然顺着苻洪的话头齐声称是。没想到，幼小的苻生凶悍无比，他竟然拔佩刀，在自己瞎了的那只眼睛上刺了一下，立时便血流如注，然后放肆地指着自己的祖父苻洪说："这难道不是泪吗？"苻洪吓了一大跳，但随即惊愕便转为了厌恶，拿起鞭子拼命地抽打苻生。苻生遭到鞭打，竟好像丝毫感觉不到痛苦一样，反而恶狠狠地说："要想让我喊疼，就拿刀来砍我吧！鞭子这种东西，我可不放在眼里！"苻洪被苻生气得不行，骂道："你这贱骨头，只配为奴！"苻生毫不屈服，冷笑着说："难道像石勒一样吗？"（石勒是中国历史上奴隶出身并最终登上帝位的人，同时也是苻氏所在的后赵的开国皇帝。）

苻洪听他说出如此大逆不道的话，恐怕因为他的妄言给全家招致灾难，于是鞋子也顾不上穿，急忙起来掩住苻生的嘴。紧接着，苻洪回头对侍立在一旁的儿子苻健说："你这个儿子如此狂妄叛逆，将来一定害得我苻家家破人亡！你快把他杀了！"说完，苻洪气得头也不回地走了。在苻洪的身后，做儿子的苻健只好口中答应，诺诺连声。

苻健这下犯愁了。虽然他口头上答应了自己的父亲，要杀死自己的亲儿子苻生，但是父子情深，苻健又怎么下得了手呢？无奈之下，苻健就去和他的弟弟，苻坚的父亲苻雄商量对策。苻雄劝阻苻健说："他现在虽然狂妄叛逆，但毕竟还是个孩子啊！等到他长大成人之后，自然会变得稳重起来，不会再像现在这样了。我们何必因为这点小事就把他杀了呢？"说过这话，忠厚的苻雄又去向父亲苻洪求情，这样一来，苻生才得以幸免。

也许苻雄这次的仁慈根本就是个错误，他本不该出言救下苻生的。在苻生长大之后，不仅没像苻雄说的那样变得稳重起来，而是成了一个混世魔王，他力举千钧，雄悍好杀，他能手格猛兽，跑得比奔马还快，杀人放火，无恶不作。再加上他身上还有太子的身份，又有谁敢干涉他的行动呢？当然，苻生的勇武也曾在正经的地方发挥过作用。在他当上太子之前，东晋大将桓温曾经率领 10 万大军前来侵略前秦，结果苻生单人独骑拿着刀杀进了晋军阵中，斩将夺旗如入无人之境，杀得晋军心胆俱裂，抱头鼠窜。但是，即便他曾为国家立下过如此之大的功劳，也偿还不清他所造下的罪孽。

后来，前秦景明帝苻健病重。苻健临死前见身为太子的苻生凶暴嗜酒，害怕他不能保全家业，于是对苻生说："我就快死了，等你当上皇帝之后，那些朝中重臣和皇亲国戚如果不肯听你的命令的话，你一定要当机立断，杀了他们。如若不然，你的皇帝之位就保不住了。"为了帮助苻生顺利地接管政权，还任命段纯、毛贵、梁楞、梁安、雷弱儿、王堕、辛牢、鱼遵 8 人做顾命大臣，辅佐苻生。

做完这些准备之后，前秦的开国皇帝苻健便病死了。太子苻生当日即位，改元寿光。尊其母强氏为皇太后，立其妻梁氏为皇后。其实，对于自己这个残忍好杀的儿子，苻健完全没必要嘱咐他在必要的时候不能手软之类的话，因为残忍根本就是苻生的天性，杀人更是苻生这一辈子最大的兴趣爱好。而苻健所任命的那 8 位顾命大臣，则大多数都成为了苻生的刀下之鬼。

继位称帝之后，原本便是一个鲁莽匹夫的苻生一下子获得了至高无上的权力，这种权力比他当太子的时候还要大得多。从那以后，苻生变成了一只彻头彻尾的野兽，他终于可以由着性子随便杀人了。他每逢接见大臣，都让侍从将箭上弦，刀出鞘、铁钳、钢锯等均一一摆放跟前。看谁不顺眼，就随即杀掉。若有大臣劝谏，更被苻生视为诽谤，那是一定要杀的；若有人说句奉承话，则会被苻生视作谄媚之人，也得杀，总之左右都讨不了好。

前秦大将强怀在之前与东晋的战争当中阵亡。按理说，他的爵位应该由他的嫡长子来继承。但是，他的儿子强延还没来得及受封，就赶上了国丧，这件事自然也就耽搁了下来。一次,苻生在外闲游,忽然看见一个穿白孝服的妇人跪伏在道旁,向着苻生苦苦哀求。那个妇人自称是强怀的妻子樊氏,拦住苻生是为了为她的儿子强延请封。苻生问:“你儿子有何功绩,我为什么要封他?”那个妇人说:“我的丈夫强怀原本是前线的一名将领,之前也曾立过不少功劳。前不久,我丈夫在与晋军作战的时候死了,至今未蒙抚恤。现在陛下新登大位,赦免罪犯,赏赐功臣,我和我儿子强延母子两人相依为命,所以特来求恩,请陛下把您的恩泽赐予我们这些功臣之后。”没想到,苻生听到这话大怒,他厉声叱骂道:“封谁不封谁是我说了算,岂是你可以随便要求的?”那妇人见苻生发怒,哭得更厉害了,只是不停地俯伏在地上泣诉亡夫当年如何忠烈,如何对国家有功。苻生再也忍耐不住,弯弓搭箭,一箭就射穿了那个妇人的颈项,妇人抽搐几下就死了。面对着妇人的尸首,苻生哈哈大笑。

一天,苻生在太极殿召宴群臣,命令身为顾命大臣的尚书辛牢为酒监,监督群臣饮酒,谁不喝醉都不准走。可是辛牢恐怕群臣喝醉之后失了礼仪,因此劝酒不是很积极。苻生见状大怒,呵斥辛牢道:“你为何不劝人饮酒?难道你没看见他们还都清醒着吗?”话音未落,苻生手中已取过弓箭射去,一箭就射穿了辛牢的脖子。这一下,群臣吓得魂魄飞扬,人人都拼命喝酒,最后都醉得躺在了地上,帽子也掉了,头发也散了,吐了一身一地。苻生见状,终于高兴了,又连喝了几大杯,也自觉支持不住,才返身回寝宫睡觉去了。群臣这才得以松了口气,互相搀扶着踉踉跄跄地回去了。从此之后,朝廷之上人人自危,个个恐慌,都希望能够有人站出来取代苻生。

御史中丞梁平老私下对当时身为东海王的苻坚说:“当今皇上毫无德行,人人都对他不满。燕晋一带的人已经快要造反了。现在国家正处在危难关头,一旦祸事发生,家国就都保不住了,殿下您为什么不考虑一下取苻生而代之呢?”听了这话,苻坚颇以为然。但是,苻坚深知,苻生身强力猛,有万夫不当之勇,而且自己手中没有兵权,怎么可能制得住苻生呢?因此虽然心中在暗做打算,却始终不敢轻举妄动。

除暴君为国为民，登大位合情合理

苻生当上皇帝之后，日夜狂饮，每次喝醉之后必要杀人。苻生自幼瞎了一只眼，因此只要有人敢在言语中带上“不足”、“不具”、“少”、“无”、“缺”、“伤”、“残”、“毁”、“偏”等有关残缺的词，苻生便会认为别人是在讥笑他眇目，进而毫不留情地处以死刑，左右因此而被截胫、刳胎、拉胁、锯颈死者不可胜数。苻生是个粗人，只喜欢喝酒杀人，怠于国政，经常连续一个月都不上朝，也不理会国家大事。但这对于群臣们来说反而是一件喜事，每逢苻生不上朝时，大臣们就互相庆贺，恭喜大家多活了一天。

有一天，苻生喝醉之后对身边的一个服侍他的宫女说：“苻法、苻坚兄弟都不可以相信，你看我明天怎么除去他们。”苻生睡下之后，那个宫女把苻生的话报告给了苻坚。也是在这一夜，苻坚的哥哥，清河王苻法梦见一位神灵对他说：“大祸将至，只有先知先觉的人才能避过这次的祸事。”因此，苻法、苻坚兄弟决定一不做，二不休，就在今夜起事，发动宫廷政变，趁着苻生宿醉的机会抓住他。

到了半夜，苻法与召集了自己府中的门客几百人潜入云龙门。苻坚也率领自己的300名门客从另一面杀进了皇宫。负责皇宫守备的侍卫们早就对苻生恨得牙根痒痒了，一听说平素极得人心的苻坚要去杀了苻生就纷纷临阵倒戈，加入苻坚的队伍。苻坚领着兵杀进了苻生的寝宫，醉卧的苻生这才醒来，迷迷糊糊地问左右的侍从：“这都是些什么人?为什么擅自闯进我的寝宫?”侍从们回答说：“是些小偷。”苻生醉眼朦胧地说：“既然是小偷，见了皇帝为什么不拜?”苻坚笑了，命令手下的士兵向苻生跪拜，拜过之后就把苻生从床上拖了下来，送到一个隐秘的地方幽禁了起来。

第二天，苻法、苻坚兄弟召集群臣，宣布昨夜政变的事，告诉大臣们苻生已经被囚禁了。听到这话，大臣们无不拍手称快。紧接着，苻法宣布废苻生为越王，由苻坚代替他来做前秦的皇帝，称大秦天王，同时大赦天下。（苻法是苻雄的庶子，苻坚是嫡子，而且苻坚的名望要远比苻法高得多，因此苻法虽然是哥哥，继位称帝的却是弟弟苻坚。）

苻生醒后发现自己已经成了阶下囚，只好每日在酒中寻乐。不久之后，苻坚派人来逼苻生自尽。苻生临死前饮酒数斗，醉倒在地上，不省人事，然后被苻坚派来的使者用绳子勒死了，死时年仅 22 岁。苻生死后，鉴于他在位时的所作所为，苻坚并不承认他的皇帝身份，而是给了他一个相当不好的谥号叫做“厉王”。

苻坚是一位颇有改革精神和锐意进取的开明帝王。他在继位后，决心开创清新廉明的政治局面，并首先从调整最高领导机构入手，清除了苻生在位时的一些作恶多端的奸佞小人，提拔录用了一些社会贤达，参与国家管理，并积极投身社会改革，彻底扭转苻生在位时造成的政治隐患，逐步消除民族矛盾，恢复法制建设，严惩社会腐败，实行修养生息政策，使国家逐渐出现繁荣的局面。

苻坚正是通过这一系列改革措施，才使前秦基本统一了北方；但遗憾的是，后来在伐晋的“淝水之战”中遭遇惨败，自此一蹶不振，再加上之前投降的鲜卑、羌人的背叛，而被迫出逃，最后被羌人姚苌所杀，终年 47 岁。

千秋评说

苻坚，作为当时中国北方卓越的政治家和军事家，是五胡十六国时代最杰出的君主之一。他在后赵崩溃之后成功地收拾了中国北方的残局，使得他的前秦帝国统一了当时的中国北方，被后人给予了很高的评价。

应当说，苻坚之所以被众人推上政治舞台的中心，是源于他堂兄苻生的凶残。苻生这位史上罕见的残暴君主，将杀人作为他人生中唯一的乐趣。按说，有这样的皇帝，前秦灭亡的命运应该是已经定格了的，但苻坚的出现却挽救了前秦。他于前秦政权混乱之际诛杀了苻生，被众臣推上了皇帝的宝座。

苻坚最大的优点就在于他有惊人的魄力和宽广的胸怀。在称帝后，苻坚着力提拔社会有用人才，使得前秦朝堂之上局面焕然一新，稳定了前秦社会。在经济上兴修水利，劝课农桑，使得前秦的经济迅速提升。前秦政治清明，国力达到了鼎盛。

苻坚虽然最终以悲剧收场，但他所创建的前秦盛世并没有被历史遗忘。历史在记录了他的失误的同时，也记下了他曾经的辉煌。

李炎——被绝色歌姬推上皇位的唐武宗

李炎，原名李瀍，是唐穆宗第五子，文宗之弟。初封颍王，累加开府仪同三司、检校吏部尚书。

李瀍身材高大，性情豪爽，多年来他笃信道教，周围经常有一批道士相往来，比起其他那些纯粹生长在深宫中的王子来说，他多了一些观察社会的机会，这也是他登基之后能够针对当时社会中的种种弊端而制定相应政策的原因之一。与文宗不喜欢声色歌舞不同，唐武宗李瀍经常骑马游乐，还常常带着他宠爱的那位邯郸歌妓出身的王才人到教坊饮酒作乐，与乐人嬉戏，就好像老百姓家的宴席一般。

不过，李瀍并没有沉湎其中，声色自娱过程中他时刻保持清醒的头脑，没有因此耽误了国家大事。即位之后，李瀍用李德裕为相，对唐朝后期的弊政作了一些改革，于公元845年下令拆毁佛寺，大量没收寺院土地。由于毁佛成功，从而扩大了唐朝政府的税源，巩固了中央集权，国家渐渐回复了元气。因此，李瀍在位的那几年，被历史学家称为“会昌中兴”。

继位内幕

唐文宗时期，宦官专权，立嗣问题由于时局的变化而一波三折。李瀍当初根本不在人选之列，但却意外脱颖而出，当上了皇帝。据史籍记载，李瀍之所以能够登上皇位，纯粹是由于一位绝色歌姬的一句话。这个小小的歌姬究竟有什么通天本领，竟然仅凭一句话就能决定整个中国历史的走向呢？

皇帝宦官争权柄，继位人选悬未定

唐朝末年，也许是中国历史上宦官为祸最为剧烈的时代。皇位的继承一向是一个国家当中最重要的大事之一，而宦官则不过只是宫廷当中皇帝和后妃们的奴仆罢了。但是，在唐朝后期，宦官的权力急剧膨胀，甚至到了能够影响皇位传承的地步。要知道，从唐穆宗起，唐代有 9 个皇帝，其中穆宗（公元 821 年～公元 824 年在位）、文宗（公元 827 年～公元 840 年在位）、武宗（公元 841 年～公元 846 年在位）、宣宗（公元 847～公元 858 年在位）、懿宗（公元 859～公元 872 年在位）、僖宗（公元 873～公元 888 年在位）、昭宗（公元 889～公元 903 年在位）这 7 个皇帝都是因为宦官的拥立才得以登上皇位的。所以可以说，唐朝后期 80 年，真正掌权的是宦官而并非皇帝。

唐武宗李炎的父亲唐穆宗也是中国历史上一位传奇性的人物。他的传奇性不在于他建立了多少丰功伟绩，而是因为他一共生了 5 个儿子，其中竟然有 3 个都当上了皇帝，即唐敬宗、唐文宗、唐武宗。由于每个儿子即位后都把各自的生母追尊为皇太后，所以穆宗先后有 3 个皇后和他配享太庙。这不仅是唐朝历史上的头一遭，在整个中国历史上都是绝无仅有的。当然，唐代能够出现这样的历史奇观，跟当时宦官专权的现状是分不开的。而“一门三帝”的奇景之所以能够发生，主要还是因为这几个人的在位时间都不长。因此，我们可以知道，在唐末的宦官专权之下，就连皇帝的人身安全都是很难得到保障的，只要那些掌权的大宦官们对皇帝感到不满，那么随时随地都有可能被宦官给害死。

唐武宗李炎继承的是唐文宗李昂的皇位。唐文宗李昂在位 14 年，属于唐朝末年在位比较长的皇帝。与此同时，李昂也是一个颇有骨气的人，他在位时，由于不甘心朝政被那些阉党所把持，因此联合礼部侍郎李训、凤翔节度使郑注、金吾将军韩约等人发动了“甘露之变”，企图尽诛阉党，夺回权力。

公元 835 年 11 月 21 日，唐文宗李昂登紫辰殿早朝，文武百官依班次在阶下站立。金吾将军韩约出班报告说金吾左仗院内的一棵石榴树夜降甘露，是祥瑞之兆。当然，这是唐文宗李昂事先和韩约等人商量好的借口。因此，李昂故作惊讶之态，于是便下旨派左、右军中尉，枢密内臣仇士良、鱼弘志等掌权的大宦官前去看个究竟。

几位宦官离开后，李训立即调兵遣将，准备杀死仇士良等人。但是，那仇士良却机警得很。当他们一行人走到半路上的时候，仇士良忽然发现韩约神色慌张，表情反常，大冬天的竟然头冒冷汗，不禁心中起疑。正巧这时，一阵大风吹过，路旁大殿的门被风给吹开了，仇士良等发现里面竟然藏着不少手执兵器的士卒！宦官们立时恍然大悟，知道是有人要杀自己，而这个人多半是皇帝。于是，仇士良领着众宦官仓皇向正在朝会的紫宸殿跑去，韩约大吃一惊，再想拦住仇士良等人，却已经来不及了。

仇士良等逃回殿上，抓住唐文宗李昂就往宫内跑。这时，李训调集的金吾兵已登上了含元殿。李训立即指挥金吾兵护驾，并且大声喊道：“谁要是能救出皇帝，赏千金封万户侯！”金吾兵一听，马上便一拥而上，追杀仇士良。仇士良见情势危急，急忙撞开了殿后的屏风，挟持李昂抄近道向宫内退却。李训见状急忙牢牢地抓住了李昂的车驾拼死也不放手。仇士良只得上前与李训厮打。结果，一不小心，仇士良跌倒在地，李训扑上去，正要抽出靴子中暗藏的匕首杀死仇士良的时候，仇士良却已经被其他的宦官救起来了。

这时，京兆少尹罗立言率领负责在京城内巡逻的 300 多名士兵从东边杀来，御史中丞李孝本带着御史台的两百多名士兵从西边杀来，这两股人马与金吾兵会合，转眼就有了几十个宦官，但是仇士良等领头的宦官却趁机跑了。仇士良等人挟持着李昂进入了东上阁，关闭了阁门，这场惊心动魄的宫廷政变到此结束了。宦官们掌握了皇帝，李训等人自然就成了谋逆的罪人。这就是历史上著名的“甘露之变”。

“甘露之变”失败之后，宦官对于唐文宗李昂的控制更加严密了，李昂的一腔热情尽数付诸东流，此后就算他还想杀宦官、夺权柄也没有机会了。几年之后，唐文宗李昂郁郁而终。

公元 840 年，唐文宗李昂病重。皇帝一旦得了大病，选择继承人的问题就被提到了议事的日程表上。其实当年，唐文宗一度想立自己的大哥敬宗皇帝李湛的儿子晋王李普为太子，但不幸的是，晋王李普不久便夭折了，只活了 5 岁。李昂只得追赐他皇太子的封号。公元 832 年 10 月，唐文宗李昂立自己的儿子鲁王李永为太子，第二年 8 月正式举行了册封典礼。但是鲁王李永也没能活到李昂逝世的那一年。公元 838 年 10 月，太子李永突然暴死，几乎可以肯定是被人害死的，但幕后主使是谁，李昂却始终查不出来，此事也就只好不了了之了。太子李永的死使文宗很是伤感，认为自己枉为天子却不能保全儿子的性命，他除了追赐儿子为“庄恪太子”之外，再也没有别的什么方式能够表达自己对于逝去的儿子的哀思。自此之后，李昂抑郁成疾，为他两年之后的逝世埋下了伏笔。一年以后，开成四年 10 月，不肯死心的李昂决定立敬宗皇帝李湛的第六子陈王李成美为太子。但是，还没有来得及举行册封典礼，李昂就一病不起了。

公元 840 年正月初二，唐文宗李昂在病重之际下令枢密使刘弘逸、薛季稜和宰相杨嗣复、李珏奉太子李成美为监国。但是掌握神策军大权的左右中尉宦官仇士良和鱼弘志却不想让李成美登上皇位。因为如果太子登位，那么册立之功就是李珏等人的，自己没有尺寸之功，将来一定会受到排挤。所以，他们联合起来反对李成美登基，称李成美身体患病，不能担此大任。他们以神策军为后盾，很快便将李珏等人的抗争镇压下去了。

歌姬一语定乾坤，李瀍终成九五尊

准备自行册立皇帝的仇士良等人准备拥立唐文宗李昂的弟弟为帝。当时安王李溶和颍王李瀍都极受唐文宗李昂的喜爱。可是，由于当时情形混乱，当神策军来到安王李溶和颍王李瀍共同居住的十六王宅时，却连要迎接哪位亲王都没弄清楚。幸亏随后匆忙赶来的宦官连忙："迎接大的！迎接大的！"意思是安王李溶比颍王李瀍年长，应该迎接安王李溶进宫继位为皇帝。但是，光说"迎接大的"，神策军的军官们一时也还是搞不明白。安王李溶和颍王李瀍都听到了外边的喧哗，但是他们在没有最终确定之前都不敢贸然行动，万一要不是自己，以后肯定会给别人收拾自己留下口实的。

在这千钧一发之际，颍王妃王夫人起了决定性作用，她本是邯郸歌妓，地位卑贱、无所顾忌，遇大事机敏而有胆略，她从容地走到议论纷纷的神策军将士和宦官面前，大声说："你们所说的'大的'就是颍王殿下，颍王身材魁伟，当今皇帝都称他为'大王'，颍王与你们的仇中尉（指仇士良）还是生死之交，这等大事，你们可要谨慎，一旦出错是要满门抄斩的！"接着，把隐藏在屏风后边窥视的颍王李瀍推出来。众人听了夫人的话确信无疑，就拥颍王上马，护送至少阳院。后来宦官发现迎错了人时已反悔不已，只好将错就错，册立颍王为皇太弟。几天后，文宗病逝，李瀍即位，改名李炎，即唐武宗。

除宦灭佛，唐朝迎来会昌中兴

李瀍是个要么不做，要做就做绝的人。从前他不是皇帝，国家爱折腾成啥样，只要不散架就行。但现在他是皇帝了，就要做个名副其实的皇帝。但是，他这皇帝的宝座分明就是捡来的，之前甚至连当皇帝的想法都未曾有过，在朝中自然也不会有什么政治根基。因此，在刚刚即位的那段日子里，唐武宗李瀍进行了成功的表演，有模有样地装了好一阵孙子，赢得了仇士良等权宦们的信任，也使得他们对自己放纵了警惕，为自己抢班夺权创造了条件。

在之前宦官与大臣们所进行的关于立嗣的政治博弈当中，陈王李成美和支持他的大臣们虽然败下了阵来，但是他们毕竟还是一股不小的政治势力。在李瀍登基之后，仇士良要做的第一件事自然就是清除这些处处跟自己作对的家伙。

杨贤妃是唐文宗李昂的嫔妃。这个杨贤妃跟李成美等人是一党，因此仇士良便力劝李瀍杀掉她，以免夜长梦多。结果，事情出乎意料地顺利，仇士良一开口，李瀍马上照办，立马就下令把杨贤妃给杀了。没过多久，仇士良又说陈王李成美该杀，李瀍还是毫不犹豫，立即照办。几次下来，仇士良终于开始相信李瀍是个不错的傀儡，又乖巧又听话。

与此同时，李瀍在登基之后每天根本不问政事，只是带着那个歌姬出身的王夫人游山玩水，喝酒听曲，玩得不亦乐乎。仇士良一见更高兴了，他本人曾经有套把皇帝训练成昏君的秘籍，核心点就是不能让皇帝们的心闲下来，一旦闲下来，他们就会亲大臣而远太监，变得越来越聪明。因此，培养昏君最好的办法就是想方设法让皇帝玩物丧志，这样一来，他们宦官才有掌权的机会。按照仇士良的这套理论，眼前的唐武宗简直是自学成才、无师自通的昏君了，仇士良自然是对他大大地放心，再也不提防他了。

就在仇士良沾沾自喜的时候，李瀍已经开始行动了。他独具慧眼，把文宗时被贬出中央的原宰相李德裕招回身边，重新委以相位，让其大展宏图。这个李德裕不仅是大唐王朝出类拔萃的名相之一，在历史上也是赫赫有名，他和牛僧孺绵延几十年的朋党之争被后人称之为“牛李党争”，后世所有研究帝王之术的人，都要从“牛李党争”当中吸取经验的。李德裕能够把党争延续几十年，自然是个厉害的家伙，李瀍找他做宰相算是找对了人，君臣二人同心协力，一时间大唐帝国活力四射。

一看这情形，仇士良才知道自己实在是小瞧了李瀍。但是这时候才后悔已经晚了，李德裕的到来大大分割了仇士良手中的权力，仇士良的地位已经是岌岌可危。想来想去，仇士良决定来个以退为进，向李瀍提出辞呈，假心假意地对李瀍说自己年事已高，想要退休。可是这下，仇士良又低估了李瀍，他敢说，李瀍就敢批，于是仇士良就只好乖乖地让位下野了。就这样，李瀍靠着自己的机智，铲除了仇士良这个权宦，为他在治国方面大显身手铲除了障碍。

从会昌二年（公元 842 年）10 月起，在宰相李德裕的辅佐下，唐武宗李瀍开始了令他名垂青史的灭佛行动。李瀍下令，凡违反佛教戒律的僧侣必须还俗，并没收其财产。此后，唐武宗李瀍陆续下令限制佛寺的僧侣人数；佛寺不得私自剃度普通人出家；限制僧侣蓄养奴婢的数量。在唐武宗李瀍大刀阔斧的改革之下，很多寺院被拆毁，大量的僧侣被强迫还俗。会昌四年（公元 844 年）2 月，李瀍下旨告谕天下的僧侣，不许他们供养佛牙，同时规定：代州五台山及泗州普光寺、终南山五台寺、凤翔府法门寺等有佛指骨之处，严禁供养和瞻仰，如有一人送一钱者，背杖二十；若是僧尼在这些地方受一钱施舍者，背杖二十。李瀍下达这样的命令的目的，自然是为了削弱佛教在民间的影响力，从根本上限制佛教的发展。

在之前的一系列灭佛政策收到不错的效果之后，会昌五年（公元 845 年），李瀍又开始了更大规模的灭佛行动。他下令僧侣 40 岁以下者全部还俗，不久又把年龄限制扩大到 50 岁以下。很快，就连那些 50 岁以上的僧人，如果没有祠部的度牒的话，也必须要还俗，甚至连天竺和日本来的求法僧人也有被强迫还俗的。日本圆仁禅师在他写的《入唐求法巡礼行记》中便详细记录了这次“法难”的情况，可见李瀍的这次灭佛行动是多么的轰轰烈烈。

会昌五年（公元 845 年）7 月，唐武宗李瀍下令裁并天下佛寺。李瀍在诏令中宣布：天下各地上州留寺一所，其余全部拆毁；下州不得保留寺院，其境内的寺院一个不留，也要全部拆毁。至于长安和洛阳这样佛教发达的大城市，朝廷允许保留寺院 10 座，每寺保留 10 名僧人。由于遭到了不少达官贵人的反对，李瀍后来又格外开恩，把每寺可以保留的僧众人数提高到了 30 人，并且京师左街额外保留慈恩寺和荐福寺，右街格外保留西明寺和庄严寺。

与此同时，天下各地拆废寺院和铜像、钟磬，所得金、银、铜一律交付盐铁使铸钱，铁则交付本州铸为农器，还俗僧侣各自放归本籍充作国家的纳税户。

武宗这次大规模的灭佛，天下一共拆除寺庙4600余所，拆招提、兰若4万余所，僧尼26万余人还俗成为国家的两税户，没收寺院所拥有的膏腴上田数千万顷，没收奴婢为两税户15万人，另外还强制大秦穆护、祆3000余人还俗。武宗灭佛沉重打击了寺院经济，增加了政府的纳税人口，扩大了国家的经济来源，巩固了中央集权。

不过可惜的是，这位在历史上颇有作为的唐武宗李瀍因为追逐长生而崇信道教，每日服用道士们炼制的丹药。可是，李瀍吃的那些药物颇伤身体，在药物的作用之下，他开始变得容颜消瘦、性情乖张。

会昌六年(公元846年)，唐武宗李瀍病重。这时候，他所宠信的那些道士们依然编造鬼话欺骗他。他们告诉李瀍，他生病是因为他的名字"瀍"从"水"，与唐朝一向所崇尚的土德不合。在阴阳五行当中，土克水，他的病就是因为名字中的"瀍"字被土德所克所导致的。在道士们的蛊惑下，唐武宗李瀍决定改名为"李炎"，因为炎从"火"，与土德相合，可以消除灾祸。然而，改名并没有给他带来鸿运，在改名之后的第十二天，唐武宗李炎便驾鹤西游了。他那个歌姬出身的妃子王氏为了殉节也自缢而死。

千秋评说

李瀍的成功继位，他的绝色歌姬王氏功不可谋。并非她不知道事实真相，而是完全出于对颍王李瀍挚爱，才冒着相当大的政治风险，上演了一场大唐历史上最强势的忽悠。正是她的借题发挥，才给颍王李瀍赢得了出现的机会。再加上大宦官仇士良等人的将错就错，才最终改写了攸关大唐未来命运的人事布局。

李瀍也完全知道，他被推上大唐的第一把交椅，是一场欺世盗名的政治角逐，是朝臣和宦官之间的权力博弈的结果。于是，在继位之初，也委曲求全地过了一段"三孙子"的日子，听任于背后太监的操控。当他完全度过政治危险期之后，终于行使了天子的权力，展开了他真正意义上的执政。

但令人遗憾的是，他的英年早逝，却给他的政治生涯画上了句号，但无论怎样，唐武宗在大唐的历史上，还算是一个光芒四射的人物。

朱祁钰——皇帝被掳顺势替补的大明代宗

明景帝朱祁钰是明宣宗朱瞻基的次子，他的哥哥是中国历史上少有的“二进宫”皇帝，明英宗朱祁镇。

朱祁钰登基，是因为当时形禁势格，逼不得已。不过在登基之后，他这个皇帝却做得有声有色。朱祁钰支持于谦反对南迁，取得北京保卫战的胜利，重用正统朝被迫害的忠直大臣，挽狂澜于既倒，并对明朝战后的恢复作出了贡献，但对待迎回英宗的问题上他显得过于小气，同时在太子问题上他又显得得寸进尺，最后明景帝的一生以悲剧告终，他的功过只能留给后人评说了。

明景帝朱祁钰的帝号曾一度被他的哥哥朱祁镇废去，而且他的哥哥赐给他的谥号是“戾”。“戾”是一个恶谥，意思是终身为恶、死不悔改。不过后来，几经周折，直到几十年后的明宪宗时期才重新恢复了他的帝号，定谥号为“恭仁康定景皇帝”，在一定程度上承认了朱祁钰的历史功绩。不过，明朝其他皇帝的谥号都是17个字，明宪宗给朱祁钰所定的谥号仅为5个字，朱祁钰这位临危受命的皇帝在规格上也还是要比明朝的其他皇帝低一等，而且也没有庙号。直到南明弘光时期，才给景帝加上庙号“代宗”，并增加谥号到17个字。至此，朱祁钰在礼仪规格上才得以与明代其他皇帝平等。

继位内幕

本来，平素处世低调的郕王朱祁钰可以平静地度过自己富贵而又波澜不惊的一生，但是，土木堡的狼烟却改变了他的政治生态，把本想平平安安度过一生的朱祁钰推到了风口浪尖。朱祁钰的人生从此而变得与众不同。

母为戴罪之身，朱祁钰皇子身份得来不易

朱祁钰的生母本是汉王府邸的一位侍女，这位汉王就是著名的永乐皇帝的二儿子朱高煦。这个朱高煦在靖难之役中战功赫赫，很会带兵，而且极有野心，时刻觊觎着北京城中的皇帝宝座，自永乐年间被封为汉王之后，就始终没有放弃过用武力夺取政权的野心。

终于，明仁宗朱高炽登基仅仅 10 个月就暴病身亡。他的长子明宣宗朱瞻基即位。经过这几番折腾，原本富强的明王朝也变得风雨飘摇。国家动荡，再加上皇帝朱瞻基年轻识浅，对于朱高煦来说，没有比这更好的造反机会了。于是，经过精心的准备后也像他的父亲明成祖朱棣一样，扯起了“清君侧”的大旗，矛头直指五朝老臣夏原吉。

对于朱高煦的反叛，早有准备的明宣宗朱瞻基在大臣杨荣的建议下御驾亲征。皇帝亲自统帅的明军一下子就在声势上压倒了叛军。这样一来，以前同意与朱高煦共同起兵的几路兵马也都按兵不动，朱高煦也就只能孤军奋战了。

具有压倒优势的明军很快包围了朱高煦所在的乐安城。见大势已去，朱高煦只得弃城投降，御驾亲征的朱瞻基大获全胜，朱高煦父子也都被生擒。

在处理战后事宜的时候，群臣都劝朱瞻基将朱高煦正法，以儆效尤。但是朱瞻基念其是自己的叔叔，而且毕竟为大明王朝立下过汗马功劳，于是没有杀他，只是将他废为庶人，软禁在西安门内的逍遥城中，让他安度晚年。至于汉王府的

那些女眷，则是按照惯例，被充入后宫为奴了。

风光无限的朱瞻基在返京途中邂逅了汉王府的侍女吴氏。一见之下，朱瞻基深深地被吴氏的美貌与聪慧打动了。于是，吴氏免去了成为宫中最低贱的奴仆的悲惨命运，得以陪伴着皇帝一路回到了京城。

但是，虽然朱瞻基已经被吴氏深深地迷住了，但是，身为罪人的吴氏是不能被封为嫔妃的，甚至连一个正式的名分都不能有。于是，宣宗皇帝只得将她安排在一个紧贴宫墙的大宅院中，并时常临幸。后来，吴氏为宣宗生下了一个儿子，这个儿子是香火不旺的宣宗皇帝的次子，取名朱祁钰。母以子贵，原本毫无名分的吴氏也因此被封为贤妃，但还是只能继续住在宫外。

公元 1435 年，宣宗皇帝朱瞻基病重，在弥留之际召朱祁钰母子进宫，并托付自己的母后张太后善待朱祁钰母子。皇帝既有遗诏，后人自当遵从。再加上时逢皇帝的大丧，无人顾及吴氏母子的身世，他们母子也就这样逐渐被宫廷所接纳了。托孤之后，一代帝王朱瞻基架鹤西去，宣宗皇帝的皇后，现在成了皇太后的孙氏下旨封朱祁钰为郕王，并为他们母子修建了王府，供他们母子居住。

土木堡狼烟，朱祁钰顺势登基掌大局

郕王朱祁钰和他的母亲吴贤妃本可以平静地度过一生，但是土木堡的狼烟改变了他们的生活。

朱祁钰的哥哥明英宗朱祁镇即位后，明朝北方的边界上崛起了一支强大的蒙古人部族，号称瓦剌。瓦剌部的首领也先经常派人以向朝廷进贡为名，骗取赏赐，因为当时明朝对进贡国家的使者，无论贡品如何，总要有非常丰厚的赏赐，而且是按人头派发。也先也是看中了这一点，派出的使臣不断增加，最后竟加到上千人，这分明就是敲诈勒索。这一年，也先派了两千多人跟明朝做买卖，为了多得一点赏赐，也先谎报了贸易的人数。这件事让当时掌权的大太监王振知道了，便说也先欺骗朝廷，单方面削了价，只给也先 2/5 的钱，还下令礼部，让他们不给也先的人管饭。也先本就找不到发兵来明朝内地烧杀抢掠的借口，现在终于有了口实。于是他立即发兵攻打山西大同，打得明朝的守军节节败退，紧急军情很快传到了北京。

瓦剌入侵，年轻气盛的英宗想到当年父亲勤政朱高煦的伟业就也想御驾亲征，王振对于他的这个想法大力支持。虽说这一年朱祁镇已经23岁了，但他依然像当年小王子时候一样，什么事都听王振这位“先生”的。要知道，英宗小的时候，这位王振先生就是他的朋友，他觉得他最信任的人就是这位王先生了。王振说要亲征，并说瓦剌人不堪一击，他立即信以为真，下令3天后立即出征。朝中官员听到圣旨，吓得在午门外跪了一大片，都说御驾亲征不是儿戏，3个月能不能准备好还成问题，要英宗收回成命。可是，这位似乎永远长不大的皇帝只信王振的，根本不管大臣们的建议，一意孤行地要按原来的命令行事，也不管敌情如何，也不商量作战方略，连后勤保障都没安排好，简直把亲征当做小孩子玩游戏一般。最终，英宗带着从京师附近临时拼凑的50万大军，浩浩荡荡地走上了一条不归路。在临行前，英宗皇帝命令自己的弟弟郕王朱祁钰做监国，在自己御驾亲征的时候全权处理国家大事。

听说明朝皇帝亲自带着几十万大军来跟自己交战，为了诱敌深入，也先主动率军北撤。王振看到瓦剌军北撤，以为是也先害怕了，更加放心大胆地命令部队北进。很快，作为明军前锋的3万骑兵中了也先的埋伏，几乎全军覆没。这下，王振害怕了，他慌忙命令大军向土木堡移动。当明军到达土木堡的时候，来去如风的瓦剌骑兵已经追上了他们。土木堡地高无水，将士们又渴又累，只能仓猝应战。瓦剌大军从四面把土木堡团团围住，骑兵呼啸着杀进了明军的阵营当中，挥长刀砍杀明军。遭到瓦剌骑兵冲击的明军由于缺乏统一的指挥而只能各自为战，很快被瓦剌骑兵杀得尸横遍野。眼见情况不妙，朱祁镇率领亲兵乘车突围，但左突右冲，始终冲不出去，最终当了瓦剌人的俘虏。随征大军几乎全部战死，王振也被护卫将军樊忠所杀。

土木堡大败，50余万大军伤亡殆尽，英宗皇帝被俘的消息传到了北京，明王朝举国震动，京城大乱。平素屡屡受到王振欺压的群臣听说王振已死的消息，纷纷前往午门哭谏，要求监国的朱祁钰惩治王振的党羽。这时王振的死党锦衣卫指挥马顺出来阻挡，当即被愤怒的群臣打死。朱祁钰见状唯恐发生哗变，正准备逃走，这时兵部尚书于谦站了出来。他拉住朱祁钰的衣袖，对朱祁钰解释大臣们并不是冲着他来的，只要他能够惩治王振的党羽，群臣愿意辅佐他登上皇帝的宝座。于是，朱祁钰下令将宫内的两个王振的死党带出来，交给群臣，这两人也被群臣当场打死，群情激昂的情绪这才得到了缓解。

冷静下来之后，朝中的大臣们开始思考应对眼下岌岌可危的局面的良策。群臣为了应急，见太子朱见浚才两岁，国无长君，于是联合奏请孙太后立郕王朱祁钰即皇帝位。孙太后答应了大臣们的提议，但朱祁钰却推辞不就。

就在文武大臣及孙太后正在左右为难的时候，被俘的英宗秘派使者到来，传口谕命郕王速即帝位，主持大局。无奈之下，朱祁钰终于答应了群臣的请求，于9月初六登基，是为景帝，以第二年为景泰元年，奉英宗为太上皇，仍然立英宗的长子朱见浚为太子。原来根本没想过自己有可能当皇帝，也没有丝毫机会可以登上皇位的郕王朱祁钰就这样被大势所逼，稀里糊涂地成了君临天下的大明皇帝。

千秋评说

明景帝朱祁钰虽然是由于其兄英宗被俘而意外登上皇位的，但他却在执政理念上保持了高度的开明。

但客观地讲，朱祁钰以皇帝偷情的私生子身份，逐渐爬上权力的最高层，难免会对权力产生过度留恋。因为，他知道如果将皇兄迎回，将会出现一朝两皇的格局。至少皇兄会削减他的权力。因而在对待迎回英宗的问题上显得非常小气，但后人还是以探视之名将英宗迎回。面对如此尴尬的现象，朱祁钰虽然将这位皇兄封为了太上皇，但实际上却是纯粹的软禁。

出于同样的留恋权力的理由，在太子问题上他又显得过于得寸进尺，竟撕毁曾经的承诺，废掉英宗儿子的太子身份，而立自己的儿子朱见济为太子。怎奈人算不如天算，被自己立为太子的儿子却过早地夭折，而自己也身患重病。恰在此时，被其皇兄反戈一击，发动夺门之变，赶下了皇位，成了中国历史上最悲剧的皇帝之一。

爱新觉罗·胤禛——真实历史中的雍正皇帝

清世宗爱新觉罗·胤禛是清朝入关后第三位皇帝，一般被称之为雍正皇帝。爱新觉罗·胤禛的父亲是清圣祖康熙皇帝爱新觉罗·玄烨，母亲是康熙孝恭仁皇后乌雅氏，在康熙朝的封号是德妃。爱新觉罗·胤禛在中国历史上是一位充满了神秘色彩的皇帝，围绕在他继位真相上的历史迷雾久久不散。

虽然关于继位的问题始终纠缠不清，但任何人都不能否定的是，雍正皇帝爱新觉罗·胤禛是一位在政治上极有作为的皇帝。胤禛即位之初，吏治废弛，贪污腐败已然成风。他克服各个方面的阻力，在全国上下大规模地开展清查亏空，设立会考府，实行耗羡归公，实行养廉银制度，取缔陋规等多项工作，由于他态度决断，雷厉风行，清朝的财政状况在短时间内得到明显改善，官吏贪污吏治腐败的坏况都有很大的转变。

因此，历史上有“雍正一朝，无官不清”的说法。某旅日华人学者也曾说过：“康熙宽大，乾隆疏阔，要不是雍正的整饬，清朝恐早衰亡。”这样的话，对于雍正皇帝胤禛的历史功绩给予了充分的肯定。

继位内幕

康熙六十一年，一代雄君康熙走完了他人生的旅途，根据遗诏，7天后，皇四子胤禛即位，即雍正皇帝。但遗诏公布之后，在朝廷内部、诸子之间却引起轩然大波，对其真假产生了严重质疑。一种观点认为胤禛是康熙钦定的接班人，是通过合法的程序继承了皇位，不容质疑；另一种观点则恰恰相反，认为胤禛是在康熙病逝前后精心策划了这场篡位阴谋，夺取了皇位。究竟胤禛是合法继位还是阴谋篡位?令世人扑朔迷离、难辨真假，这个涉及胤禛继位的合法性和历史定位，到底是怎么回事?

夺皇位你死我活，常低调胤禛胜出

爱新觉罗·胤禛的父亲康熙皇帝可以说是中国历史上最伟大的封建帝王之一，他在位61年，东征西讨，武功无数，但却没有犯下像汉武帝那样因穷兵黩武而导致国力大幅下滑的错误。但是，就是这样一位雄才伟略的皇帝，在晚年却被几位皇子争夺继承权的问题搞得焦头烂额。

事实上，皇子争位的问题是中国历史乃至世界历史上的一个老大难问题。这是因为，封建王朝是家天下，皇位是要传给本家的子孙后代的。这样一来，矛盾就产生了。传长还是传贤?要是独生子就好说了。但那时没有独生子女政策，皇帝的后妃又多，结果子女一大堆，兄弟之间往往就会为了争夺继承权而拼个你死我活。康熙皇帝不仅在文治武功是历史上首屈一指的，他在生儿子方面成绩也十分突出。康熙皇帝长大成人的皇子有35个之多，在他逝世的时候，光20岁以上的皇子就十几个。这么多皇子，他们之间对于皇位争夺的激烈程度也就可想而知了。

康熙早年是立过太子的，他立的太子是皇后赫舍里氏的儿子，也是自己的第一个嫡子胤礽。胤礽被立为太子后，康熙请了大学士张英、顾八代、熊赐履、徐元梦、尹泰等人为太子及诸位皇子的老师。但为示区别，特请康熙朝的名臣李光地专门教导胤礽。在名臣大儒们的悉心调教下，胤礽8岁就能左右开弓，背诵四书。康熙很高兴，对于胤礽的表现也很满意。因此随着他年龄的增长，逐渐让他参与了一部分政务。比如康熙亲征噶尔丹时，令皇太子坐镇京师；太子代皇帝批阅一部分奏折并给出处理意见等。进而，时间一长，在太子胤礽周围就逐渐聚集起了一批王公大臣，形成了“太子党”，其中主要有大学士、领侍卫内大臣索额图、四阿哥胤禛、十三阿哥胤祥等人。

但是，在朝廷当中形成“太子党”的同时，在大阿哥胤禔的周围也集合了一批人，这些人把赌注压在了胤禔的身上，想方设法谋求扳倒太子胤礽。这一派以另一位权倾朝野的大学士明珠为首，还包括大学士余国柱、户部尚书佛伦等人，后世称为“大阿哥党”。两派之间明争暗斗，互不相让。

英明神武的康熙皇帝自然不会对这样大规模的党争置之不理。因此，康熙在公元1688年罢斥了明珠，打压了“大阿哥党”，暂时遏制了党争的局面。

但是，失去了竞争对手的胤礽却变得任性妄为。再加上康熙皇帝始终身体健壮，已经当了几十年太子的胤礽有些感到不耐烦了，甚至开始产生发动政变夺取政权的想法。而封建帝王最怕的就是皇权旁落，康熙也不例外。胤礽的所作所为自然而然地引起了康熙的警觉。再加之胤礽自小就有太子之位，长期处在一种“一人之下，万万人之上”的尊贵地位，久而久之，他变得刚愎自用，脾气暴躁，这也与康熙一直以来所倡导的“宽仁”的治国理念相悖。正是由于这些原因，使得康熙皇帝最终下决心打击“太子党”。他先是处死索额图，囚禁十三阿哥胤祥，以此来剪除太子周围的羽翼，希望能给胤礽提个醒。

可是康熙的这番苦心却全然白费了功夫。胤礽非但没有痛改前非，他反而变本加厉，开始打听起康熙的起居饮食来，其狼子之心已经是昭然若揭。终于，在公元1708年，康熙下旨废黜了胤礽的太子之位，并将胤礽圈禁起来。

令本想借着打击“太子党”而清静一阵的康熙皇帝没有想到的是，他的这番行动非但没能起到好的效果，却反而让其他皇子们看到了继承皇位的希望，激起了他们当皇帝的野心。

第一个站出来争夺皇位的是原本在与胤礽的皇位争夺战中落败的大阿哥直郡王胤禔。在胤礽被废后，胤禔向康熙暗示：自己可以杀掉胤礽。可惜，胤禔太不了解他的父皇了，康熙最讨厌的就是自己的诸位皇子为了争夺继承权而骨肉相残。因此，胤禔这次正好撞到了枪口上，被康熙一顿怒斥，并且下令革去胤禔的爵位，交给宗人府终生圈禁。

胤禔的这番举动让康熙皇帝清楚地认识到自己当初鲁莽地废掉胤礽的太子之位根本就是一个彻头彻尾的错误。因此，在 1709 年冬天把胤礽放了出来，重新立为太子。实际上，这也是康熙为制止党争而作出的无奈决定。

康熙为避免重蹈覆辙，要分散太子的权力，同时也可以让别的阿哥受到政治锻炼，在复立胤礽为太子之后，很快便封胤祉为诚亲王，胤禛为雍亲王，胤祺为恒亲王。可是，被复立为太子的胤礽又一次让他的父亲康熙皇帝失望了。复位之后，胤礽仍旧不知悔改，在很短的时间内就重建了"太子党"。重新获得了权力的胤礽变得更加疯狂，他不仅又开始索取金银美女，甚至还真的在谋划兵变，向康熙皇帝逼宫。与此同时，胤礽的复立也使得其他的皇子们十分不满，联起手来对付他。不仅如此，康熙皇帝也渐渐感觉到自己是在错上加错。当初废太子是个错误，现在复立太子则是个更大的错误。于是，康熙皇帝最终下定决心彻底纠正这一系列的错误。公元 1711 年，康熙第二次废黜了胤礽的太子之位，并将他永远圈禁。

胤礽的二度被废不出意料地引起了更大规模的储位之争。而康熙皇帝却再也不准备立太子了。

在大阿哥和二阿哥先后失去争夺皇位的机会遭到终身圈禁之后，朝中的政治形势进行了大洗牌，朝臣们重新围绕在两位最有机会争夺皇位的皇子身边，又一次形成了两大党明争暗斗、互不相让的局面。

其中一党以四阿哥爱新觉罗·胤禛为核心，因此被称为"四爷党"。"四爷党"虽然人数不多，但个个都身居要职。例如：军事上有年羹尧，他当年曾做过胤禛的包衣奴才，后来得到康熙皇帝重用，历任四川巡抚、四川总督川陕总督等职，身为封疆大吏，手握军政大权，集四川、陕西等地重权于一身。地方上有戴铎，历任福建知府、道员、四川布政使，与年羹尧一文一武。朝中有隆科多，他的职务是九门提督，全权负责北京城的治安。最后也是最重要的一个是十三阿哥胤祥。胤祥早年在古北口练兵，所率部下，后多升任京城防卫部队中各级指挥官，诸如丰台大营、绿营等京师卫戍部队的统兵将领都是胤祥的老部下。虽然胤祥在胤礽第一次被废时受到牵连，一直被囚禁到康熙去世。但是，军中恰恰是最讲究隶属关系的地方，只要胤祥还活着一天，他的那些老部下就对胤祥和胤禛忠心耿耿。

与"四爷党"争得不可开交的是"八爷党"。"八爷党"的核心人物是以八阿哥胤禩为首，还包括九阿哥胤禟、十四阿哥胤禵以及侍卫鄂伦岱、内大臣阿灵阿等人。实力更在"四爷党"之上。胤禩人称"八贤王"，在朝野上下素有"乐善好施"的美名。不过，胤禩所谓的"乐善好施"只是一个假象，两面三刀才是真的。他表面上礼贤下士，实际上却结党营私，拼命打击跟他有竞争关系的其他皇子。

然而，胤禩的自作聪明并没能瞒过明察秋毫的康熙皇帝。尽管康熙并没有直接拿"八爷党"开刀，可在他的心目中，早已把胤禩、胤禟等"八爷党"中的阿哥们排除在皇位继承人选之外了，除了一个人——十四阿哥胤禵。胤禵之所以没跟胤禩、胤禟等人一起被康熙皇帝打入另册，是因为他大多数时间都不在朝中，而是在外统兵，并且屡建战功，被当时的人称为"大将军王"。事实上，在康熙皇帝在世的最后几年，皇位争夺战进行到最关键的时刻，胤禛最大的竞争对手并不是胤禩，而是同父同母的弟弟，十四阿哥"大将军王"胤禵。不过，在康熙皇帝的心中仅有武功却缺乏政绩的胤禵毕竟还是没有常年在朝中，但却能在无数的政治风波当中如履平地的胤禛有分量。因此，康熙皇帝在临死之前，还是立下遗诏，把皇帝之位传给了四阿哥爱新觉罗·胤禛。

康熙遗诏历史谜团，两派意见严重对立

胤禛在奋斗了几十年之后，终于在十几位皇子的夹击之下涉险胜出了。但是，后世的人却在质疑他继承皇位的正当性，并有不少人提出胤禛的皇位是通过篡改康熙皇帝遗诏的不正当手段获得的，而康熙皇帝原是准备把帝位传给十四阿哥胤禵的。

质疑雍正皇帝皇位合法性的声音主要分三种。

第一种说法是：康熙皇帝弥留之际，本想传位于皇十四子胤禵，便叫隆科多传旨，召回皇十四子。但因当时已经病入膏肓，说话不便，当说到“十”字时，停了一会儿，方说出“四子”二字。这样一来，便被身为“四爷党”重要成员的隆科多钻了空子。隆科多故意大声喊道：“皇上有旨，诸皇子到园，不必进内，单召皇四子见驾。”就这样，在隆科多的帮助下，胤禛违背了康熙皇帝的旨意，非法地窃取了皇位。

第二种说法是：康熙皇帝本意是想把皇位传给十四子胤禵，所以诏书里写了“传位十四子”的字样。但是，当隆科多接过康熙皇帝遗诏的时候，却偷偷把“十”字改写成“于”字。于是诏书里“传位十四子”变成了“传位于四子”，所以胤禛才就此成了皇帝。

第三种说法是：康熙遗诏的内容是康熙皇帝死后第七天才被雍正皇帝胤禛公之于众的，胤禛之所以耽搁了这么久才公布遗诏内容，就是在疏通关系，以便矫诏继位。

以上几种说法是世人质疑雍正皇帝皇位的合法性的几种最主要的说辞。当然，并不是所有的人都认为胤禛是非法继位的，相信胤禛是清白的人也同样为数不少。这两派的意见和看法完全相反，严重对立，就好像当年的“四爷党”和“八爷党”一样争执不休。雍正皇帝胤禛也因此成为了中国历史上最具神秘色彩的皇帝之一。

史海钩沉,历史终还雍正清白

关于雍正皇帝是否是合法继位的问题，近代以来已有越来越多的史学家相信雍正皇帝是正常继位的。特别是20世纪80年代以来,有一批专著和文章有力地支持了雍正合法继位说,包括1985年南开大学历史系冯尔康教授出版的《雍正传》、1986年中国人民大学韦庆远教授发表了《论封建皇权和皇位继承问题》、1999年中国第一历史档案馆研究员李国荣、张书才合著的《实说雍正》、2000年海外学者杨启樵教授撰写的《揭开雍正帝隐秘的面纱》等。

至于那几种质疑雍正皇帝继位合法性的说法,大部分史学家判断,康熙的遗诏有满文、汉文、蒙古文几种语言。按照民间所说其修改了汉文,但是蒙文、满文是不能修改的。而且民间传说为传位十四皇子,被隆科多改为传位于四皇子,但按照清朝官方文件书写规则，并无四皇子十四皇子之称，而是皇四子和皇十四子。迄今故宫所藏约1000万份清朝文件中,并无例外。而且,最重要的是,于字在古代只做人名,传位于应该是传位“於”,从书写习惯和内容上分析,变“十”为“于”都是不可能的。

当然，揭开雍正即位之谜的最好办法便是核对传世的康熙遗诏。《康熙皇帝遗诏》共有4份,其中两份在大陆,两份在台湾地区。按照清朝宫廷中的惯例,皇帝的圣旨一般都有专人起草,等皇帝提了建议后再正式盖章颁布。因此,其中有两份是底稿,另两份则是正式的版本。只有将这4份《康熙皇帝遗诏》放在一起进行研究,才能够接近答案。但是在目前的情况下,这只能是一个空想。

与此同时,史学界现在越来越倾向于相信在康熙皇帝的遗诏,胤禛才是继承帝位的最佳人选。在有实力争夺储位的诸皇子中,皇太子胤礽因求皇位过急而遭贬,皇八子胤禩也犯了同样的错误。十四子胤禵地位虽显赫,但从种种迹象看并未被康熙定位继承人。而胤禛狡猾无比,与诸兄弟表面关系很好,并且深得康熙的好感。康熙晚年多次命他代行祭天,也表明康熙皇帝的确对他特别信任。另外,在诸多皇孙中，康熙特别喜爱雍正之子弘历（就是后来大名鼎鼎的乾隆皇帝），这也是证明胤禛是继承帝位的最佳人选的有力证明。

千秋评说

胤禛是在人们的严重质疑中登上皇位的，这对他继位的合法性提出了严重的挑战，尤其来自朝廷内部和诸位兄弟之间审视的目光，更让胤禛有一种不寒而栗的压力。他知道，任何一点疏忽，不但会导致他帝位的崩溃，还会带来一场血腥的、骨肉相残的家庭悲剧。

胤禛知道，朝野内外，之所以对他的执政地位提出质疑，就是因为兄弟之间对权力失落的一种阴谋。但唯一能够让自己摆脱政治困局的办法，就是用能力来证实自己驾驭全局的水平，并通过政绩来展现自己的帝王风采，从而为大清江山的稳固创设条件。也只有在赢得广泛民意支持的基础上，才能逐步削减来自朝臣和兄弟的掣肘与抗衡的合力。

胤禛在广泛汲取父皇康熙治国理政经验的同时，还逐渐推广改革措施，并对一些政敌采取了有效的收拢和打压手段，使他很快就步入了独立执政的崭新时代，为康乾盛世的承前启后创造了良好的基础。

第四辑

政治衣钵：只因生在帝王家

生在帝王家是一个人一生的幸运，也可以说是一个人一生的悲哀。帝王家的成员，每个都是天潢贵胄，穿的是绫罗绸缎，吃的是山珍海味，住的是亭台楼阁，坐的是八抬大轿；帝王家的成员，每个都是政坛上的一颗棋子，娶回了政治筹码，嫁给了素未谋面，失去了人身自由，继承了烫手山芋。这就是帝王家的幸运，这也更是帝王家的悲哀。

司马伦——矫诏晋惠帝禅位自称皇帝

司马伦是西晋宗室，大名鼎鼎的司马懿的第9个儿子。司马氏掌权之后，司马伦被封为安乐亭侯。司马炎称帝之后封司马伦为琅邪郡王，后改封为赵王。司马伦曾参与西晋著名的八王之乱，是皇后贾南风的亲信。

司马伦矫诏称帝之后，改元建始，滥肆封侯，以苟且之惠取悦人情，以至于府库之中储备的金银都不够用来给那些封侯的人铸印用的；府库之中所储备的貂尾都不够给封官的人做官帽用的，只能用狗尾巴来代替。“狗尾续貂”这个成语就是由此而来。

如此倒行逆施，司马伦的皇帝位子自然坐不长。没过多久，当年被他排挤的齐王司马冏起兵反司马伦，成都王司马颖、河间王司马颙、常山王司马乂等纷纷响应。在几位藩王的夹攻之下，司马伦很快便败下阵来，被废去皇位困在金墉城，和他的4个儿子一块被司马冏等人杀死。

继位内幕

综观古今，统治阶级为了争夺最高权力而进行的权力斗争，用残酷、血腥来概括，是一点都不为过的。那些父子相残、夫妻反目、手足相争之类的人伦惨剧更是家常便饭。但是，残忍到不分忠奸、不辨你我的野蛮杀戮，很少有超过西晋帝国的。赵王司马伦就是依靠这些手段在八王之乱中渔翁得利的。不过可惜的是，他东打西杀、两面三刀攫取的政权还没等到坐稳就土崩瓦解了。因此，司马伦靠矫诏篡夺来的政权，很快就连同他的性命一起消失在历史的沟壑中，成为后人嘲笑的谈资了。

宫廷黑吃黑，司马伦“吞并”贾皇后

西晋初建，晋武帝司马炎以曹魏亡国之鉴而大封同姓诸侯王，为的就是要构建一个庞大的家族帝国，以免被个别权臣趁虚而入，谋朝篡位。可是，分封同姓诸侯也不是一个万无一失的做法。难道同姓的宗室们就不会起意篡权夺位吗?至少司马伦等人就是在这次分封中捞到了足够的争权夺位的政治资本的。事实上，大肆分封这种做法虽然有利于当时政权的稳固，可是却给后人留下了巨大的政治隐患。这一隐患终于在武帝死后，晋惠帝司马衷继位后，一并爆发了开来。

为了皇权，司马家族除了与杨氏家族展开血腥博弈外，还掀起了一场殊死的“窝里斗”，其惨烈程度让人无不心惊肉跳，在人类史上，也属于罕见骨肉相残的典型。司马伦这个智谋不高、野心狂妄的屠夫，竟然能乱中取胜获得帝位。就是因为在这场权力大战中出现了两个特殊的人物，一个是近似白痴的傻皇帝司马衷，一个是野心勃勃的皇后贾南风。

其实这场“窝里斗”的罪魁祸首，就是一心坐大位的正宫娘娘贾南风。傻子司马衷即位后，朝廷大权把持在太后之父杨骏手中。贾娘娘不甘心，经内外串联、上下点火，终于诬陷杨骏“为乱”，将杨氏亲党一网打尽。从而点燃了一场声势浩大的骨肉相残的大火。司马伦攫取大位就是依托了这个女阴谋家的狂妄野心。

公元290年，晋朝的开国皇帝司马炎病逝，他的儿子晋惠帝司马衷继位。晋惠帝是一个有名的“傻皇帝”，昏庸无能。他之所以当上皇帝，全靠妃子贾南风的阴谋。有一年闹灾荒，老百姓没饭吃，到处都有饿死的人。有人把情况报告给晋惠帝，但晋惠帝却奇怪地问：“没有饭吃，他们为什么不吃肉粥呢?”报告的人听了，哭笑不得，灾民们连饭都吃不上，哪里来的肉粥呢?由此可见晋惠帝是如何的愚蠢糊涂。

与此同时，当初司马炎乱封诸侯所埋下的祸患也渐渐爆发开来，那些同姓诸侯们的势力已发展到出则总督一方军政、入则控制中央朝权的程度。公元291年，生性酷虐好妒，又有政治野心的贾皇后联合楚王司马玮（司马炎第五子）密谋杀死了受司马炎遗诏辅政的太傅杨骏。并且假托惠帝的诏令，把杨太后也废为了庶人。一朝得手，贾皇后的权力欲望越发膨胀开来，很快又勾结司马玮杀死了新上任辅政的太宰司马亮和太保卫瓘。最后，贾皇后暗施手段，反过来加给司马玮以擅杀司马亮和卫瓘的罪名，又除掉了司马玮。所有的绊脚石都被踢开了，贾皇后终于大权独揽，满足了自己的权力欲望，而她那个昏庸无能的丈夫，自然也只能任由她在朝中广置自己的党羽，残害忠良，为所欲为。

贾皇后虽然掌握了朝廷的实权，但是，有一件事始终令她寝食难安——她本人并无子嗣。晋惠帝司马衷有一个太子，名叫司马遹，史称愍怀太子。愍怀太子并非贾皇后所生，他的生母谢玖，原是司马炎的妃子。当年司马炎在弱智儿子婚前，担心他不通男女闺房之事，就让妃子谢玖前去传授，由此有了司马遹。

贾南风并无子嗣，对身为太子的司马遹心怀忌恨。为加害司马遹，她一面令他与生母谢玖分开，一面暗使太子身边的宦官放松管教，任其荒疏学业，嬉戏玩耍。公元299年冬天，贾皇后勾结赵王司马伦，准备谋害愍怀太子。一天，贾皇后传旨召愍怀太子进宫。愍怀太子坐定后，贾南风派侍女陈舞一手持一杯酒，一手托一盘枣出来，让愍怀太子将酒饮尽，把枣吃完。愍怀太子不知这是阴谋，一口气喝下了三升酒，很快便酩酊大醉。这时，另有侍女拿来笔墨纸砚，让司马遹抄写一份文字。酩酊的司马遹已不知文字具体何意，只是依样画下。笔画不全的部分，贾皇后又令宠臣潘岳补上。

这份文字的内容涉嫌谋反，又是愍怀太子亲笔所写，贾皇后终于得到了废除太子的把柄。很快，朝廷以谋反罪名将司马遹的太子职位废除，遣出宫中，住到许昌。而当贾皇后行使这一系列阴谋的时候，赵王司马伦是朝中的右将军，手握军权。在他的威慑之下，即便有人对整件事情起了疑心，也只能藏在心里，谁也不敢说出来。

司马伦的心腹孙秀对司马伦说："司马遹聪明性刚，如果他能够重新当上太子的话，那么他有朝一日登基，不然不肯受制于人。明公素为贾皇后的党羽，这是路人皆知的事，今日如果除掉贾皇后，为太子立下大功，太子虽然会暂时把之前的仇怨忍在心里，然而也肯定不会对明公您心存感激。要是今后您有微小的差错的话，就一定会遭了他的毒手。以此看来，我们莫不如借贾皇后之手，斩草除根，彻底除掉太子。然后明公您再废掉贾皇后，为太子报仇。这样一来，您不仅仅能免除祸根，甚至有机会登上皇帝的宝座呢！"司马伦一听，大喜过望，马上让孙秀主持这件事。

计策定下之后，孙秀派人散播谣言，说有人打算废掉贾皇后，重新立太子。贾皇后听说之后非常害怕。第二年3月，贾皇后让太医用巴豆和杏仁制成毒药，派宦官孙虑携药至许昌，毒死司马遹。孙虑到许昌后，逼司马遹服药，司马遹不从。趁司马遹去厕所时，孙虑跟随在后，用捣药的锤子把司马遹活活打死了。这一年，愍怀太子司马遹仅仅只有22岁。

除掉愍怀太子之后，司马伦又把矛头指向了贾皇后。这时，孙秀又给司马伦献计："明公您要想除掉贾皇后，单凭您一个人的力量是不够的。我看齐王司马冏早就看贾皇后不顺眼了。您如果能联合齐王共同举事，那就大事可成。"

司马伦当即派人把司马冏请到了家里，置酒相待。酒过三巡，司马伦屏退左右，哭着对司马冏说："当今皇上昏庸，导致贾皇后专权。可恨那贾皇后竟敢杀害太子，无所不为。如果我们这些人不早早为社稷打算的话，恐怕大晋的江山就要完了。现在我准备跟您联手，一起杀了贾氏，您看怎么样?司马冏说："我早就想杀了这个可恶的贾皇后了，只是因为力不及才迟迟没有动手。既然如此，何不你我两家就此起兵，篡改皇帝的诏书，诛灭贾皇后一党?联合你我两家的势力，我看谁敢反抗！"

紧接着，司马伦联合司马冏篡改了诏书，对朝廷的大臣们说："贾皇后与贾谧等人谋杀太子，今奉皇上圣旨，命令车骑将军司马冏进宫废了贾皇后。你们如果跟我们联手的话，就给你们封侯，如果执迷不悟，那就满门抄斩！"众人都表示愿意服从。于是，司马伦带了一千精兵，把守住宫门内外，司马冏率领五百甲兵杀进宫去，抓住了皇后贾南风，送往专门关押失宠的后妃的金墉城囚禁了起来。

事成之后，司马伦又一次伪造诏书，封自己为使持节、大都督、督中外诸军事、相国，侍中、王如故。然后把司马亮排挤出了朝廷，从此大权独揽，体制和当年司马懿、司马昭辅佐魏国是一样的。

胆大包天，司马伦矫诏篡权攫取皇位

公元 301 年，把持朝政的司马伦兴起了废帝自立的念头。心腹孙秀对他说："现在朝中的权力都把持在您的手中，您若想当皇帝，现在正是好时候，如果再拖延下去，恐怕会有变数啊。您明天不妨聚集百官商议这件事。百官之中如果有不服从于您的，您就杀了他。当年赵高指鹿为马的故事，您也不妨学一学。"

司马伦很高兴，第二天在家里大排筵席，宴请百官。百官公卿都害怕司马伦和孙秀的权势，谁敢不来？司马伦见百官到了，就让他们入席，命令仆人给他们斟酒。待酒过三巡之后，司马伦举杯对诸位大臣说："现在有一件大事要说给诸位听。"

众人安静下来，等待司马伦开口。司马伦说："天子是国家的主人，有权治理天下。但是当今皇帝昏庸无道，毫无威严可言。更何况先帝有密诏，对我说当今皇上愚笨得很，本来没有资格做皇帝。我现在打算让皇帝陛下做太上皇，我来做监国，然后寻找一个有德之人，立他为皇帝，不知诸位意下如何？"

有人说："殿下您这么说就不对了。当年汉昌邑王登基才 27 天，便犯下 3000 余条罪行，于是霍光才在祭拜太庙之后废了他。当今皇帝虽然懦弱，但是却并没有什么过失，怎么能说废就废了呢？"

司马伦大怒，说道："当今的天下都是我司马家的天下，你们有什么资格不听我的话？我跟你们说，顺我者昌，逆我者亡！如果有谁不同意的话，我一定杀他全家！"此话一出，群臣再也没有敢多说的了。

第二天一早，司马伦让孙秀领兵守住宫门，自己拿着宝剑带领数百甲兵直入殿上请皇帝上朝，大会文武。如果有敢不来的，马上就派兵去抄家。很快，大臣们分班而站，司马伦执剑在手，指着皇帝说道："当今天子昏庸无道，没有能力君临天下。现在我祭告太庙，让当今皇帝做太上皇，搬去金墉城居住。我司马伦又仁德又有威望，理应身登大宝，继位为君。"

说完，司马伦命令左右把惠帝司马衷扶下龙床，抢走了他的玉玺，让他跟大臣们站在一起。孙秀亲自扶司马伦坐在了皇帝的宝座上，让群臣参拜。就这样，司马伦通过伪造诏书的方式篡夺了皇帝的宝座，把晋惠帝司马衷赶下了台，自己过了一把当皇帝的瘾。

千秋评说

司马伦这个无论从智谋还是从资历上都不敢让人恭维的军阀式政治人物，之所以能浑水摸鱼、乱中取胜，夺取高位，其中最主要的原因是西晋王朝内部频繁的权力更替，家族式的政治火拼，并终于让司马伦渔翁得利又深受其害。

客观地讲，司马伦也非某些史料上所讲的那样笨拙无能，不然的话，在军阀混战的动乱年代，他也不可能仅凭匹夫之勇就登上皇帝的宝座。应当说，在八王之乱的的乱世危局之中，任何一个有些权势的人，都有攫取最高权力的强烈愿望，更何况中间又掺杂着杨太后家族及贾南风家族以及不少前朝旧臣的残余势力。然而就在这样混乱的局面之下，唯独只有司马伦能够一时间脱颖而出，如果没有一定的过人之处那显然是不可能的。要是司马伦诚如某些史料上记载的"伦素庸下，不知书，无智策，所共立事者皆邪佞之徒，惟竞荣利，无深谋远略"的话，在他逼退惠帝下台时，也不会有那么多的文武大臣叩拜称臣。由此可见，司马伦本身并非平庸之辈，否则，诡计多端的贾皇后也不会死在他的手里了。

当然，司马伦，最终也没有在这场政治较量中坚持到底，而是成了别人的刀下之鬼，但他毕竟短暂地拥有了他心目中期待的位置，也许不在乎时间长久，只在乎曾经拥有就是他最好的解读。

李亨——提前抢班夺权的唐肃宗

唐肃宗李亨原名李玙，曾被封为忠王，登基之后史称唐肃宗。著名的安史之乱动摇了强盛的大唐帝国的根基，同时也给李亨抢班夺权、登上皇位创造了机会。

李亨登基之后，尊唐玄宗为太上皇，实际上是想将父皇彻底架空。不过，唐玄宗也并非等闲之辈，他并不甘心把手中的权力就这样交给自己的儿子。事实上，他在为李亨举行册命之前，就早早对中央政局作了精心安排，使其权力得以用法律的形式保留下来，并持续了相当长的一段时间。这样一来，当时的唐朝实际上就形成了太上皇与皇帝共治天下的二元政治格局。后来，在公元 762 年，宦官李辅国等人作乱，唐肃宗李亨在长生殿中惊惧而死。

总的来说，唐肃宗李亨是位乱世天子，他继承了唐玄宗时代天宝盛世的成果，在致力平叛的同时尝试解决天宝以来政治、经济体制运作中的各种弊端，并为身后的帝国打下了一定基础。当然，由于他的主要精力在平叛，无法对后宫、宦官势力的膨胀进行限制，反倒给安史之乱后的重建留下了难消的隐患，这绝不仅仅是李亨个人的不幸，更是盛极一时的大唐帝国的悲哀。

继位内幕

安史之乱的突然爆发，让强盛的大唐帝国一夜之间进入了乱世。乱世是英杰辈出的时代，同时也是变故横生的时代，李亨就是趁着乱世摆了父亲唐玄宗一道，成功抢班夺权，登上皇帝之位的。

得收养李亨成皇储，斗权臣太子落下风

说实话，李亨这个太子当得是很窝囊的。身为国之储君，李亨在很长一段时间之内都饱受李林甫、杨国忠等权臣的欺凌。然而，安史之乱的突然爆发，打破了大唐帝国的秩序，也给太子李亨扩充权力带来了难得的机会。

李亨的母亲姓杨，出身于弘农华阴杨家，这个杨家为关陇地区的名门望族，后来才发迹的杨贵妃、杨国忠的杨家是万万不能与之相比的。李亨的母亲杨氏的曾祖父杨士达曾是前朝隋朝的高官，中国历史上的女皇帝武则天的生母就是杨士达的女儿。

公元 710 年 8 月，在历史上极具影响力的唐玄宗李隆基被册立为太子，几天之后，李隆基与李亨的母亲杨氏成婚。杨氏很争气，很快就怀上了李隆基的孩子。若是放在一般的时节，妻子怀孕对于李隆基这个太子来说绝对是一件大喜事，但是当时的政治环境相当险恶，李隆基的日子并不好过。因此，对于杨氏怀孕这件事，李隆基反而是忧心忡忡。

当时，李唐王朝真正掌权的是武则天的女儿太平公主。可是由于此时李隆基与太平公主关系紧张，他担心太平公主知道杨氏竟然这么快就怀孕的事情会借题发挥，对自己不利。李隆基的这种担忧并不是空穴来风，要知道历史上借口太子耽于女色难当大任而行废立的例子实在太多了。像隋文帝时，太子杨勇只因宠爱貌美的昭训云氏，结果就被母亲独孤皇后以此为借口，说他耽于女色，难以继承皇位，最后被废黜了太子的身份。正是出于这种原因，李隆基甚至让属下秘密弄来一些堕胎药，打算将这一小生命扼杀于母腹之中。但是，思来想去，李隆基最终还是下不了手，否则的话，历史上也就不会有唐肃宗李亨这个人了。

李亨出生以后，他的生母杨氏并没能争取到抚养他的权利。这是因为杨氏仅仅是太子的侧妃，李隆基所纳的正式的太子妃是后来做了玄宗皇后的王氏。此时

的太子妃王氏一直没有生养，杨氏自觉班次在王妃之下，不敢独享为人母的喜悦，于是当王氏提出由自己来抚养这个孩子的时候，杨氏没敢拒绝。不过幸运的是，王氏对李亨百般呵护，极为疼爱，视若己出。实际上，对于李亨来说，从小被王氏抚养在政治上是绝对有利的。因为他本身就是李隆基的长子，再加上由正妻抚养长大，只要是以后王氏生不出男孩，李亨这个太子之位就算是没跑了。

果然，公元 738 年，27 岁的李亨被唐玄宗李隆基册立为太子。但是，从被立为太子，推上政治前台的那一刻起，李亨就被显而易见的政治威胁所包围着。

当时，李亨的养母王皇后已经被废，生母杨氏的娘家在朝中又并无高官。因此，可以说太子李亨根本没有属于自己的政治势力。与此同时，深受唐玄宗李隆基宠爱的武惠妃和杨贵妃分别都有属于自己的政治势力。武惠妃与宰相李林甫关系密切，杨贵妃的娘家人杨国忠等也都是朝中高官，这些人自然都将李亨这个太子视为眼中钉、肉中刺，欲除之而后快。

在所有这些人中，对李亨威胁最大的自然是宰相李林甫。公元 746 年正月 15 日元宵节，这天风清月朗，太子李亨出宫赏灯，在市井之中与韦坚相见。在见过李亨之后，韦坚又匆匆与皇甫惟明相约夜游，一同前往位于城内崇仁坊中的景龙道观。这两个人的身份大非寻常。韦坚是李亨的大舅子，而皇甫惟明则是唐朝的镇边大将。这两个人夜间相约，私相往来，自然会给人留下弹劾的口实。

果然，韦坚与皇甫惟明的这次深夜相会并没有逃过李林甫的监视。李林甫立即要御史中丞杨慎矜写成报告，说韦坚乃是皇亲国戚，不应该与边将过分亲密。这还不算完，李林甫甚至亲自向玄宗报告，说他二人暗中谋划，拥立太子登基。玄宗得奏，毫不犹豫地下诏进行审讯。李林甫得旨，遂指使手下罗织罪状，想把太子牵扯进来。玄宗虽然也怀疑韦坚与皇甫惟明有构谋之心，但却坚决不同意把太子牵连进去。李林甫无奈之下，只得给韦坚定了个“干进不已”的罪名，将他由刑部尚书贬为缙云郡太守，皇甫惟明则以“离间君臣”的罪名，解除河西、陇右节度使的职务，贬为播川郡太守。这一处理，只是限于惩治韦坚、皇甫惟明的个人过失，并未有任何针对太子李亨之处。皇甫惟明的兵权则移交给朔方、河东两道节度使王忠嗣。王忠嗣与太子李亨关系亲密，朝廷上人人皆知。这一结果，太子李亨有惊无险，李林甫也无奈何。

本来，这件事应该就这样过去了。然而，事态逆转，平地惊雷，一下子把李亨推到了风口浪尖。原来，韦坚被贬之后，他的弟弟将作少匠韦兰、兵部员外郎韦芝上疏替他鸣冤叫屈。为了让自己的奏折更具说服力，二人竟然傻到引太子李亨作证。这下，本来不想牵连太子的唐玄宗大为震怒，事情一下变得复杂起来。李亨见状，为了自保，赶紧上表自辩，以与韦妃“情义不睦”为由，撇清与韦氏兄弟的关系，并请求父皇准许自己与韦妃离婚，以表明自己“不以亲废法”。

李亨的自辩起到了作用，玄宗着意对李亨加以慰抚，听任他与韦氏离婚，断绝了关系。太子李亨的谨慎确实使他度过了这场政治危机，只是共同生活多年的韦妃不得不从此削发为尼，在禁中的佛寺之中做了永成陌路的出家人。但即便如此，李林甫也仍然不肯善罢甘休，对韦坚一案大加株连，不依不饶，无数与之有关的人都丢官罢职，甚至一命呜呼。在经过了这一事件之后，李亨陷入了人生的低谷当中，虽然仍然是当朝太子的身份，行事却更加谨慎小心了。

安史乱大唐生变故，潼关陷李亨迎转机

公元 755 年 12 月 16 日，身兼范阳、平卢、河东三节度使的安禄山趁唐朝内部空虚腐败，联合同罗、奚、契丹、室韦、突厥等民族组成共 15 万士兵，号称 20 万，以“忧国之危”、奉密诏讨伐杨国忠为借口在范阳起兵造反——震惊天下的安史之乱爆发了。

当时，唐朝的军队除了久在西域作战的部分精锐之外，绝大多数都缺乏作战经验。再加上造反的安禄山、史思明的部下多是当时少数民族的剽悍勇士，能征善战。因此安史二人甫一起兵，河北州县很快便相继沦陷，当地的地方官们则或逃或降。

唐玄宗一向信任安禄山，在得知他竟然反叛朝廷之后，极为震怒。他立即任

命安西节度使封常清兼任范阳、平卢节度使，准备防守；接着任命他的第六皇子荣王为元帅、右金吾大将军高仙芝为副元帅东征。但是，唐玄宗的一个心腹背叛了他，他的另一个心腹宠臣则几乎便把他逼上了绝境。这个人就是杨贵妃的亲哥哥杨国忠。

李林甫死后，唐玄宗只顾与杨贵妃享乐，朝政渐渐落在了杨国忠的手中。安史之乱爆发，大唐朝廷内部也一直是杨国忠在主持大局。安禄山势如破竹，兵锋直指长安，唐玄宗命令名将哥舒翰为统帅，率领20万大军镇守长安的门户潼关。潼关地势险要，唐军本可利用此一优势暂时死守，保卫京师。可是由于杨国忠想尽快平定乱事，严令坚守不出的哥舒翰率军出战，结果中了埋伏，20万大军几乎全军覆没，潼关天险也被攻陷，盛极一时的大唐已经到了命悬一线的地步。

但是，对于陷入人生低谷的太子李亨来说，安史之乱这样的国难却正好给了他表现自己能力，甚至咸鱼翻身的机会。

马嵬驿贵妃遭横死，朔方军李亨登大位

父皇唐玄宗危难之际，授权李亨出任天下兵马大元帅，全权负责收复两京、平服叛乱事宜。以太子身份兼任天下兵马大元帅，这绝对是个炙手可热的位置，实际上离最高权力的皇位只有一步之遥。然而，李亨虽手握大权，但平叛的道路并不顺利，尤其是在父皇唐玄宗仓皇出逃后，有关前方战事向父皇请示带来了诸多不便。其实，此时的李亨已不再满足于太子和天下兵马大元帅的职位，他对最高权力的皇位已经产生了浓厚的兴趣。于是，便在部将的怂恿下另立炉灶，宣布称帝。尽管其理由也够冠冕堂皇，便于直接以最高权力指挥军队。可天下人，尤其是父皇唐玄宗更清楚这位皇太子的真实意图。但在“山高皇帝远”的情况下，只得接受并显示出宽容的姿态。但李亨并不敢彻底抛开父皇这张政治王牌，而是象征性地委以太上皇的职位，因为父皇的威名毕竟对部队有很强的威慑作用。

潼关是大唐都城长安的最后一道门户，潼关一破，叛军即刻就会兵临长安城下，

在安禄山大军的面前，当时世界上最繁华的都市长安城已经再没有守的必要了。

面对如此窘境，杨国忠把文武百官召集起来商量对策。但是事已至此，谁还能想出什么好主意呢？杨国忠知道留在长安只能是死路一条，于是就劝玄宗向西逃到蜀地去。

当天晚上，唐玄宗、杨国忠带着杨贵妃和一批皇子皇孙，在将军陈玄礼和禁卫军护送下，悄悄地打开宫门，逃出了长安。在出发之前，杨国忠特意派遣宦官们先到沿路各地，要当地的地方官准备接驾。哪知道树倒猢狲散，李隆基一行才到咸阳，派出的宦官连同地方官一起，都已经逃得不知去向了。

落难的一行人就这样走走停停，到了第三天，大队人马来到了一个名叫马嵬驿的驿站。随行的将士又饿又疲劳，实在忍不住了。他们心里越想越气，好好的长安待不住，弄得到处流亡，受尽辛苦。他们认为，这全是受了奸相杨国忠的累，这笔账得向杨国忠算。

队伍的骚动给暗中操纵与策划兵变的太子李亨提供了绝好时机。李亨同亲信密定之后，派宦官李辅国去拉拢负责整支队伍安全工作的大将陈玄礼，密谋策划以非常手段对付杨国忠。只要陈玄礼能够加入，此番君臣已离宫禁，僻处野外荒郊，李亨利用手中掌握的禁军发动一场政变，那绝对是稳操胜券。

当唐玄宗一行准备在马嵬驿驻扎的时候，有20几个吐蕃使者拦住杨国忠的马，向杨国忠要粮。正在这个时候，禁军中有人大声喊叫："杨国忠与胡虏谋反！"喊声惊动了杨国忠，他见事不妙，拨马想走。有位叫张小敬的骑兵飞射一箭，将他射落马下，早有准备的禁军一拥而上，把杨国忠乱刀砍死，割下首级，挂在驿门之外示众。

杀死杨国忠只是这次兵变的第一步。唐玄宗闻之有士兵哗变，亲自出面告谕军士，让他们各归本队，并加以慰劳。这时，陈玄礼出面奏道："杨国忠谋反，众将已把他处决，贵妃尚在左右供奉，请陛下除恶务尽。"唐玄宗虽然不舍，但是事已至此，他虽然是皇帝，却也无可奈何，只能忍痛将杨贵妃缢死在佛堂当中。杨贵妃死后，唐玄宗将她的尸首放在天井之中，请禁军将士验明正身。将士们见杨氏一门已被诛灭，这才平静下来。

事情正在按照李亨的预料一步步地发生。但令李亨始料不及的是，陈玄礼身为禁军首领，在杨贵妃死后，带头向玄宗表示效忠。手中没有兵权的李亨对此毫无办法，也只能就此罢手了。但是，李亨一手策划了这场马嵬兵变，诛杀了杨氏满门，甚至把矛头指向了自己的父亲唐玄宗李隆基，父子两人分道扬镳已是势在必行了。

因此，唐玄宗封李亨为天下兵马大元帅，北上灵武，全权负责统领各路人马剿灭安禄山、史思明一伙叛贼。唐玄宗自己则继续西行，前往成都避难。

公元756年，李亨在杜鸿渐等人的陪同下，抵达朔方军大本营灵武。经过一番布置与筹划，7月12日，李亨在灵武城的南门城楼举行了简单的登基仪式。登基后，改年号为至德，并且将当年改为至德元年，遥尊自己的父亲唐玄宗被推尊为太上皇，并当即派遣使者入川，向太上皇报告这一消息。就这样，窝囊了大半辈子的李亨终于当上了皇帝。虽然过程有些不光彩，但登基就是登基，唐肃宗的名号也得到了他父亲李隆基和后世史学家们的承认。

千秋评说

肃宗李亨这位在父皇有难而提前入住权力中心的大唐皇帝，可谓一生颠簸，从小亲眼目睹了皇宫内院的纷争与倾轧；成年之后，又见证了大唐帝国由繁荣昌盛走向衰落的凄惨场景。在他个人的政治历程中，平静的皇子生活与动荡的太子生涯形成了鲜明的对比；太平之世的皇子与纷乱之世皇帝的身份，也形成了强烈反差。

安史之乱的混乱政局，给他个人提供了施展拳脚的舞台，并使他的权欲极度膨胀，竟然以蒙蔽世人的方法，突然宣布称帝。虽然满足了君临天下的虚荣之心，但却在历史上留下对父皇落井下石的贬损之词。但权力在握的李亨并没有发挥出帝王的爆发力，尤其是在平叛上并无建树。只落得壮志难酬，在惊恐中走到人生的终点。

但李亨毕竟是位乱世的天子，他继承了天宝盛世的成果，在致力平叛的同时尝试解决天宝以来政治、经济体制运作中的各种弊端，并为身后的帝国打下了一定基础。当然，由于他的主要精力在平叛，无法对后宫、宦官势力的膨胀进行限制，反倒给安史之乱后的重建留下了难消的隐患，这是肃宗个人的不幸，也是大唐帝国的悲哀。

李忱——被宦官选定的最高接班人唐宣宗

唐宣宗李忱（公元 810 年～公元 859 年），唐朝第 18 位皇帝，在位 13 年。初名李怡，初封光王；是唐宪宗的第 13 个儿子，穆宗的弟弟。综观宣宗 50 年的人生，他曾经为祖宗基业做过不懈的努力，这无疑延缓了唐帝国走向衰败的大势，但是他又无法彻底扭转这一趋势。宣宗性明察沉断、用法无私、从谏如流、重惜官赏、恭谨节俭、惠爱民物，当时的人认为李忱身上有唐太宗李世民的遗风，因此称李忱为“小太宗”。

李忱是位颇有主见和才情的皇帝。他整顿朝纲，把武宗时期的宰相、晚唐重臣李德裕贬出朝廷，永不再用；同时，又大加起用牛党的白敏中为相。这一举措使得延续几十年的“牛李党争”以李党的彻底失败而告终。

对于政事，李忱孜孜求治，喜读《贞观政要》。他重新整顿吏治，并且限制皇亲和宦官。对于军事，他曾成功击败吐蕃，收复河湟。这是安史之变后，唐朝对吐蕃的唯一一次军事上的胜利。然而令人遗憾而感叹的是，这样一位颇有能耐的宣宗，最后却因为服用仙丹而中毒身亡。

继位内幕

李忱之所以获得宦官马元贽等人的赏识，并非其表现出有多么出众的才干。恰恰相反，正是他的傻气，成为了宦官们的最佳猎物。在武宗昏迷之际，李忱被接到了宫中，成为整个唐朝时期唯一一位以皇太叔身份继位的皇帝。然而，李忱真的像宦官们想的那么傻吗？当然不是，否则怎么会有日后如此耀眼的辉煌政绩和“小太宗”的美誉呢？显然，是马元贽等人对李忱缺乏足够的了解。那么，这究竟是怎么回事呢？原来，这是李忱目睹宫廷争斗后的自保之道。如此一来，想把持朝政的宦官们自然会把一直装傻充愣的李忱作为理想的继位人选。可让世人没有想到的是，这位曾经的傻子在继位之后，竟然爆发出强大的执政能力。这时，人们才恍然明白，原来这一切都是李忱隐忍的智慧。

傻人有傻福，李忱成为唐宫“常青树”

人生而来世，没有天生的智者，也就没有天生的傻子。那么，在晚唐时期被世人看作是“笨得不行”的皇太叔李忱，又是怎么回事呢？这要从他的家庭环境和成长经历说起。

元和五年（810年）6月，李忱生于大明宫，是唐穆宗的弟弟。论辈分，他是唐敬宗（即穆宗的长子）、文宗和武宗的皇叔，但年龄却比唐敬宗和唐文宗还小一岁。

李忱的母亲郑氏原为节度使李锜的妻子，后李锜叛乱被杀，郑氏以罪孥没入后宫，充当御女。没想到，却被唐宪宗李纯召幸，生下了皇子李忱。于是，尊郑氏为王太妃。后来李忱继位，尊郑氏为皇太后。

并不怎么正大光明的出身让李忱从小就知道收敛锋芒，讷讷不语，被宫中所有人认为“笨得很”。唯独唐穆宗一直对李忱关爱有加，在长庆元年（821年）3月封其为光王。穆宗曾抚着李忱的背说：“这是我家的英物。”

但父亲对自己弟弟的宠爱却并没有换来儿子对叔叔的尊敬，穆宗的几个儿子敬宗、文宗、武宗都很不喜欢李忱。虽然在辈分上，身为叔叔辈的李忱要比他们几个都大，但事实上从年纪上说却小于他们。再加上李忱从小就傻乎乎的，文宗与武宗就更加讨厌他了，甚至文宗公然地戏称他为“光叔”。

有一次，文宗在回十六宅（唐末诸王共居的第宅）与众家亲王举行家宴时笑言：“谁能让光叔开口，朕有大赏赐！”于是，几个亲王便前去拿当时还是光王的李忱逗乐取笑。但任凭你百般捉弄挑拨，李忱就像个木头似的始终不露声色，不发一言。最后，文宗看着各个亲王无可奈何的样子，却是哈哈大笑。按照中国的传统礼教来讲，无论你是皇亲国戚还是平民百姓，在公开场合拿自己的亲叔叔取乐，这不能不说是一种极大的侮辱。然而，从小出身动荡的经历和 20 年来目睹宫廷政治斗争的经验锻炼了李忱的权谋智略，他深谙隐慧藏身之道，一次又一次地忍受着这种侮辱，表现出一种憨傻的样子。就这样，李忱在其未做皇帝的前半辈子一直过着这样的生活。

相对于文宗，其弟弟，也就是后来继位的唐武宗就更为离谱。但或许面对皇权的争夺，做出任何怪事都是正常的。虽然李忱一直都是夹着尾巴做人，但仍然难逃命运的捉弄。武宗继位后，对其的打压就更加厉害。有一回，武宗随便找了个事由，就把李忱关在宫厕里禁足。想想一位堂堂的皇子，被亲侄子关在厕所里不让出来，差点连命都没有了。这过的是怎样一种生活？又需要多大的勇气和耐力？然而，李忱硬是靠着装傻充愣、忍辱偷生的毅力顽强地活了下来。

关于装傻避祸，这里还有一段并未得到严格考证的小故事。唐大中元年（公元 847 年），刚刚继位的唐宣宗李忱颁下一道圣旨：赐新吴县百丈禅寺“大智寿圣禅寺”匾额，并要求各地改尊崇道教为尊崇佛教。

地处偏僻的百丈寺何以获此殊荣？唐宣宗为何如此看重佛教？原因很简单，唐宣宗曾在百丈寺里当过和尚。那么，唐宣宗李忱又为何从地处西北的西京长安（今西安）跑到千里外的百丈寺来当和尚呢？据说，唐朝中晚期时，宫廷斗争非常激烈。公元 840 年，唐武宗李炎继位后，非常担心他的光王叔叔李忱会篡夺自己的皇位，因此对其百般刁难、万般迫害。为躲避唐武宗的迫害，李忱便去请教京城里的一个老和尚。老和尚在李忱的手掌中写了两个字："百丈"。老和尚的意思是要李忱暂时离开宫廷百丈远，到外避避争权夺利的风头。但李忱却会错了意，认为老和尚要他到"百丈"这个地方去躲躲。于是便千方百计地打听"百丈"之地，终于得知新吴县有座百丈山，山下有一个百丈村和一座百丈寺，故而不远万里来到百丈寺。

另一方面，李忱的父亲李纯即唐宪宗的皇位又是由宦官推拥而获得的，因此宪宗格外信用宦官。晚期又沉迷于丹药，惶惶不可终日。眼看没有多大的利用价值，宦官群党们便动了杀戮之心。公元 820 年，宪宗被自己一手提拔上来的宦官陈弘正杀害，享年 43 岁。

亲眼目睹父亲被杀害的李忱，变得更加沉默寡言，任凭天大的事情发生，他也依然是毫无表情。因此，谁也不会把一个傻子放在眼里。可也正是因为他的傻气，才躲过了一次又一次的宫廷争斗。

权宦有眼无珠，李忱因"傻"得福登帝位

李忱的装傻不仅保住了性命，而且没想到也因为这个同样的原因，在唐武宗去世后，竟然成为被宦官普遍看好的、可以随意操纵的最佳继位人选。

会昌六年（公元 846 年）春天，唐武宗李炎病危，他的几个儿子都还年幼，所以一直没有立太子。帝国没有储君，一时间，朝野上下人心惶惶。而此时的整个晚唐，宦官的权力很大。为了能继续过着为所欲为的日子，他们便决定找一个以后能便于他们控制的人来做皇帝。于是，早已被世人遗忘得一干二净的光王李忱便成了他们最好的猎物。试想，谁还会比一个傻子更好控制呢?这一年暮春，在宦官仇公武、马元贽等人的簇拥下，光王李忱出人意料地回到了长安，成了"皇太叔"。凭着这种糊涂、这种无能、这种沉默，在唐武宗弥留之际，李忱被宦官们推为了皇位继承人，几乎是用"劫持"的方式帮他登上了皇帝大位，成了一国之君。

对于李忱的登基，朝中的大臣也都是无可奈何，一个个也不敢对大唐的未来抱什么远景。但让所有人大吃一惊的是，这位曾经的傻子却有着过人的韬略，不但对混乱的朝政进行了大刀阔斧的削整，还迎来了大唐继“贞观之治”后的第二个高峰。

大智若愚，装傻之后迎誉“小太宗”

大家都知道，唐太宗以及他一手开创的贞观之治是一个怎样的概念，而宣宗李忱的成就竟然能用“小太宗”来形容，可见其不凡之处。从小流落的艰难经历和20年来的政治斗争经验锻炼了他的权谋智略，使李忱在登基之后井喷般地爆发出来。

继位后的唐宣宗一扫旧态，处理政务无一不合情合理。这时众人方知，这是个不可等闲视之的君主。首先，李忱用极短的时间将武宗时期的重臣李德裕清出庙堂，远调荆南节度使。这样的雷霆手段甚至让李德裕的政敌牛僧孺都感到措手不及。接着，又大加起用重视科举出身的牛党成员，并且李忱本人也极其重视科举。

在宗教上，唐宣宗与唐武宗反其道而行之。他抑制道教，杖杀了赵归真等数名大道士；恢复佛教，除了诏令在长安、洛阳二京增加寺庙外，还听任僧人修复各个已毁之寺庙。他以牺牲政府夺取寺院经济之利，争取信仰佛教的朝臣以及广大民众的支持，从而建立了他的政治基础。厚实的政治基础使李忱得以用自己的意志来刷新政治。

另外，此时边境形势的变化也帮助宣宗取得了政治资本。自唐武宗以来的吐蕃内乱，削弱了吐蕃的实力。到唐宣宗初年，吐蕃据有的秦（今甘肃天水）、原（今甘肃固原）、安乐（今宁夏中卫）三州以及原州七关，均已归附了唐朝。此后，沙州（今甘肃敦煌）志士张议潮联合当地军民起兵，赶走吐蕃守军，收复了沙州。在被唐宣宗任命为沙州防御使后，又收复了瓜（今甘肃安西）、伊（新疆哈密）、西（新疆吐鲁番）等 10 州。由此，唐朝重新取得了对河西走廊的控制权，在沙州设置归义军，宣宗升张议潮为节度使。

另一方面，宣宗明察沉断，从谏如流。说来凑巧，唐太宗纳谏，是得了魏征；而唐宣宗纳谏，则是得了魏征的五世孙魏谟。魏谟是唐文宗读《贞观政要》后因思慕魏征而在魏征后裔中找来的。魏谟入仕后，再现了魏征直言极谏之风。唐宣宗登位后，拜其为宰相。群臣进谏皆唯恐君主不快而委婉谏言，唯独魏谟开门见山，无所忌讳。唐宣宗常叹："魏谟有祖风，我心极重他。"

唐宣宗临朝，对待群臣如待宾客，从未有倦容。宰相奏事，他威严不可仰视。奏毕，他脸上放出微笑，让群臣闲语，或问里坊琐事，或谈宫中游宴，无所不至。经一刻时辰，又严肃地告诫群臣："卿等好自为之，朕常担心卿等负朕，日后难以相见！"说罢，起身回宫。令狐绹说："我秉政十年，最受恩遇。然每次奏事，未尝不汗透脊背。"

唐宣宗努力仿效唐太宗，以"至乱未尝不任不肖，至治未尝不任忠贤"为座右铭。他将《贞观政要》书于屏风之上，每每正色拱手拜读。处理天下事务时，明察果断，用法无私；恭谨节俭，惠爱民物。故其大中年间所施之政直到唐亡，尤被人称颂，时称为"小太宗"。

然而，让人遗憾的是，这个明君晚年竟然也去求长生不老，服用金丹过量而送了命。

千秋评说

唐宣宗李忱，无疑是皇帝中的另类。一个原本是傻子级别的人物，却被戏剧般地推到了大唐权力的中心位置。宦官们原本看上的正是他便于驾驭的傻气，却万没想到李忱竟是一个善于隐忍的铁腕君主。他不但稳稳地站住了脚跟，而且还开创了唐太宗后又一个大唐的繁荣时期。

“大中之治”落下帷幕后，历史给予了李忱很高的评价：“宣宗明察沉断，用法无私，从谏如流，重惜官赏，恭谨节俭，惠爱民物。故大中之政，讫于唐亡，人思咏之，谓之‘小太宗’！”由于宣宗李忱的励精图治，使得我们在时隔1000多年后仍然能够有幸在那个混乱不堪的历史迷局中，瞥见一抹盛唐的余晖。

应当说，无论是李忱的装傻充愣，还是他被宦官劫持而登上帝位，都折射出了大唐后期的政治乱相，也说明了宫廷之内的权力角逐达到了无以复加的地步。

继位后的李忱一反常态，与过去判若两人，“裁决庶务，咸当于理，人始知有隐德焉。”他废除旧政，励精图治，诛杀恶宦，平息党争。以使得政局稳定，国力增强，还击败了吐蕃，收复了河湟。

只是，这位豪情满怀的帝王竟然迷信仙丹之术，谋求长生不老，结果因中毒而命丧黄泉。

李儇——沉醉游戏的唐僖宗

唐僖宗李儇是唐懿宗李漼的儿子，生于公元862年，在被立为太子后改名为李儇。李儇11岁便继承了皇位，在位时间为公元873年～公元888年。

唐僖宗李儇生活的年代是唐王朝各种矛盾空前激化的年代，大唐帝国已经不可避免走向灭亡。事实上，哪怕李儇有他的祖先唐太宗李世民那样的雄才伟略，也不见得能够扭转不利的局面。遗憾的是，相比于好似骄奢天子的父亲唐懿宗，唐僖宗李儇的腐败程度不仅没有减少，乾符年间以来的统治反倒黑暗了几分。

由此，王仙芝和黄巢起义的原因也就变得非常好解释。李儇生于深宫，宦官拥立为帝，虽其天资禀赋高超，然并无治国之道，光启之后虽打算励精图治，摆脱宦官，重振唐威，但为时已晚，唐王朝已经支离破碎，不是他李俨的一点点决心所能拯救的了。

继位内幕

到了唐朝的后期，执政者们几乎完全丧失了对朝廷的掌控，即使是在太子人选和继位这些重大问题上，也完全由宦官们一手操控。唐僖宗李俨就是被这些在实际上掌控着唐帝国命脉的宦官们一次次扶上皇位的。

仆人们选出来的主人

唐朝始建于公元 618 年，开国皇帝为李渊，即唐太宗李世民的父亲。唐朝以长安(今陕西西安)为首都，先后历经了 21 位皇帝的统治，共在历史上存在了 390 年，并于公元 7 世纪时期达到鼎盛，是世界公认的中国最强盛的时代之一。

不过，在封建王朝时期，朝代的更替是难以避免的事情，唐朝也不例外。公元 755 年，在经历了安史之乱后，唐朝开始走向衰落。

安史之乱是指安禄山和史思明起兵反对唐王朝的一次叛乱，这次叛乱长达 8 年之久，虽然最终被平定，但多年的战争却也给唐王朝带来了一场空前的浩劫。安史之乱促使农民和地方阶级的矛盾日益尖锐，同时还使唐王朝失去了对周边地区少数民族的控制权，从而最终导致大唐由盛转衰，且失去了所有回旋的余地。

由于唐懿宗在位时期，他不思进取，常常沉浸在宴会、乐舞和游玩等众多娱乐活动之中，对国家的内忧外患置之不理，再加上宠信宦官，一方面使唐朝更加一蹶不振，另一方面也让一些宦官们恃宠而骄。他们不仅公然把持着大量的政权，而且就连选择继承人的权力也被他们所霸占，从而打破了唐朝继位的传统，出现了废长立幼的现象，为唐僖宗李俨提供了一个登基称帝的机会。

唐僖宗共有8个儿子，李俨排行第五，曾被封为晋王，在他之前还有魏王李佾、凉王李侹、蜀王李佶和威王李偘4位兄长。其中李佾为长子，原本按照传统应该是皇位的继承人。李佾为人耿直，唐懿宗虽然不理朝政，但显然也是知道要立长子为继承人的这个传统的，因此，他很早就写下了一道密诏，并将其藏于自己寝宫卧榻下的金匮之内，以备不时之需。密诏之事只有唐懿宗和大太监王宗实知道。

王宗实曾与段文楚等人一起拥立李漼为帝有功，因此被提升为四品内务总管，他一直陪伴在唐懿宗身边，忠心耿耿，深得这位皇帝的信任。而另一位拥立懿宗帝有功的段文楚则掌握着大量的军权，同时由于他将自己的妹妹段氏献给了唐懿宗为妃，所以还被皇帝尊为国舅。除了段文楚和王宗实以外，唐懿宗统治时期，还有两个人也深得他的青睐，即左神策中尉刘行深和右神策中尉韩文约，这两人共同掌管宫廷侍卫。

刘行深和韩文约两人均为宦官，虽然唐懿宗十分宠信他们，但魏王李佾却对这两个人有很大的成见，他觉得这两个人都是太监，不配掌管那么大的权力。刘行深和韩文约在得知魏王对他们有成见后，十分惶恐，担心其在登上皇位后会对他们不利。于是，一场阴谋在这两个人的策划下悄然而生。

在刘行深和韩文约的密谋之下，他们决定与国舅段文楚联手，先铲除大太监王宗实，再设法给唐懿宗的前四子定罪，从而达到立晋王李俨为太子的目的。刘、韩两人之所以想要立晋王为太子，主要原因即是由于李俨年纪尚小，且其母王氏已经病故，而且王氏的家族在宫廷中也没有任何势力。这样一来，在李俨继位后，刘、韩两人便可以操控到更多的权力了。

与此同时，由于母亲过早地亡故，因此李俨被过继给了唐懿宗的另一个妃子段氏，即段文楚的妹妹。所以如果拥立李俨为帝，那么段氏就可以成为皇太后，而作为其兄长的段文楚自然也能够从中获得更多的利益。

刘、韩两人在经过一番周密的计划后，便一起找到了国舅段文楚，向他说明了一切。一开始，段文楚对此事一直犹豫不决，他曾经和大太监王宗实一同忠于唐懿宗，两人毕竟有些交情，现在要反目成仇，对他而言，于情于理都说不过去。

不过，在刘行深和韩文约的百般诱惑和游说下，段文楚最终还是答应了会协助这两个人的计划。

刘行深与韩文约说服国舅段文楚，于次日领五百神策军来到了皇帝的寝殿外，假传皇后懿旨，以王宗实把持朝政、祸乱朝纲为由，要将其及其党羽全部诛杀，并且明确表示这件事已经得到了国舅段文楚的认可，证据确凿。王宗实在听到动静后正欲去探个究竟，却见到刘行深与韩文约带刀而入。王宗实怒骂道："你们这两个下人，皇帝的寝宫之内怎么可以佩刀而入，你们到底有何居心？"韩文约不理王宗实的问话，直接吩咐属下将王宗实与室内的其他相关人员一并抓起来。

身在皇宫多年的王宗实此刻似乎已经明白，刘行深与韩文约这两人是为了皇位而来，不过他还没来得及反抗，便被刘行深用刀捅死了，其余的宫女和小太监们也全部被当场杀死，没有留下一个活口。

刘行深与韩文约之所以能够顺利地闯入皇帝的寝殿，杀掉大太监王宗实，除了借助他们手握的权力以及段文楚的协助外，还有一个原因至关重要。就是因为此时唐懿宗早已卧病在床多日了，已经病入膏肓，到了耳不能闻、口不能言的地步。所以对于宫廷中所发生的一切，唐懿宗似乎并不知晓，不过即使是知道，病榻上的他也改变不了什么，只能任人宰割。

杀掉王宗实后，刘、韩两人派人在皇帝的寝宫中进行了一番搜寻，最终在卧榻下找到了金匮，发现了那封要立魏王李佾为太子的密诏。刘行深与韩文约当即毁掉了密诏，另外又伪造了一封，指控魏王李佾、凉王李侹、蜀王李佶和威王李侃4 人蓄意谋反，按律当斩，并改立晋王李俨为储君，立嫔妃段氏为皇太后，李俨更名为李儇。紧接着，由国舅段文楚出面，宣布唐懿宗已经病故，并将密诏公之于众。

在刘、韩两人一手的安排下，公元 873 年，12 岁的晋王李俨在懿宗灵柩前继嗣皇位，史称唐僖宗。而李俨的 4 位兄长，以及与他们相关的族人则全部被处死。一时之间，唐王朝的宫廷内血流成河。刘行深与韩文约利用如此血腥的手段，完成了废长立幼的阴谋，同时掌握了更多的政权。

吃喝玩乐李俨称状元，一闻政事僖宗便头疼

唐僖宗继位后，年仅12岁的他对政事没有任何兴趣，只顾贪图享乐，与他父亲唐懿宗相比可谓是有过之而无不及。据了解，唐僖宗的娱乐生活十分丰富多彩，斗鸡、赌博、骑射、剑槊、音乐、下棋等，几乎无所不及，且无不精妙。此外，唐僖宗还非常喜欢打马球，并且掌握了很高的技术。他曾经无比自豪地对下人说："如果我参加击球进士科考试，肯定可以中个状元。"可见，这位皇帝虽然一无所长，但却十分自恋，同时他也似乎没有感觉到自己沉迷于游戏的做法是祸国殃民的大忌。

更令人难以置信的是，唐僖宗为了能够观赏到精彩的马球游戏，还时常拿国家的江山做赌注。有一次，他选了3位大将军进行马球比赛，并许诺得胜者可以被任命为西川节度使。最终一位叫做陈敬瑄的将军得了第一，唐僖宗遵照承诺，立即派他去西川任职。事实上，陈敬瑄不仅出身卑微，而且在军事上也没有任何才能，据说他最初以卖烧饼为生。后来在其弟弟田令孜的帮助下才成为了一名将军。

田令孜也是唐僖宗统治时期一个不容忽视的人物，且同样为宦官。他在唐僖宗幼年之时就开始照顾他的生活起居，使这位小皇帝对他产生了很深的依赖，并亲昵地称他为"阿父"。唐僖宗继位后，田令孜被任命为神策军中尉，他手中的权力，也丝毫不逊色于将李俨推上帝位的刘行深与韩文约，同时他对唐王朝统治的影响也不可小视。

唐僖宗沉迷于游戏，将政事全部交由宦官们处理，而各位宦官则只为自己的利益着想，根本就不顾国家的安危，从而进一步推动了唐王朝衰落的步伐。在此期间，不仅宫廷内部混乱不堪，而且外部也是民不聊生，怨声载道，最终导致了黄巢起义的爆发。

黄巢起义是指发生在公元878年～公元884年的一场起义运动，这场运动自濮州（今河南濮阳东）和冤句（今山东曹县北）两地而起，分别由王仙芝和黄巢

领导，并得到了大批农民阶层的支持，势力强大。

据说在唐朝后期，由于官盐价格昂贵，许多百姓都没有财力购买，所以便出现了大量的私盐贩子，他们为了进行武装贩运，从而形成了庞大的组织，而黄巢起义的两位领导人王仙芝和黄巢则都是盐贩出身，且在组织中出类拔萃，各有所长。另外，在黄巢起义之前，关东地区还发生过旱情，百姓生活越来越困苦，但却仍然要承担税赋，使得民怨四起，从而为后来黄巢起义的队伍增加了更多的人力。

黄巢起义军一路横扫唐王朝大片地区，于公元 881 年攻入长安，并且得到了长安百姓的全力拥护。同年，黄巢建国大齐，年号金统。而唐僖宗则在宦官田令孜的帮助下逃往四川。

公元 882 年，在经过一番调整之后，唐僖宗对黄巢起义的大军发动了反扑。其在义武镇节度使王处存、河中节度使王重荣、宰相王铎，以及驻同州重镇的防御使朱温等功臣的帮助下，于同年将起义军赶出了长安。公元 884 年，黄巢起义军被彻底消灭，次年，唐僖宗返回长安，重新称帝。

“太上元皇圣帝”，一个听话的牵线木偶

虽然重新夺回了统治权，但唐僖宗所要面临的困难却越来越棘手。首先他所面临的即是黄巢起义给唐王朝带来的严重影响，此时，国内的大部分领土均被镇压黄巢起义的几位功臣所占据，而朝廷所能够控制的地区仅有河西、山南、剑南、岭南西道等数十州而已。这种割据现象对唐王朝的灭亡产生了直接的影响。

不仅如此，而且在唐僖宗返回长安后不久，宫廷内部又随即发生了一次巨大的动荡，使他不得不再度离开长安。这次动荡是因深得唐僖宗信赖的田令孜而起，他眼见河中（今山西境内）节度使王重荣借助反抗起义军有功而独占了境内安邑、解县两盐池之利，心生嫉妒，多次想要从王重荣手中夺得盐池之利，但都没能成功。于是便联合邠宁节度使朱玫和凤翔节度使李昌符向王重荣开战，王重荣

予以反击，并得到了河东(今山西太原西南)节度使李克用的全力协助，最终大败朱玫和李昌符，并进军长安。

王重荣在进入长安后，便将田令孜的所作所为都汇报给了唐僖宗，使皇帝对这位昔日的“阿父”不再信任。所以当田令孜想要让唐僖宗与他一起逃往兴元(今汉中)时，却遭到了皇帝的拒绝，可见，此时的唐僖宗已经不愿再任人宰割了。

眼见唐僖宗不肯听从自己的要求，田令孜只能采取强硬的手段，趁夜挟持了唐僖宗，先逃到了宝鸡，后又汉中。宫廷的朝臣们得知皇帝被田令孜挟持的消息，十分愤怒，他们原本就对田令孜有很多的不满，于是纷纷献策想要去营救唐僖宗。曾帮助田令孜攻打王重荣的朱玫和李昌符，看到田令孜大势已去，便于公元886年自作主张将襄王李煴立为新皇帝，改元“建贞”，想要效仿刘行深与韩文约，让李煴充当傀儡，以把持政权。而唐僖宗则被改尊为“太上元皇圣帝”，简称太上皇。

另一方面，被田令孜挟持的唐僖宗设法脱离了他的控制，并以正统为号召，率先对朱玫开战。唐僖宗的这一举动，不仅得到了王重荣和李克用的支持，而且朱玫的爱将王行瑜也反叛投身到唐僖宗的旗下。公元886年12月，朱玫及其党羽被王行瑜等人斩杀。傀儡皇帝李煴原本想要在一些官员的帮助下逃奔河中，却被王重荣抓住并杀死，其首级最终还被送到了唐僖宗的所在地。

公元887年，唐僖宗动身重返长安，但却遭到了李昌符的阻拦。这位凤翔节度使显然没有汲取朱玫的教训，竟然公然对唐僖宗发动攻击，最终因失败而被斩杀。几经周折之后，唐僖宗最终于公元888年2月再度返回了长安，并举行大赦，改元“文德”。此时的唐僖宗已经因多年的奔波劳顿，以及战乱的困扰而身染重病，一个月后便不治而亡，死在了长安宫的武德殿中，结束了他动荡不安的一生，享年27岁。唐僖宗去世后，其弟弟李晔继位，称唐昭宗，而李俨则被谥为惠圣恭定孝皇帝。

千秋评说

李俨是个从小在宫中长大的纨绔子弟，从12岁继位到被逼退为太上皇，几乎没有独立执政的时机，一生都在宦官的操控下过着忍气吞声的窝囊生活。

他虽贵为皇帝，但却无法行使执政权力，反而成了宦官任意操纵的木偶玩具，也因此而对政治极度失望，就整日沉醉在各种游戏之中，以宣泄心中的不满。什么“斗鸭”、赌鹅、骑射、剑槊、法算、音乐、围棋、赌博等游戏无不精通。甚至自我解嘲地说“朕若参加击球进士科考试，应该中个状元。”足见，李俨对皇权的无奈和落魄，一个九五至尊的天子，却无法按照自己的愿望施展政治抱负，反而需要靠游戏来排解心中的郁闷，可见大唐后期宦官嚣张的程度和帝王的尴尬处境。

由于李俨的一生都属于权力落魄的边缘群体中的一员，自然在政治上毫无建树，他所做的一切，只能加速大唐帝国的快速瓦解。

李裕——宦官软禁皇帝后的提前登基者

李裕是唐昭宗李晔的长子，原为德王。然而，这位唐朝第23任皇帝在历史上却不被大多数人认可，其中又有着怎样的隐情?

李裕这个被众人左拉右拽、上推下搡的继位者在历史上几乎没有什么位置，故而被世人称为唐废帝。而且，他的政治生命和身家性命都短得让人感叹，如沧海一粟般迅速消失在权力斗争的浑海之中。

继位内幕

大唐晚期，由于各种势力的集结，大唐政府已经名存实亡。特别是在李裕之父昭宗继位时，已经到了苟延残喘的地步，权力已经被宫内宦官和藩镇军阀瓜分殆尽。李裕的登基，就是宦官一手操弄的结果。可没想到这个被推上台的皇帝果然也只是个傀儡，懦弱得像个“软柿子”。这让宦官的气势更加嚣张，同时也引发了宦官与藩镇、朝臣之间错综复杂的矛盾。可叹的是，这位像皮球一样被推上去又踢下来的“王二代”最终仍然没有得到全身而退的结果，不禁让人感慨。

权宦肆虐，李裕成为政治摆设

李裕被推上政治前台，虽然有其偶然性，但也有其客观原因。李裕的父皇唐昭宗是唐懿宗第七子，唐僖宗之弟。他从小就目睹了宦官专权的惨酷现实，登基后便与宰相崔胤商量，准备铲除阉党。这让掌握京畿大权的宦官刘季述、王仲先等人既反感又恐慌。于是，一个并不复杂的替代方案便被他们提到了日程上来。在这样的背景环境下，李裕便被推上了政治前台，成了大唐名义上的最高执政者。但其实，他不过是攥在宦官手中的一只风筝，何时放飞、飞行高度，都不是他自己所能左右的。

说到宦官专权，就不得不提到一个重量级的人物刘季述；他也是让李裕过了一把皇帝瘾的最大推手。刘季述本来只是一个出身低微的宦官，在唐僖宗时方显端倪，曾任右军中尉，屡升至枢密使。

昭宗向来痛恨宦官专权，依靠当时朝臣和藩镇的力量，一再裁抑宦官权势，除掉了杨复恭、景务修、宋道弼等宦官。但另一方面，神策军的领导权却仍然掌握在宦官手中，由刘季述、王仲先分别担任左右中尉。

刘季述和当朝宰相崔胤的矛盾很深，又怀疑昭宗要害他，一时间可谓是“左右夹击”。为了保住宦官的势力，右军中尉王仲先、枢密使王彦范、薛齐偓等人密谋的一场宫廷政变便悄然发生了。

光化三年（公元900年）11月的一天，昭宗在禁苑中打猎，大醉而归。趁昭宗沉睡之际，刘季述率领禁卫军1000多人发动了宫廷政变，尊奉小太子继承帝位。同时又假借皇后的名义，连夜传出命令：“皇帝听信谗言，肆意胡闹，随便杀人，皆大逆不道。两位神策军的中尉（指刘季述和王仲先）知道得很清楚。现在请让皇太子主持朝政。”

待到天色蒙蒙发亮，刘季述又陈兵殿廷，要挟宰相崔胤召集百官，控诉昭宗皇帝沉湎酒色，不配主持朝政。然后，把伪造好的敕请太子监国的文状出示百官，令众人签名同意。

宰相崔胤没想到刘季述会下手这么快，惊了一个踉跄，一时间也无计可施了，便只得在“废昏立明”的文书上签了字。接着，刘季述带兵护卫太子到了紫廷院。左有神策军的头目，右有驻京朝官，无一不被赶到思玄门高呼万岁，欢迎太子登基。

至此，在手里牵了多时的“风筝”被放了线。但刘季述知道，要想让这个“政治摆设”摆得稳，仅仅靠这些手段是远远不够的。于是他趁热打铁，随即率领禁兵入宫。此时，昭宗刚刚酒醒，突然看见有兵士进来，“惊坠床下”，爬起来刚要逃跑，却被刘季述、王仲先拉住，左右挟持着坐下。

昭宗皇后何氏颇为见识，见大势不妙，立即站出来周旋：“军容长官本是护卫官家的，你们不要吓着他，有事请各位做主就是了。”刘季述立即拿出有百官签名的文书说：“陛下厌倦了这个宝位，大家的意思是要太子监国，请陛下颐养于东宫。”

昭宗哪里肯依，愤懑地辩解说：“我昨日与卿等欢饮，不觉过了点，何至于此呢！”

何皇后一把拦了下来，改口道：“圣人，就依他们的意思吧！”随后，何皇后当着昭宗的面取出传国宝玺交给刘季述，表示昭宗同意退位。随后，昭宗、何皇后以及侍从10余人被关进东宫少阳院内。

为了防止唐昭宗给外边通风报信，刘季述下令，一支笔、一张纸也不准送进去；就连任何金屑器具如兵器、针、刀等，也一律不准送入。他还亲自给少阳院的院门上锁，门上的大锁也用铁水熔固，防止有人进出。饮食全都要通过墙上挖的一个小窟窿递送进去。

为了巩固自己的权势，广泛收拢人心，刘季述大赦天下，滥封官爵。对于平时受昭宗宠幸的宫人、方士等人，一律活活打死，就连昭宗的弟弟睦王李倚也没能幸免。而且他还常在夜间杀人，白天分十车藏尸运出。有的一车只装一两具尸体，以此显示自己的威风。

一时间，宦官专权，阉气四溢。而已经被推为皇帝的李裕，除了稳坐龙椅摆个样子之外，一无所能。

宦官藩镇争权，李裕池鱼遭殃

李裕的上台，虽然成为暂时的宦官风景，却引发了各利益集团的相互倾轧。在彼此博弈中，李裕被晾晒在了一边，好似观景儿的客。刘季述虽然囚禁昭宗，拥立太子，挟制皇帝，大施淫威，但别说朝臣的支持，就连许多地方藩镇也都蠢蠢欲动，准备兴兵勤王，以图反正。

说到此，又要引出第二个关键人物朱全忠了。此人原名朱温，本出身世儒。但成人后，与其兄朱存“勇有力，而温尤凶悍”，“不事生业，以雄勇自负，里人多厌之”。公元 877 年参加黄巢起义后很快便叛降了唐朝，并且屡立战功，升为大将，被赐名为朱全忠。此时的朱全忠握有重兵，是为河南节度使，镇守一方。

宫廷政变时，朱温正在定州行营，闻讯后立即返回大梁（今河南开封市）。为了稳定政局，刘季述派自己的干儿子刘希度到大梁找到朱温，说明废立皇帝的原因，亮出伪造的太上皇退位诏书。同时，又许诺如若支持，局势稳定后则把大唐的政权交给朱温全权掌控。

这边，以宰相崔胤为代表的朝臣派为了挽救残局，也私下给朱全忠修书一封，请他带兵攻打刘季述。

面对双方的争取，朱全忠一时也犹豫不决，不知如何是好。朱温虽然有当皇帝的野心，但感觉此时还不到时机，他还需要昭宗这张牌。权衡利益下，朱温囚禁了刘季述的使者，派亲信蒋玄晖秘密进入长安，与崔胤密谋，打算铲除宦官，迎昭宗复位，挟天子以令诸侯。

在这场政坛各利益集团的恶斗中，宦官毕竟不是朝臣和藩镇联合的对手。天复元年（公元 901 年）正月初一，王仲先坐着轿子上朝。行至安福门时，预先埋伏好的朱全忠手下齐发，当即将王仲先斩首。然后，禁军将领孙德昭提着王仲先的脑袋，捉住了监守少阳院的将士，恭请昭宗与皇后一起出了少阳院。接着，崔胤一路扶着昭宗登上了长乐门城楼，率领百官齐呼万岁，表示祝贺。

就这样，刘季述在与朝臣和藩镇的利益角逐中败下阵来，“幕后推手”被抓，活活打死在长乐门前。他们的家属和族人也都受到了株连。

随着宦官势力的土崩瓦解，李裕这位被劫持的皇帝自然很快也就帝位不保，被其父唐昭宗重新取而代之。

昭宗复位以后，鉴于刘季述之乱，迫不及待地想要尽除宦官，便命崔胤和陆扆分掌左右神策军，尽夺宦官兵权。但神策军将领都是宦官心腹，大力反对，昭宗的诏令不能施行，只得任宦官韩全诲为神策军中尉。

一朝一宦，让崔胤急得乱投了医，竟然想利用被朝廷一度征讨的凤翔节度使李茂贞来制宦官。于是，崔胤暗中邀请他遣兵三千进驻长安，以为援助。谁知韩全诲做过凤翔监军，与李茂贞私交极好，二人早有勾结。凤翔兵进驻长安，反而助长了宦官的气势。

无奈下，崔胤只得又一次求救于朱温，催其速到长安，从宦官手中夺取昭宗。这正中朱温下怀，他立即带兵出发，到河东时，先上书请昭宗去东都洛阳。

宦官韩全诲等人闻讯后大惊，决定干脆先下手为强，劫持昭宗及其家属到凤翔投靠了李茂贞。朱温率兵入关中后，首先打败华州节度使韩建，取得华州，随后进入长安城。

天复二年(公元 902 年),朱温带兵围困凤翔,与凤翔李茂贞为争夺昭宗展开了激战。凤翔孤立无援,城中粮食断绝,又遇严寒大雪,城中军民死伤过半。昭宗也不得不在行宫自磨粮食,每天磨豆麦喝粥,以求生存。凤翔的百姓更惨,竟出现了吃人的现象:“人肉每斤值百钱,犬肉值五百钱;每日进奉御膳,就把此肉充当”。在内无粮草、外无援兵的情况下,凤翔肯定是守不住了,李茂贞只得接受朱温的条件,同意主动送出昭宗、韩全诲等人。

昭宗等人出凤翔后,朱温就地诛杀韩全诲等宦官数百人,将昭宗像战利品一样带回了长安。在朱温从凤翔迎昭宗回长安时,昭宗假装鞋带脱落,对朱温说:“全忠(朱温)为吾系鞋。”朱温不得已,只得跪下为昭宗系结,汗流浃背。当时昭宗身边还有卫兵,昭宗故意如此,是让左右擒朱温而杀之,但左右竟然没有一个敢动手的。

回兵长安后,朱温尽诛宫中宦官 800 余人,只留下黄衣(品级最低的宦官)幼弱 30 人,供宫中打扫。同时,朱温还下令各地藩镇将担任监军的宦官一律杀死。唐朝持续 100 多年的宦官势力,至此被彻底铲除。谁也没有想到,中唐之后持续 100 多年的宦官乱朝的问题,最终竟被朱温解决了。朱温因诛杀宦官有功被封梁王,从此挟天子以令诸侯,控制了中央政权。

有了权力,再加上本就有巨大的野心,朱温的眼中便容不下半粒沙子。而重新成为德王后的皇帝李裕此时便成为了朱温政治仕途中最大的“眼中钉”。可怜这位仅仅过了几个月皇帝瘾的傀儡摆设,最终也没能逃脱权臣给自己设置的厄运,被朱温缢死荒外。

千秋评说

李裕这位本来就缺少真才实学的一国之君,被人们很快淡忘是很正常的事情。即便是想搜集他相关材料的学者们,也很难从历史的海洋中将他完整地勾勒出来,他在大盈利唐的历史上只是短暂的一瞬。

但李裕毕竟填补了那段跌宕起伏、风雨飘摇的大唐历史终期,成为宦官专政的政治代理人。虽然，他也曾经有过政治野心，但他继位也并非出自自己的本意。他深知，逼父让位，在那个封建帝王时代是大逆不道的事情，但他却又不得不屈从于宦官势力的摆布。因为，当时情势的发展已不是他自己所能左右的了。客观地讲，李裕的继位完全是被宦官势力劫持的结果。尽管继位后，他也企图挽救大唐的颓废，但他所能掌控的权力毕竟有限，再加上缺少足够的政治谋略，自然也就回天乏术了。

当他的父皇在占据上风的另一势力的扶持下复辟皇位后，并没有对他采取过激的行为，而是将他重新还原到德王的位置，足见父子之间并无更深的芥蒂——实际上，他们父子只不过都是大唐各种势力博弈的两枚棋子。

遗憾的是，那位曾经受父皇器重的藩镇军阀朱温，不但是他李裕父子性命的克星，也是大唐历史的终结者。

朱高炽——在险象环生中继位的明仁宗

朱高炽，明成祖朱棣的长子，也是明代第四位皇帝，庙号仁宗。永乐二十二年(公元1424年)8月登基，次年改元“洪熙”。朱高炽生性端重沉静，言行识度，喜好读书。由于他的儒雅与仁爱，深得皇祖朱元璋的喜爱。

在历史上，朱高炽是一个开明的儒家君主，他像他模仿的古代圣王那样，坚持简朴、仁爱和诚挚的理想。他因大力巩固帝国和纠正永乐时期的严酷和不得人心的经济计划而受到一致的赞誉。他的许多政策和措施反映了一种对为君之道的理想主义的和儒家的认识。

继位内幕

尽管朱高炽从小就因仁爱和博学而深得皇爷爷朱元璋的喜爱，被立为燕王(即朱高炽的父亲朱棣)的世子，却一直不被嗜武的父亲朱棣看好。按说，在明前期这种政权相对稳定的时代，不被父亲看好的皇子是不可能成为皇位继承人的。但是朱高炽偏偏打破了这一常规。那么，他有什么得天独厚的条件呢？

儿子聪明，老子借光当太子

朱高炽是明成祖朱棣与其嫡妻徐氏所生的长子，从小便因身体肥胖而行动不便。在朱高炽的儿童时代，他一直接受武术和儒家学术的正规教育。虽然在一定程度上也学会了箭术，但总体而言，他对武术所表现出的资质一直因“健康不佳”而平平无迹。相反，让老师们十分欣喜的是，朱高炽却专心致志于经籍和文学，儒雅博学之气渐渐形成。

朱高炽的祖父朱元璋亲自关心燕王(即朱高炽的父亲朱棣)的几个儿子，单单对这位性格温和而喜习政文的皇孙宠爱有加。一次，朱元璋有意派朱高炽在破晓时去检阅军队，朱高炽回来报告之快令人吃惊。他解释说，清晨太冷，检阅应等到士兵们吃完早餐以后。另一次，朱元璋要他审阅几份官员的奏章，他小小年纪便能有条不紊地把文武两类分开，并相应地作了报告。就这样，朱元璋不断被他这个皇太孙的文才和行政能力所打动，干脆立为燕王世子。

但是，他父亲的态度却截然不同。由于明成祖朱棣本人是一个受过锻炼的指挥将领，他自然更偏爱自己两个较为年幼且更好武的儿子朱高燧和朱高煦，并常常带他们去参加征战。这样，朱高炽在早年把大部分时间都用于了儒术研究上，并接受他父亲挑选的学者的指导。其中就有杨士奇、杨荣、杨溥和黄淮等人，他们都培植了与朱高炽之间的情谊，并在其登基后担任了重要的行政职务。

另一方面，朱高炽也逐渐直接介入了地方政治，并且在必要时不只是以一个“儒雅书生”之态咬文嚼字。比如“靖难之役”时的表现。

说起“靖难之役”，则要追溯到朱元璋当政的时期。洪武二十五年(公元 1392 年)，太子朱标病死，朱元璋便立太子的次子朱允炆(长子早亡)为皇太孙。洪武三十一年朱元璋去世后，朱允炆即帝位，是为建文帝。在做皇太孙时，朱允炆就对诸藩王不满，曾与他的伴读黄子澄商量削藩对策。即帝位后，便立即决定先削几个力量较弱亲王的爵位，然后再向力量最大的燕王朱棣开刀，并令诸亲王不得节制文武将吏。至此，皇族内部的矛盾迅速激化。建文帝命令将臣监视朱棣，并趁机将其逮捕。朱棣提前得到这一消息后，立即诱杀了前来执行监视逮捕任务的将臣，于建文元年(公元 1399 年)7 月起兵反抗明朝中央政府，史称“靖难之役”。

“靖难之战”爆发后，一向被父亲认为毫无“武资”的朱高炽只得留守京城，朱棣则带领朱高炽的两个弟弟朱高煦和朱高燧开始征战。这样，皇二子朱高煦就从幕后走上了前台。朱高煦英俊高大、作战勇猛，与明成祖朱棣颇有几分相像，在武将中威信很高。战斗中他曾多次救成祖于危难之际，成祖也曾鼓励他说：“你大哥多病，将来皇位必将是你的。”听了这话，朱高煦的热情更加高涨，在整个“靖难之战”中立下了非常大的功劳。

另一方面，守城的朱高炽表现也颇为突出。当时，他手下只有一万士兵，却巧妙地组织了城防，成功地阻挡了建文帝的大将李景隆的 50 万大军，保住了京城。在此期间他表现出的责任感和正确的判断力，有助于改变人们对他的看法。这一战役对整个“靖难之战”都具有极其重要的意义，也是朱高炽在靖难中最耀眼的一笔。在此期间，建文帝遣书信给朱高炽，许以封王，企图争取朱高炽归顺朝廷。接到书信之后的朱高炽看也没看，就原封未动地送到明成祖朱棣面前，使建文帝朱允炆的反间计失败。

靖难成功后，朱棣登上了皇位，然而却在立皇太子的问题上犯了难。从情感上，朱棣自然想立高大威武且在靖难中立下大功的次子朱高煦为太子，况且自己也有过多次许诺。但朱高炽由于仁爱、儒雅，深得文臣们的拥戴。而且他是太祖皇帝亲自为自己选定的燕世子，是皇位的合法继承人，这一点在封建社会中是非常重要的。

想到长子朱高炽，明成祖还想到了一个人，便是自己的孙子、朱高炽的长子朱瞻基。就像朱元璋很欣赏朱高炽这个孙子一样，朱棣也很欣赏朱瞻基这个孙子。永乐八年（公元 1410 年），朱棣远征沙漠，把留守北京的重任托付给朱瞻基。第二年，就将他立为皇太孙。早在朱瞻基刚满月时，朱棣见到后就称赞他道："这个孙儿长得英气溢面！"朱瞻基成了皇太孙后，朱棣经常向朱高炽称赞他道："你这个儿子是以后的太平天子！"

就在为立太子的问题上举棋不定时，朱棣向文渊阁侍读学士解缙征求意见。解缙认为："皇长子仁孝，天下归心。"话音落后，朱棣却不作声。

解缙见状连连叩首，劝说道："还有一个好圣孙！"意思是指朱瞻基是以后继承皇位的好人选。

此话一出，真可谓是说到朱棣心里去了。于是，朱棣终于下定了决心，采纳了解缙的意见，于公元 1404 年立朱高炽为太子。

突降变故，朱高炽登基之路一波三折

在朱高炽被立为皇太子后，立太子的风波并没有就此停息，而是暗流涌动。朱高炽的二弟朱高煦并没有就此屈服，他迟迟不肯就藩，而是留在京城伺机行动。他先是进谗言使得立太子的第一功臣解缙遭到贬黜，继而惨遭杀害。同时，私养了许多武士，伺机图谋不轨。好在杨士奇、徐皇后说服了朱棣，最终剥夺了朱高煦的部分护卫，强令他就藩乐安。

然而，一波未平一波又起。没过多久，朱高炽的三弟朱高燧便在成祖得病期间密谋杀死成祖，然后矫诏即位。幸好有人告密，一场灾难才没有降临。事后，由于朱高炽为朱高燧求情，明成祖总算没有再予追究。

永乐二十二年（公元 1424 年）7 月，64 岁的明成祖朱棣在北征返京的途中病逝。为了避免朱高煦、朱高燧趁机作乱，随行的英国公张辅、阁臣杨荣决定秘不发丧，将军中的漆器融成一口大棺材，将成祖的遗体装入其中。每日还是照例进餐、请安，只是皇帝的车帘再也没有掀开过，皇帝也再没有说过话，而军中其余事项一切如常。同时，派杨荣与太监海寿进京密报给朱高炽。得知消息后的朱高炽立即派儿子朱瞻基出京迎丧，由于大臣们的精心安排，总算没有爆发什么叛乱，政权得以平稳过渡。

十个月，朱高炽奠定"仁宗"名号

朱高炽即位后，改元洪熙，开始了一系列改革。首先，他赦免了建文帝旧臣和永乐时遭连坐流放边境的官员家属，并允许他们返回原处。又平反冤狱，使得许多冤案得以昭雪，从而缓和了统治集团内部的矛盾。

其次，朱高炽选用贤臣，削汰冗官，任命杨荣、杨士奇、杨溥 3 人（史称三杨）辅政。废除了古代的宫刑，停止了宝船下西洋为皇家采办珠宝。为政上，处处以唐太宗为楷模，修明纲纪，爱民如子。他下令减免赋税，对于受灾的地区无偿给予赈济，开放一些山泽，供农民渔猎。对于流民，也一改往常的刑罚，采取妥善安置的做法。这一切，都使得洪熙朝人民得到了充分的休养生息，生产力得到了空前的发展。明朝由此进入了一个稳定、强盛的时期，也是史称"仁宣之治"的开端。

在思想上，他崇尚儒学，褒奖忠孝。在短短不到一年的统治期间，儒家思想得到了充分的发展。他还下令在京城思善门外建弘文馆，常与儒臣终日谈论经史。善于纳谏，曾经给杨士奇等人一枚小印，鼓励他们进谏。因此，洪熙朝政治非常清明，朝臣可以各抒己见，皇帝可以择善而行。

对于后宫之行，朱高炽也不恋女色，除皇后张氏之外，仅谭妃一人。张皇后非常贤惠，与朱高炽相敬相爱；谭妃也是一位贤内助。在朱高炽死后自缢殉节，谥号昭容恭禧顺妃。

除此之外，朱高炽对科举制度也作出了重要的贡献。当时，由于南方人聪明而且刻苦，进士之中多为南方人。但北方人天性纯朴、忠贞，也是皇家不可或缺的支柱，只是文采出众的较少。为了保证北方人可以考中进士，朱高炽规定了"南六十、北四十"的取中比例。这一制度一直被沿用至清朝。

不曾想，仅仅执政10个月的朱高炽，在洪熙元年(公元1425年)5月猝死于宫内钦安殿。死后谥号为孝昭皇帝，庙号仁宗。

千秋评说

明仁宗在位时间虽然不到一年，但他对明朝所作的贡献却是有目共睹的。成祖在位期间有大部分时间都在北征，朝中的政务一直是由明仁宗朱高炽来掌管，因此他也算得上经历了一些政治的历练，这为他后来推行自己的政策打下了良好的基础。

但遗憾的是，由于明仁宗的过早死亡，却阻碍了他最终目标的达成。尽管如此，但他留下来的遗产却是厚重的。除了人道主义的社会活动外，他对儒家的政治理想也作出了巨大贡献。在其统治时期，他十分信任翰林学士，把他们提升到负有很大责任和有很大权力的职位上。当然，他所建立起的内阁虽然还存有某些缺点，但在维持文官政府方面，其作用仍是举足轻重的。因此，明仁宗不失为一个让人称道的开明帝王。

朱由校——木匠皇帝明熹宗

朱由校出生于公元1605年，是明光宗朱常洛与嫔妃王才人所生的长子，史称“明熹宗”或“天启帝”。

朱由校在位期间纵容奶娘客氏，重用客氏相好的宦官魏忠贤，任他二人胡作非为，在朝则陷害忠良，在后宫则荼毒妃嫔，而朱由校却不加规制。魏忠贤遍树党羽，有五虎、五彪、十狗、十孩儿、四十孙等，他们沆瀣一气，排斥异己，尤其将东林党人视做眼中钉，必欲除尽。杨涟、左光斗等皆惨死于其手，而朱由校丝毫不觉，甚至高官杨涟被害多日之后，朱由校都不知道他已经死了。朱由校酷爱做木工活，对此乐此不疲。世传魏忠贤往往于皇帝全神贯注干活时呈上奏章，于是上谕多是“知道了，你们用心办去”这类的话语，否则，魏忠贤又怎么可能把持那么大的权柄？朝廷上正人君子殆尽，政治黑暗至极，大明江山岌岌可危，熹宗就是将这样一个烂摊子留给了继位的弟弟崇祯。弥留之时，还不忘叮嘱崇祯帝要重用魏忠贤，然而志在振兴的崇祯在3个月后就铲除了这个大害。

继位内幕

大明历史怪相迭出，啼笑皆非，一个原本对政治没有太高兴趣的人，却格外受到权位的垂青，朱由校的问鼎皇位就带有这种典型的色彩。朱由校这个原本只对艺术感兴趣的能工巧匠，却由于父皇的突然离世而被一下子推到了政治的核心。

三大案疑云未散，朱由校初登皇位

明朝后期，一改当年的辉煌，逐渐步入了内忧外患的阶段。尤其是在明神宗朱翊钧和明光宗朱常洛在位时期，朝廷内部更是一片混乱。明朝著名的三大疑案就都是在此期间发生的，分别为梃击案、红丸案和移宫案。

其中红丸案发生于公元1620年，仅登基不到一个月的明光宗朱常洛因沉迷于美色而卧病在床，但却又惨遭陷害。他先是吃下了由宦官崔文升所开的泻药，导致腹泻不止，病情加重。后又相继吃了两颗由鸿胪寺丞李可灼进献的红丸，最终毙命，享年39岁。

由于红丸案最终被草草了事，因此朱常洛究竟是不是吃红丸致死的，以及李可灼为什么要向皇帝进献红丸等疑点都不得而知，使这个案子成为了明朝三大迷案之一。红丸案刚刚落下帷幕，又随即发生了移宫案。

在朱常洛的后宫嫔妃中，以李康妃最为得宠。李康妃亦称李选侍，但由于在明光宗的妃子中有两位李选侍，为了以示区分，便有了李康妃和李庄妃这两个称谓。另外，人们还通常分称这两位李选侍为西李和东李，其中李康妃为西李，而李庄妃则为东李。

李康妃在万历年间就已经入宫，并奉命服侍太子朱常洛，深受太子的喜爱。为了表示自己对李康妃的重视，朱常洛将生母已故的长子朱由校交给她养育。因为朱由校是皇长孙，将来最有可能继承皇位。这样一来，他在登基称帝后，李康妃便会有更大的机会被封为皇太后。这个做法为移宫案埋下了伏笔。

公元1620年，朱常洛登基后，朱由校也随即成为皇太子，与养育他的李康妃一起住进了乾清宫。不久后，朱常洛身染疾病，卧床之际，他先后两次将朝臣们召入宫中，商议立李康妃为皇贵妃一事。第一次因被朝臣们否决而搁置，第二次却是因李康妃自己太过贪心而导致鸡飞蛋打。

据说在朱常洛弥留之际，他再次与大臣们商议立李康妃为皇贵妃之事。此时，李康妃正躲在内房偷听，她对皇帝的决定并不满足，而是一心想当皇后。于是，李康妃便偷偷将朱由校唤进内房，让他去跟其父朱常洛说应该立自己为皇后。朱由校一直跟着李康妃长大，不知是有感情还是被打怕了，对李康妃颇为顺从。在记下李康妃的话后，朱由校便跑到父亲面前，说要让李康妃当皇后。此话一出，朝臣们相对愕然，而朱常洛也猜出了是李康妃在后面指使，因此干脆将立她为贵妃的念头也打消了。

皇后和贵妃都没有当成，但李康妃并没有死心，她在朱常洛去世后，与太监李进忠密谋，将朱由校关在乾清宫内，不准其他人接近他，以求自重。得知皇帝病故的消息后，朝臣们纷纷赶往乾清宫，要求见朱由校，准备商议登基之事。但李康妃却吩咐太监们挡在宫门口，不让百官进入。最终在大臣杨涟、刘一燝、左光斗等人的力争和太监王安的诱骗下，朱由校才被朝臣们带到了太子宫，并决定在9月6日举行登基大典。

朱由校入住太子宫后，李康妃却依然赖在乾清宫不肯走。她先提出要先阅奏章，再交由朱由校处理的要求。后来又想要朝臣们先封自己为皇太后，然后再让朱由校继位。这两个要求均遭到了朝臣们的拒绝，他们多次上书，要李康妃搬出乾清宫。因为朱由校继位后，就要到乾清宫居住，而不能再住在太子宫了。

据说，直到登基大典的前一天，李康妃才在大臣们的力驱下带着自己的女儿离开了乾清宫，搬到了仁寿宫内的哕鸾宫，即后宫女人们养老的地方，从而使朱由校的登基大典得以顺利举行。

不过，此后不久，宫中又传出了李康妃被逼上吊，其女儿皇八妹投井自杀的消息，这让一些人开始谴责朱由校的无情。对此，朱由校主动出来澄清，说虽然李康妃曾经殴打过他的母亲王氏，而且在抚育他时也经常随意打骂，但他绝对不会做出逼迫李康妃自杀的事情，而且为了尊重父亲的遗愿，他还会厚养李康妃和皇八妹。朱由校真诚的澄清消除了人们对他的怀疑，至此，移宫案的风波才最终宣告结束。

无心问政,“木匠皇帝”成笑柄

朱由校登基称帝后,于第二年改年号为“天启”,故被后人称为天启帝。此时,朱由校虽然已经16岁了,但所学的知识却十分有限,虽然不能完全称之为文盲,却也无法与在他之前的众多皇帝相媲美。其原因在于,朱由校的父亲朱常洛一直都没有得到明神宗朱翊钧的重视,所以朱常洛的儿子自然也成为了被忽视的角色,使朱由校直到明神宗临终之际才被册封为皇太孙。再加上朱常洛在位时间又极短,因此朱由校在继位前所接受过的教育也十分有限,文化水平很低。

据说,天启帝在批阅奏章时,都要靠别人读给他听,而且在读的过程中,他还时常曲解奏章的意思,以致闹出了很多的笑话。有一次,某军队向天启帝上章报捷,说他们为平息叛乱,四处奔走,十分辛苦,希望得到奖赏,并在奏章中用“追奔逐北”四字来概括平乱的艰辛。结果一个太监在给天启帝念奏章时,将“追奔逐北”读成了“逐奔追比”,从而让天启帝阴差阳错地理解为是该军队被敌军追赶逃走的意思。因此便十分生气,使上章报捷的军队不仅没得到奖赏,反而还遭到了处罚。

还有一次,天启帝在上朝时收到一份其他邦国向明朝进贡贵重礼品的奏章,由于一时找不到人来读,而且还有诸位朝臣们在场,所以天启帝只能装模作样地看了半天,然后佯装愤怒,并将奏章仍在了地下,说:“外邦小国太没道理了!”说罢还拂袖而去。这令在场的朝臣们一头雾水,不知道天启帝究竟为何而怒,后来才猜测出他大概是将进贡的奏章当成是其他邦国交涉问题的奏章来看了。

天启帝虽然不擅长处理政事,但他却并不是一无是处的,例如他在木、漆器制作和建筑这两个方面都有过人的天分,人称木匠皇帝。同时,也正是由于过度地沉迷于这两个爱好,才使得原本就对政事不太擅长的天启帝更加无心问政。

据了解,天启帝自幼便喜欢制作各种木、漆器,时常与斧子、锯子、刨子打交道。他所做的木、漆器包括人物、用具、玩具，以及亭台楼榭等，应有尽有，而且在样式和装饰上都是精美绝伦，同时还融入了许多巧妙的构思。如他设计的一张木床，就以床板可折叠、移动方便等特点而令其他工匠所叹服。

除了生活用品以外，天启帝还为自己设计了很多玩具，如能在冰上迅速滑行的红色漆木小拖床、能使木球旋转的喷水缸、微型的小花园以及各种玩偶等。据说，天启帝还曾让下人将他制作的木偶拿到市场上去卖，并受到了顾客的广泛欢迎，这让他更加沉溺于此，甚至达到了废寝忘食的地步。

而在建筑方面，天启帝也创造了许多显著的成就，他为自己建造了一座小宫殿，同时还设计了几座蹴园堂，即专门供他和下人们打球的场所。另外，在人们对皇宫内的几座大殿进行重建时，天启帝也时常亲临现场进行指导，充分表现出了他对国家建筑事业的狂热态度。

天启帝终日沉浸在自娱自乐的生活中，完全将政事抛在了脑后，这不仅加重了明朝的内忧外患，同时也给一些想要争权夺利的人提供了可乘之机。

据了解，在天启帝继位之初，他也曾在东林党人的辅佐下取得了一些成绩。东林党人主掌内阁、都察院及六部，由杨涟、左光斗等人所领导，其中有很多人都曾因在移宫案中立过功而被重用，同时他们对天启帝也是忠心耿耿。不过，正是因为东林党人手握重权，才遭到了一些人的嫉妒，其中表现最为突出的两个人分别是宦官魏忠贤和天启帝的乳母客氏。

魏忠贤原名李进忠，最初只是一个市井无赖，且没有任何文化。但他却机缘巧合地得到了太监王安的赏识，成为了一名宦官，并且得到了接近皇太孙朱由校的机会。天启帝继位后，对魏忠贤颇为信任，不断为其升迁，从而助长了魏忠贤的野心。

与此同时，客氏也在天启帝登基后获得了更多的殊荣，被封为奉圣夫人。据说，天启帝年幼的时候，常被人忽视，只有客氏一直陪伴在他身边。所以，天启帝对这位乳母十分依赖，即使是知道客氏对魏忠贤和魏朝两位宦官产生了男女之情后，也不反对，而是让她选择，好为她做主。最终，客氏选择了魏忠贤，这两个人均是野心勃勃，一个想把持大权，一个想统领后宫，所以他们很快结成了同盟。

在魏忠贤和客氏两个人的共同密谋下，宫廷内的许多势力都受到了严重的迫害，就连曾经对魏忠贤有恩的太监王安都遭到了他们的排挤。另外，如果有后宫的嫔妃不慎得罪了魏忠贤和客氏，所要面对的下场也都十分悲惨。例如，皇后张氏常对天启帝提出她对魏、客两人的不满，结果就反被他们诬陷，说皇后是盗犯的子女。幸而天启帝顾念夫妻之情，才没有对皇后的过去计较太多，保全了皇后的性命和身份。但魏、客两人却没有善罢甘休，他们趁皇后怀孕之际派人对她下毒手，导致其不幸流产。而其他得罪魏、客两人的嫔妃则有的被赐死，有的被迫自杀，还有的被囚禁，导致后宫人人自危，只能屈服于魏、客两人的势力之下。

此后，为了掌控更多的权力，魏忠贤又将矛头指向了东林党人。一方面，他不断引诱天启帝玩乐，使天启帝继续沉溺于其中。另一方面，魏忠贤则勾结部分宫内的文臣，与他们一同预谋排挤东林党人，并逐渐掌握了内阁和六部。

据说，为了对付东林党人，魏忠贤常常趁天启帝在专心制作木器时向他启奏。因为每当这时，天启帝总会因不想分心而对魏忠贤说："朕知道了，你自己照章办理就行了。"于是，魏忠贤便借此对东林党人大施刑罚、屡兴大狱，诬杀东林党人杨涟、左光斗、魏大中等人，肆意地残害忠良，提高宦官的势力，造成了前所未有的宦官专政。然而，好玩成性的天启帝对魏忠贤的行为不仅没有阻拦，反而为他歌功颂德，使其更加不可一世，甚至公然称自己为"九千岁"。

除了不断扩大自己在宫内的权力外，魏忠贤还在民间收养了很多所谓的义子，让他们帮自己对百姓进行盘剥，随意提高苛捐杂税，导致民不聊生、怨声载道，各种社会矛盾迅速激化，起义运动接连发生。这不仅使国内陷入了一片混乱，同时也给一些外族提供了趁虚而入的机会，如后金势力就在此时对辽东地区发动了进攻。

然而，面对内忧外患，天启帝却束手无策。因为在魏忠贤的影响下，明朝许多忠臣的得力部将都遭到了严重的迫害，被先后革职，如熊廷弼就是其中之一。从而导致后金的军队步步紧逼，很快就攻陷了广宁及其周围的40多座城市，使辽东战局及其沿海防御都陷入了难以缓解的危机之中。此外，公元 1624 年，荷兰人还顺利登上了台湾岛，导致台湾因此迅速失守。

国家的重重危机依然没能收回天启帝贪玩的心。一天，朱由校像往常一样在魏忠贤和客氏的陪同下，来到了西苑乘船游湖。没想到却出了意外，天启帝不幸落水，虽然被及时救起，保住了性命，但却受到了严重的惊吓，回宫后一直疾病缠身，久治不愈。

为了摆脱疾病的困扰，天启帝病急乱投医，轻信了尚书霍维华，开始服用他所进献一种名叫灵露饮的“仙药”。据霍维华所说，这种药不仅能够治百病，而且还能延年益寿。天启帝在最初服用的时候，的确有一些好转，但在连续服用了一段时间后，却出现了全身水肿的现象，经诊断是得了臌胀病。

此后，朱由校的病情日益加重，由于子嗣都已经夭折，弥留之际，因此他决定将皇位传给自己的弟弟朱由检。公元 1627 年，天启帝在乾清宫病故，死后被谥为“达天禅道敦孝笃友张文襄武靖穆庄勤悊皇帝”，并被葬在位于今北京昌平的德陵。

天启帝的一生曾多次被人操控，尤其是魏忠贤和客氏对他的控制，甚至直到他离开人世都没有改变。好在他的弟弟，崇祯帝朱由检还算是英明，在继位后没有被魏忠贤所控制，反而大力削减宦官势力。魏忠贤被治罪，被迫自杀，而朱由校的乳母客氏则被赶出了皇宫，使宦官专政暂时被瓦解。不过，尽管如此，崇祯帝却依然没能改变明朝岌岌可危的命运。在朱由校去世十多年后，明朝也最终走向了衰亡。

千秋评说

朱由校作为一名颇有建树的艺术家，却由于父皇的突然离世，而被推到了大明江山的中心位置。

朱由校与他父皇的命运恰恰相反，光宗朱常洛热中于政治，但却苦等 39 年才登上了宝座，可遗憾的是，却只做了一个月的皇帝就突然猝死。而朱由校却只醉心于雕梁画栋这类艺术，皇子的位置还没有坐热，就被请上了皇帝的宝座。这不能不说是命运故意捉弄这对性格迥异的父子。

面对九五至尊的宝座，朱由校却没有表现出应有的热情，但国家大事总是需要有人打理，才能保持有效的运转。朱由校在位期间不负其责，而是将攸关国家前途命运的行政大权托付给了身边的几位宦官。也正是因为他对权力的冷漠，才助长了魏忠贤等人权欲的无限膨胀，使大明的后期出现了乌烟四起的乱政现象。

可作为一国之君的朱由校，面对日益混乱的朝政，却仍然放任不管，而一心营造他的小宫殿，做出各种各样的木偶玩具，终于加速了大明王朝的溃败。

一个只醉心艺术的人，自然无心研究政治，这是朱由校的悲哀，也是大明王朝的悲哀。

第五辑

风雨飘摇：

江山不稳被清场，恋恋不舍愁断肠

自古以来，凡是既有野心又有出身的人，无不对高高在上的皇帝之位存有觊觎之心。但是，皇位不是保险箱，虽然当上了天底下权力最大的人，也不见得就能高枕无忧、为所欲为。欧洲有一句古谚："记住，总有人比你更聪明。"对于那些初登皇位的人来说，则是："记住，总有人会想要取代你。"事实上，那些即位不久就被人拉下马的皇帝也着实不在少数。正所谓：江山不稳被清场，恋恋不舍愁断肠。

刘贺——大汉在位最短的汉废帝

汉废帝刘贺是汉武帝刘彻的孙子，昌邑哀王刘髆的儿子，史称汉废帝。刘贺还是继汉昭帝刘弗陵之后汉朝的第9个皇帝，也是汉朝历史上在位时间最短的皇帝，19岁即位，仅在位27天，便做下了1127件荒唐事，甚至打算冲进皇太后的寝宫去强奸年轻的上官皇太后。如此的胡作非为导致刘贺连一个月的皇帝都没做成，便被废去了帝位，发配回昌邑，接着做他的昌邑王。

汉废帝刘贺根本就是一个不学无术的市井混混，如果算上他的家世的话，那么他勉强可以称做是一个钱多无脑的纨绔子弟。霍光在完全不了解刘贺的情况下强拉他来做皇帝，这不仅仅是霍光的悲哀，同样也是刘贺的悲哀，他什么都不懂，自然没办法成为一个让人们满意的大汉皇帝。刘贺胡作非为、荒淫无度不是什么大问题，刘贺胡作非为、荒淫无度还让他去做皇帝，这个问题可就大了。

继位内幕

按理说，立君之事，事关国家前途命运，绝对应当给予严肃对待。但历史上也绝非尽然，至少刘贺继位就充满了戏剧色彩。当时年仅21岁的汉昭帝突然离去，手握重兵的权臣霍光，就成了决定国家命运前途的炙手可热的人物。他扛住众臣的反对声浪，以一贯的强势作风，不容商量地将昌邑王刘贺指定为皇帝。可正是这一霸道的决定，却最终导致了大汉历史上在位最短的皇帝的出现。

霍光一言定大事,强拉刘贺坐朝堂

霍光字子孟,父亲名叫霍中孺,祖籍河东郡平阳县。与此同时,霍光还是汉朝赫赫有名的大将骠骑将军霍去病的弟弟。当年,霍中孺以县吏的身份替汉武帝的姐姐平阳公主的丈夫平阳侯曹寿家办事,跟侍女卫少儿私通而生下了霍去病。后来,霍中孺离开了平阳侯府,另娶妻子生下了霍光,但却就此与生活在平阳侯府中的大儿子霍去病失去了联络。

多年以后,曾经与霍中孺私通的侍女卫少儿的妹妹卫子夫一步登天,受到汉武帝宠幸,而且还被立为皇后。卫子夫发达之后,卫家的人纷纷得到了汉武帝的重用。卫子夫的弟弟卫青屡立战功,当上了大将军,霍去病因为是卫皇后的外甥也变得尊贵起来。

霍去病长大以后,在自己的母亲卫少儿的口中得知了自己的身世。但是,还没等他踏上寻访自己生父的道路,就被汉武帝封为骠骑将军,随舅舅卫青一同出兵,征伐匈奴。结果,在途经河东郡的时候,霍去病巧遇霍中孺,为霍中孺购置了大量的土地、房屋、奴婢之后才起身跟着卫青继续出征。

后来,霍去病在征伐匈奴的战争中立了大功,回来的时候又从河东郡经过,这次,他将自己同父异母的弟弟霍光送去长安发展,谋个前途。当时,霍光年纪尚轻,才只有十几岁。汉武帝看着霍去病的面子让他做了郎官,不久又升他为诸曹侍中,霍光就此步入了西汉政坛。虽然几年之后,霍去病便病死了,但是霍光的仕途却并没有受到什么影响,仍然是一帆风顺。霍光在汉武帝的身边当了 20 多年的官,每日出入宫门,小心谨慎,从未出过什么过差错,因此一直很得汉武帝的信任,是皇帝面前的红人。

公元前 91 年,汉武帝所立的太子刘据因为被奸臣江充陷害而卷入了巫蛊之祸,被迫起兵造反,最终兵败被杀。就这样,年事已高的汉武帝老年丧子,失去了自己已经培养了很多年的太子,无奈之下,只得在自己其他的儿子当中另选继承人。此时，钩弋夫人正得汉武帝的宠幸，她为汉武帝生了个男孩，名叫刘弗陵，乖巧可爱。于是，汉武帝在心中已经把刘弗陵当成了未来的继承人，并开始暗中为刘弗陵物色能够在自己死后辅佐他的大臣。经过汉武帝的仔细观察，在众大臣中，霍光深得他的信任。因此，当把刘弗陵暗中定位继承人之后，霍光则成为了汉武帝心中担任刘弗陵的首辅大臣的最佳人选。为此，汉武帝特地叫黄门画工画了一幅周公抱着成王接受诸侯朝拜的图画赐给霍光。

公元前89年，汉武帝在出游五柞宫的途中不幸得了重病。在病榻之畔，霍光流着眼泪向汉武帝请教后事："如果陛下您这次有个三长两短的话，应该由谁来继承皇位呢?"汉武帝回答说："还记得我上次赐给你的那幅画吗?我知道我过不去这个坎了，等我死后，你立我的小儿子刘弗陵为帝，我是想让你做周公啊!希望你不要辜负了我的期望!"在交代完后事之后，汉武帝下令封霍光为大司马大将军，金日磾为车骑将军，太仆上官桀为左将军，搜粟都尉桑弘羊为御史大夫，4人同为顾命大臣，接受遗诏辅佐少主。第二天，雄才伟略的汉武帝与世长辞，霍光按照汉武帝临终时的吩咐拥立当时年仅8岁的刘弗陵登上了帝位，史称汉昭帝。汉昭帝刘弗陵即位之后，封霍光为博陆侯，国家大事全由霍光决断。

霍光可以依据武帝遗命拥立汉昭帝登基，但却无法阻止朝野上下对于废长立幼的不满。有不满就有政治斗争，平息这场政治风波是霍光辅政以来所面临的第一个重大课题，而将这场斗争推向白热化的，是与霍光同时辅政的上官桀以及汉武帝的另一个儿子燕王刘旦。

上官桀与霍光同为顾命大臣，但霍光当时的风头太劲，把上官桀等人全都压了下去。为了与霍光争权夺利，上官桀开始依附于汉昭帝的姐姐盍长公主，意欲借助公主的力量来取代霍光的地位。而燕王刘旦怨恨霍光则是因为霍光拥立了自己年轻的弟弟刘弗陵。与此同时，另一位辅政大臣、御史大夫桑弘羊曾经在汉武帝时期制定过盐铁专营的政策，这个政策官民两便，使汉武帝执政后期的国力恢复得相当迅速。因此，桑弘羊认为自己曾经立过大功，不甘心居于霍光之下，于是便想要除掉霍光。桑弘羊自然也知道自己的实力不足，于是他便转而与燕王刘旦勾结起来。

虽然在汉武帝死后，以长公主和燕王刘旦为首的两股政治势力迅速崛起，但是他们各自的实力还不足以除掉霍光、推翻汉昭帝。因此，这两股政治势力只有一个选择，那就是暂时抛弃成见，联合起来对付霍光。

公元前 80 年，上官桀和燕王刘旦等人加紧了政变的准备工作。上官桀的计划是：首先以“清君侧”的借口派人以燕王刘旦的名义向汉昭帝报告，诬陷霍光正在检阅京都兵备，召被匈奴扣留 19 年的苏武前往长安，借匈奴的兵力发动政变，推翻汉昭帝并自己登基称帝。当借汉昭帝的手除去霍光之后，再率领燕国的军队突然杀进长安，逼迫汉昭帝退位。

但是，上官桀低估了汉昭帝对霍光的信任。上官桀一伙没有想到的是，燕王刘旦告发霍光的书信送到汉昭帝的手中之后，汉昭帝看完便把这封信扣了下来，并且派遣内侍向霍光通报了这封信的内容。第二天的早朝，已经看穿了上官桀毒计的霍光并没有去上朝，而是始终待在那间悬挂着“周公负成王图”的画室之中。汉昭帝上朝之后不见了霍光，连忙问是怎么回事。上官桀乘机回答说：“燕王识破了霍光准备造反的图谋，霍光深感惶恐，所以没脸再来上朝了。”听了上官桀这番挑拨离间的言语，当时还只有十几岁的汉昭帝显地得十分的镇定，他不动声色地下令宣召霍光入朝。霍光来到朝堂上之后，汉昭帝果断地对霍光说：“我知道那封书信是在造谣诽谤，你是没有罪的。如果你想造反的话，根本不需要借助匈奴的兵力。再说，如果你想谋反的话，现在我已经不能再坐在朝堂上了，千里之外的燕王怎么可能比我本人更知道内情呢？”上官桀等人的阴谋被 14 岁的昭帝一语揭穿，霍光辅政大臣的地位也得到了稳固。

年轻的汉昭帝一眼就看穿了上官桀等人的阴谋，这份聪明劲儿让全天下的人都感到惊讶。但可惜的是，聪明的汉昭帝却并未得到老天爷的眷顾。在汉武帝去世后的第 13 年，他的继任者汉昭帝刘弗陵去世了，年仅 21 岁。

汉昭帝去世并不是最可怕的，最可怕的是汉昭帝死得太早，竟然都没来得及生下一个有继承皇位资格的儿子。因此，昭帝死后由谁来继承帝位，这是摆在霍光这个首辅大臣面前的一个极其严峻的问题。既然汉昭帝刘弗陵自己没有儿子，那就只好从他的兄弟汉武帝其他的儿子当中选择一个了。当时，汉武帝的儿子们还活着的有广陵王刘胥。但是，刘胥行为不检，有失皇家体统，汉武帝生前就很不喜欢他。霍光一向把汉武帝视作是自己的偶像，因此更不会选择让刘胥来继承帝位。于是，霍光选中了汉武帝的嫡亲孙子，袭封昌邑王的刘贺。国不可一日无君，霍光与群臣经过激烈的争辩后，决定由昌邑王刘贺来继任皇位。

荒淫无度，刘贺昙花一现成废帝

在朝中一言九鼎的霍光在定下由昌邑王刘贺继承皇位之后，便以上官皇后的名义下了诏书，派少府乐成、总正刘德、光禄大夫丙吉 3 人前往昌邑王的领地，把刘贺接到长安来继承皇位。

3 人风尘仆仆赶到昌邑的时候正是半夜。按说，半夜去打扰昌邑王休息是很失礼的一件事，但是这 3 个人身负的是关乎到国家兴亡的重要任务，每耽搁一刻都有可能横生出其他的变化。因此，3 个人只好大半夜的把刘贺叫了起来，向他通报了大将军大司马霍光和上官太后准备立他为皇帝的事。

正常人碰到这种天大的喜事，肯定会喜出望外，然后迫不及待地动身。可刘贺偏偏不紧不慢，一直拖到第二天中午才启程动身。可是启程之后呢，刘贺又下令能走多快就走多快，3 个多时辰竟然狂奔了 100 多里，不少侍从的马都被累死在路上。从镇定到发飚，从磨蹭到狂奔，刘贺没有行程安排，没有时间观念，自己想怎么样就怎么样，单纯从这一点上看，刘贺就缺少作为一个皇帝所应有的气度。

然而，这仅仅是刘贺诸多疯狂行为的一个小小的开端罢了，刘贺在去长安的路上所做的事情，更让人感到荒唐。当车驾行至济阳（今河南兰考东北）时，刘贺还惦记着当地的特产，派人求得“长鸣鸡”，作为沿途解闷的玩意儿；经过弘农（今河南灵宝北）时，刘贺突然有了生理需要，派人搞来一车漂亮女子作为自己泄欲的工具……不过，刘贺也并非全无智商，当皇宫的礼仪官员献上只有皇帝才有资格享用的乘舆时，刘贺虽然高兴得手舞足蹈，但还是强制收敛了自己一贯的荒唐行为，牢牢记下了郎中令龚遂对他的嘱托。在刘贺的车驾来未央宫时，刘贺下车之后趴在地下痛哭不止。其实，刘贺的心中哪会因为那个从来也没见过面的皇帝的逝世感到一丝一毫的悲哀？他只不过是在进行一场即兴表演罢了。但是，正是这场表演迷惑了霍光，让霍光错误地认为他会成为一个仁慈的君主。

做了大汉皇帝之后，刘贺重新露出了他的本来面目，根本没有一点做皇帝的样子。他每天从早到晚，不仅不知道打理朝政，反而开始了他一系列的荒唐行为。他把以前在昌邑的小流氓们全部召到长安，继续陪他吃喝玩乐；把自己任昌邑王时的官属统统调到长安，安排高官厚爵；让家人都穿上刺史的官服，任其横行霸道、胡作非为；强令远在新疆的高昌地区，为他宠幸的大臣们进献黄金和美女；派人将乐府中的乐师和舞女调到宫中，供他一个人享乐；跑到后宫对以前伺候过昭帝的宫女们进行奸淫；甚至还试图强奸年轻的上官皇太后……一时间，整个皇宫乃至长安城都被刘贺搅的昏天黑地、乌烟瘴气。

霍光无论如何也想不到自己煞费苦心拥立的皇帝竟然是这样一个荒淫无耻之徒。这下，霍光感到了事态的严重，如果不及早处理，将会使汉家天下断送在刘贺的手里。霍光痛下决心，决定纠正自己犯下的错误，一定要“更选贤而立之”。事实上，霍光又怎能不知擅自废立会让自己在历史中留下恶名？但是，他宁愿担负这些罪责，也不愿使汉家王朝因为自己一时的过错而就此倾覆。

在下定决心之后，霍光立即召集一种文武百官进宫面见上官太后，列举刘贺的种种荒唐行为，以证明他的确不适合再做皇帝了。在得到了上官太后的首肯之后，霍光命令守卫未央宫的兵士们不准再放那些刘贺从昌邑带来的人进宫。与此同时，霍光叮嘱宫中的警卫说：“你们一定要仔细巡查，如果昌邑王发生什么不测的话，我霍光便对不起天下人，我会背上弑君的罪名的！”

第二天，上官太后下旨召见刘贺。当刘贺来到大殿上的时候，却发现上官太后身被珍珠短袄，盛妆坐在高处，几百名侍卫拿着武器排列在殿外。众大臣依次上殿，刘贺被这样的阵仗弄得不知所措起来。紧接着，霍光站了出来，历数刘贺这些天来所犯下的罪行，说他荒淫无度，毫无身为帝王的礼仪，扰乱了汉朝的制度，因此应当被废黜。上官太后当即对霍光的意见表示赞同。霍光叫刘贺跪下接受诏令，刘贺辩解说："听说天子只要有诤臣 7 个，即使无道也不会失天下。"霍光厉声喝道："皇太后已经下诏废黜了你的皇帝之位，你还说什么天子！"说完之后，霍光强行抓住刘贺的手，把他的玉玺和绶带抢了过来，交给了上官太后保管。

就这样，刘贺仅仅做了 27 天的皇帝，又被赶回了封地昌邑，重新做起了昌邑王。而在这 27 天当中，他竟然做了 1127 件荒唐事，平均每天要做 40 多件，也真难为了他。很快，霍光又另立当年因为谋反而被诛杀的废太子刘据的孙子询为帝，史称汉宣帝。西汉王朝在经历了短暂的动乱之后，重新走上了正轨。

千秋评说

刘贺被推上帝位，纯粹是权臣霍光一手导演的政治闹剧。这位刘贺，也确实是一位令人发指的荒唐帝王。按理说，对于做皇帝这个天上掉下来的大馅饼，没有背景的人都会加倍珍惜，但可惜刘贺实在不是一块适合做皇帝的料，他只是一个任性妄为的纨绔子弟而已。在上任途中他就暴露出了我行我素的贪婪本相。而当他身为皇帝大权在握之后，更是无法无天，乱杀无辜，欺凌朝臣，玩弄女子，根本没有一点帝王的做派。结果闹得朝廷之上鸡飞狗跳、乌烟瘴气，很快便引发了众怒。

刘贺的肆意妄为，终于让一手扶他上台的霍光颜面尽失，最后，只得将其一脚踹下政治舞台，这个做了只有 27 天皇帝的昏君，也因此而成为大汉历史上在位最短的皇帝。因其荒淫无耻的行为令世人讨厌，他也因此而被排除在帝王的序列之外，死后连谥号都没有，只能被称做"废帝"。

孙亮——诛杀权臣失利，皇帝被贬暴毙

孙亮，字子明，三国时期吴国的第二位皇帝，公元 252 年～公元 258 年在位。他是东吴大帝孙权的第七个儿子，252 年孙权去世后即位。

三国时期，魏蜀吴三国为了一统天下而互相之间争斗不休。事实上，在当时，不仅魏蜀吴三国国家与国家之间的博弈激烈无比，在各自的国内，为了争权夺利，其“窝里斗”的惨烈程度也丝毫不亚于国与国之间的纷争。尤其是东吴集团，在争夺帝位的过程中，在朝堂上，甚至在孙氏家族内部的较量，更是腥风血雨，惨烈无比。孙亮作为东吴大帝孙权的第七个儿子，也就是最小的儿子，之所以能够成为太子并成功继位，实在是吴国宫廷内部骨肉相残的结果。

事实上，孙亮是一个很聪明的孩子，那个著名的“蜜汁中的老鼠屎”的断案故事的主角就是孙亮。因此，《三国志》这部三国时代正史的作者陈寿在谈到孙亮时会发出“孙亮童孺而无贤辅，其替位不终，必然之势也”的感慨也就不足为奇了。如果孙亮能得到一个像当年辅佐他父亲的张昭那样刚直不阿、一心为国的大臣的辅佐的话，以他的聪明才智，历史就是另外一个结果了。

继位内幕

孙亮是东吴大帝孙权最小的儿子，所以，最初他自然不具备太子的资格。然而，就是这位排名老幺的儿子，却在家庭内部的一系列人伦惨剧中因祸得福。孙亮在登上皇位的过程中又经历了怎样的曲折呢?

骨肉相残，孙亮渔翁得利登大位

孙权是三国时期的“三巨头”(曹操、刘备、孙权)之一，三足鼎立的吴国虽是孙策建立的，但却是在孙权手中发扬光大的。孙权共有7个儿子，孙登、孙虑、孙和、孙霸、孙奋、孙休、孙亮，经过一番惨烈至极的皇位争夺战，最终登上皇位成为孙权继承人的，却是年纪最小的孙亮。

公元220年，曹丕篡汉称帝，建立魏国。第二年，孙权自称吴王，立长子孙登为王太子。到了公元229年，孙权正式称帝，孙登也理所当然地晋升成了皇太子。孙登的地位非常稳固，而且有当代名士诸葛恪、张休、顾谭、陈表、谢景、范慎、刁玄等人尽心辅佐，他的弟弟们是完全没有希望与他争夺太子之位的。但是，孙登是个短命鬼，登上太子之位没多久就去世了。这下，关于谁能成为孙权的继承人的问题就一下子变得扑朔迷离起来。

由于孙权的二儿子孙虑比孙登死得还早，三儿子孙和就成了名正言顺的第一继承人。因此，孙登一死，孙权就改立孙和为太子。但是，孙和的太子之位可不像他大哥孙登那样稳固，至少跟他一母所生的四弟孙霸就不服。孙和成了太子，自然会有朝中大臣支持他，而孙霸既然有跟孙和一争高下的决心，再加上相对孙和，孙霸更受孙权的宠爱，那么自然也会有一些政治投机者们投到他的门下。进而，东吴朝中自然而然地分成了两派，一派以那些比较正派的大臣如陆逊、诸葛恪、顾谭、朱据、屈晃、滕胤、施绩、丁密等人为首，另一派则以全琮、杨竺、吴安、孙奇等人为主，这些人则想凭借支持鲁王孙霸而捞取政治上的好处。两派人等势成水火，互相诋毁，各不相让。

在这两派之外，还有一个人对于孙权的立嗣问题有着举足轻重的影响，这个人就是孙权的长女孙鲁班。孙鲁班原本嫁给了大名鼎鼎的周瑜的儿子周循。但是，周循同孙登一样，也是个短命鬼，孙鲁班嫁过去没多久，周循就病死了。后来，孙权看女儿寡居在家十分可怜，就让她改了嫁，这次的夫婿是当时的东吴名将，官至卫将军兼左护军兼徐州牧的全琮，因此，历史上习惯于称孙鲁班为“全公主”。

我们知道，在立嗣的问题上，全琮是支持孙霸的。但是他的妻子孙鲁班却既不支持孙霸，也不支持太子孙和。问题出在太子孙和、孙霸共同的生母琅琊王夫人身上。不知是什么时候，也不知是什么原因，孙鲁班跟孙和与孙霸的生母琅琊王夫人结下了梁子。在孙鲁班看来，孙和、孙霸两兄弟中的任何一个做了太子，王夫人都会当上皇后。王夫人一旦当上皇后，到时自己肯定没有好日子过。所以她变着法子在父亲孙权那里挑拨，不但不肯让王夫人当上皇后，更不肯让孙和、孙霸兄弟成为孙权的接班人。

后来，孙权生了一场重病。孙鲁班觉得这是个机会，于是主动去父亲的病榻前尽孝，日夜不离。病中的人总是要比平时软弱些，孙权也不例外。全公主孙鲁班借着父亲生病的机会在孙权面前说了王夫人无数的坏话。

王夫人死后，但是孙和、孙霸兄弟尚在，孙鲁班自然不肯轻易放过他们。还是孙权那次生病的时候，孙权为了自己能够早日痊愈，就派太子孙和去祖庙祭祀祈福。在这里，孙和犯下了一个严重的低级错误：他的太子妃张氏叔父张休正好就住在孙家祖庙的附近，听说太子侄女婿来了，张休自然想要借机多巴结巴结这位未来的皇帝陛下，于是便盛情邀情孙和到家里去聚会。这并不是什么好事，但是孙和竟然傻乎乎地就去了。结果，这件事被孙鲁班安插在孙和身边的眼线打了报告，再经孙鲁班的嘴说到孙权耳朵里去时，就完全变了味儿：老父病重，去斋戒祭神的儿子居然不守在祖庙里，反倒跑去跟自己的外戚见面。这样的事对于任何一个君主来说都是大忌，天知道他们都在谈些什么?你孙和是不是当太子当得不耐烦了?想要趁着我生病的机会把我推翻，你好自己当皇帝啊?

想到这里，孙权不禁对孙和产生了疑忌之心，甚至生出了废太子的念头。但是，废立储君毕竟是国家大事，孙权免不了要拿到朝堂上去与大臣们商议。孙和自有其政治势力，孙权一提起废太子的事，陆逊、诸葛恪、朱据等支持孙和的朝中重臣自然是极力反对。孙权本来也没抓住孙和太具体的把柄，因此也就只得作罢。

在此之前，孙鲁班做的那些事都是在仗着自己公主的身份在父亲面前挑拨离间。但是，这次的事情让孙鲁班明白了，原来身为皇帝的父亲也有做不到的事情，自己要想达成目的，再像现在这样孤家寡人一个人是不行的，必须得拉拢一些朝中的势力才好。

孙鲁班决心拉拢的盟友是孙权叔叔孙静的曾孙，当时官至侍中的孙峻。别看这个孙峻只是孙家的旁支，但也是东吴朝廷当中一位颇有分量的人物，深得孙权的信任。当孙鲁班找到他的时候，只稍作暗示，孙峻就明白了她的意思，并且下定决心要站在孙鲁班这一边。

很快，孙峻也开始大肆攻击太子的过失，并且力主更换太子了。孙权对这同宗重臣的意见十分重视，再加上支持太子孙和的东吴名将陆逊此时已经去世，孙权终于下定了废太子的决心。

公元250年，孙权下旨幽禁太子孙和，并且直接把孙和废为庶人并赶出京城建业。同时遭殃的还有孙和的同胞弟弟鲁王孙霸。孙霸曾经为了与胞兄夺嫡，在朝中结党钻营、坑害臣工。当时孙权还在宠爱琅琊王夫人和孙霸，因此，不但不予追究还帮他出头。现在孙权变了心意，孙霸的劣迹也就变得令孙权无法忍受，于是清算旧账，说孙霸是“子弟不睦，臣下分部，将有袁氏之败，为天下笑。一人得立，安得不乱?”这样的大帽子扣在了头上，孙霸的下场也就可想而知了。很快，孙霸被孙权处死，孙和、孙霸兄弟相煎，结果却便宜了别人。

同年，在孙鲁班和孙峻的支持下，孙权年仅10岁的小儿子孙亮被立为太子，他的生母潘氏成为东吴帝国活着登上皇后宝座的第一人。不久，古稀之年的孙权真正到了他人生的末路。神凤元年4月，曾叱咤一时的东吴开国皇帝孙权去世了。仅仅10岁的太子孙亮最终渔翁得利，成为了孙氏夺嫡大战的胜出者。

除敌不慎被逼下野，聪明皇帝命丧九泉

孙权临终时，见太子孙亮年纪尚小，不能亲自处理国事，于是立下遗诏，让太子太傅诸葛恪、太常滕胤、侍中武卫将军孙峻等人为辅政大臣，共同辅佐孙亮，直至孙亮亲政为止。

但是，这几位辅政大臣的下场也不怎么好。诸葛恪在孙亮继位后便出兵北伐，进攻魏国。但是，这次北伐过于盲目，准备也不够充分，再加上诸葛恪是一个政治家，并非将才，因此，吴军在新城被魏将张特打得大败，死伤极其惨重。回军后，诸葛恪为了掩饰自己的过失，变得更加独断专权，导致朝野上下对诸葛恪怨声载道。公元253年，孙峻在得到孙亮的同意后，发动政变，杀死诸葛恪，夷灭其三族。紧接着，孙峻接过了诸葛恪的权柄，出任丞相大将军，成了新一代的权臣。

虽然诸葛恪已死，但是孙峻的地位也并不稳固。公元255年，孙峻带兵与魏国在淮河一带交战获胜，招降了魏将文钦，声威大震。但可惜的是，孙峻在巩固了自己的地位之后不久便去世了，他的权力由他的弟弟孙綝继续执掌。

接替孙峻的孙綝的地位仍旧不稳固。骠骑将军吕据等人不满由孙綝这个黄口孺子来接掌孙峻的权力，并推举当年的辅政大臣之一，但始终被诸葛恪和孙峻打压的滕胤为丞相。年轻气盛而又大权独揽的孙綝根本没有理会他们的要求，转封滕胤为大司马。

心怀不满的滕胤遂与吕据密谋推翻孙綝，但最终失败被杀。另一位将领王惇也密谋杀死孙綝，亦事败被杀。就这样，反对孙綝的人源源不断地站出来，孙綝便一直不定地杀死那些企图推翻他的人。

过了几年，孙亮渐渐长大了。长大后的孙亮并不满足于只做个傀儡皇帝，他急切地想要亲政，夺回落在孙綝手中的权柄。为此，孙亮借口追究其三姐朱公主孙鲁育被杀事件的原委，降诏怒责孙綝的亲信虎林督朱熊与外部督朱损当年没有匡正孙峻诛杀鲁育公主的错误。孙綝上表进谏求情，但孙亮不予准许，十分强

硬地派遣左将军丁奉诛杀了朱熊与朱损。

此时，孙亮与孙綝的矛盾已经公开化了，因此孙亮则私下与其大姐全公主孙鲁班、太常全尚、将军刘承等密谋，准备发动政变，诛杀孙綝，夺回权柄。但可惜的是，孙亮虽然聪明能干，但毕竟太年轻了。在一次孙亮与全公主和全尚等人密谋之时，被孙亮的一个妃子偶然间听到了他们密谋的内容。那个妃子是孙綝的从外甥女，于是偷偷向孙綝报告说皇帝正在与全公主和全尚等人密谋杀你。孙綝当机立断，连夜带兵抓获了全尚，并派遣自己的弟弟孙恩在苍龙门外杀害了刘承。然后一不做二不休，举兵包围皇宫，召集群臣宣布废掉孙亮。

乍逢大变，群臣十分震惊，但是孙綝这几年杀人如麻，再也无人敢违抗他的命令。于是，孙綝派遣中书郎李崇夺了玉玺，以诏书的形式向全国公布孙亮所谓的罪状。尚书桓彝不肯在诏书上署名，被孙綝杀害。典军施正劝孙綝立孙权六子琅邪王孙休为皇帝，孙綝同意了他的提议，进而命令宗正写信给孙休，让孙休赶回建业登基称帝。另将废帝孙亮贬为会稽王，送回封地；将全公主迁徙至豫章郡，全尚则被流放至零陵郡。就这样，胸怀大志而又聪明伶俐的少年天子孙亮被同样是少年执政的孙綝赶下了台。后来，在孙亮受封的会稽郡有流言说孙亮将会回到建业复辟登基。这些流言导致孙亮再被贬为候官侯，并且不明不白死于遣送封地的途中，死时年仅 18 岁。

千秋评说

孙亮这位在兄弟姐妹相互残杀中渔翁得利的小皇帝，虽然没有太大的政治建树，然而他的聪明才智和政治抱负，仍可管中窥豹，显示出了他非同寻常的智慧和勇气。尤其是他智辨鼠屎的场景，让人印象深刻。

然而，孙亮也和历代小皇帝一样，也有他的政治短板，他在没有构建起自己可以操纵的强大实力时，就贸然亮剑，结果在皇宫遭到包围时而无救援之兵，最后只得束手就擒。假如他先采取韬光养晦的策略，逐渐培植自己的武装团队，先忍受一些政治上的打压，等待时机，再与强大的对手进行博弈，将会有更多的胜算。况且，他可以充分运用手中的执政资源，逐渐达到自己的目的，因为时间有利于他这一边。倘若那样的话，他就不致过早地被人从皇帝的位置上拉下马。

不过，孙亮不愿意任人摆布的精神，还是值得肯定的。如果，他采取更为稳健的措施，可能东吴的历史会重新改写，就不会最终落得不明不白地死去的悲惨下场。至于，孙亮是郁闷而死，还是受到取代他而登上帝位的六哥孙休的政治谋害，史料均无明确交代，故不敢妄加评论。但一个有才气的少年天子，最终未能展示自己的抱负，毕竟是历史的遗憾。

萧纲——与乱臣贼子做政治交易终惹杀身之祸

萧纲，即南朝梁简文帝，字世缵。南兰陵(今江苏武进)人，梁武帝萧衍第三子，同时也是南朝梁的第二位皇帝。

萧纲在政治上的成就远没有在文学上的成就大。萧纲自幼爱好文学，因为身份特殊，他有能力招募一批在文学上极具造诣的幕僚，这些幕僚围绕在他的周围，形成了一个主张鲜明的文学集团。随着萧纲于中大通三年被立为皇太子，这一集团的文学影响逐步达到登峰造极的地步，公开宣布并倡导文学史上著名的宫体文学，这在当时蔚为风尚，对于中国古代文学史的发展也是极具影响力的。

继位内幕

萧纲作为梁武帝的第三子，自幼聪明过人，6岁便以能歌善赋而闻名。历史的经验告诉我们，这样的艺术家一旦涉足政坛，多半没有什么好下场。萧纲作为中国古代文学史上的重要人物，自然也不是成为一名冷酷政治家的材料。可是没有这金刚钻，萧纲却偏要揽这瓷器活儿，结果会有多么悲惨也就可想而知了。

有野心没才能，侯景之乱成萧纲唯一机会

公元 502 年，后来被称为梁武帝的萧衍建立了南朝梁国。萧衍在位 48 年，是南朝所有皇帝当中在位时间最长的。与此同时，萧衍治国也还称得上是贤明，他在位期间，我国南方的人口数大为增长，生产力也得到了长足进步。但是，梁武帝萧衍这位在历史上评价还算比较高的皇帝在确定自己继承人的问题上却始终纠结得很。

梁武帝萧衍的长子名叫萧统，史称昭明太子。这个昭明太子萧统虽然最终没能登上皇位，但是在历史上的名气要比他父亲还大得多。萧统之所以如此有名，是因为他有一部流芳百世的著作——《昭明文选》。这本《昭明文选》使萧统在中国古代文学史上有着极其崇高的地位。事实上，无论从哪个方面来说，萧统都是一个不错的集成梁朝皇位的人选。但可惜的是，萧统在公元 531 年一次乘船游览的过程中不慎落水伤了大腿，虽然后来被人救起，但最终还是病重身亡了。

萧纲是梁武帝萧衍的三儿子，也是昭明太子萧统一母同胞的兄弟。之所以在萧统去世之后轮到萧纲当太子，那是因为萧衍的二儿子萧综在萧统去世之前就已经出事了。

萧综的母亲吴淑媛原来是梁朝之前齐朝昏君萧宝卷的妃子。在萧宝卷被杀之后，吴淑媛跟了萧衍。在吴淑媛跟了萧衍之后的第 7 个月，她生下了一个儿子，这个儿子就是萧衍的二儿子萧综。才 7 个月就生下了儿子，这说明萧综很可能不是萧衍的儿子而是萧宝卷的儿子。但是，萧综并没有受到萧衍的歧视，萧衍不仅封他为王，在他长大之后还给他兵权，让他做将军。但是后来，吴淑媛渐渐失去了萧衍的宠爱，并且为此渐渐对萧衍生出了怨恨之情。为了报复萧衍对自己的冷

落，吴淑媛流着泪对萧综说道："我本是齐宫的嫔妃，为当今皇上所迫，才苟活至今，服侍当今皇上才 7 个月，就生下了你。你是齐王的儿子，不是当今皇上的骨肉，怎能比得上其他皇子。从前，我见你年幼无知，没有把实情告诉你。现在你长大了，知道实情也就算了，这样才能长保富贵。你切记母言，千万不要把母亲告诉你的实情泄漏出去。不然的话，别说保不住富贵，就是我们母子的性命也要丢掉了！"自此之后，萧综就觉得自己是萧宝卷的儿子，和父皇萧衍慢慢疏远了。

公元 525 年，梁和北魏在边境发生冲突，萧衍让萧综领兵，督率各军作战。但萧综为了报复梁武帝萧衍，竟然带着父皇给他的兵马临阵倒戈，投奔了北魏。像这种天上掉馅饼的事，北魏方面自然乐得接受，不但接受了萧综的投诚，还给了他高官厚禄。不仅如此，萧综还改名为萧缵，并表示要为自己的生父萧宝卷服丧 3 年。

萧衍弄明白这件事的来龙去脉之后非常生气，不但撤销了萧综豫章郡王的封号，还把吴淑媛也废为庶人，打入冷宫。后来，萧衍听说萧综有回来的意思，就让吴淑媛给他送去小时候的衣服。但萧综却不愿意回来。不久，吴淑媛病逝，萧衍想起与她母子当年的恩情，又起了恻隐之心，于是下诏恢复萧综的封号，还给吴淑媛加了谥号为"敬"。但无论萧衍怎么做，他的二儿子萧综终于还是在北魏落地生根，不再回来了。

大哥、二哥相继出了事，太子之位自然就落在了萧纲的头上。大儿子、二儿子相继出了事，梁武帝萧衍所受的打击同样很大。心灰意冷之下，萧衍干脆遁入空门，做了和尚皇帝。也正是因为他把大部分的精力都放在了念佛上，才有了后来的侯景之乱。

侯景原来是被鲜卑族同化的羯族人，原本是东魏皇帝高欢的臣子，高欢对他很是欣赏。但是，侯景为人首鼠两端，在高欢死后，他和高欢的儿子，东魏权臣高澄不和。高澄害怕侯景造反，就想夺了他的兵权。侯景知道这件事之后就投降了西魏。

但是，西魏和东魏向来是死敌，对于投诚过去的侯景，西魏自然怀有戒心。于是，侯景又准备背叛西魏，向萧衍执掌的南朝梁国投诚。听说当世名将侯景想要为自己效力，萧衍很高兴。侯景来了之后，萧衍封他为河南王、大将军，还把一部分兵权给了他。朝中有的大臣知道侯景的为人，在知道梁武帝答应了侯景的投诚请求之后竟然一语成谶："乱事就要来了"。

就算侯景投奔了南朝梁国，高澄仍然不准备放过他。不久，东魏攻击侯景，萧衍派自己的侄子萧渊明领兵支援侯景。结果，萧渊明战败被俘。高澄假意提出和解，其目的是刺激侯景。而萧衍不听臣下劝告，与东魏使者往来，这让侯景感到十分恐慌。

此时，侯景假托东魏名义写信，派使者送给萧衍，信中提议用萧渊明交换侯景，萧衍不知其中有诈，竟然不假思索地答应了。这下，侯景终于忍无可忍了，他决意起兵造反。公元 549 年 3 月，侯景率领 10 万大军围攻梁朝都城建康。城中久被围困，粮食断绝，饥饿与疾病困扰，人多浮肿气急，横尸满路，到了这时，建康城已经是岌岌可危，能登城抗击者只有不到 4000 人了，因此萧衍只得领着残兵败将退守皇城台城。至于那些手握重兵的诸侯王们，则个个彼此猜忌，按兵不动，只想着坐山观虎斗。不久之后，台城也被攻陷，萧衍成了侯景的俘虏。

侯景似乎天生就是个乱臣贼子。打进建康城之后，他纵兵抢掠，他的卫兵甚至可以带着兵器在皇宫中横行无忌。萧衍见了很奇怪，问左右侍从，侍从说是侯丞相的卫兵。萧衍生气地喝道："什么丞相！不就是侯景吗？"侯景听说到此时萧衍还是看不起自己，于是派人监视萧衍，不准任何人供给萧衍饮食。很快，当年叱咤风云的梁武帝萧衍就被活活饿死在台城了。

当梁武帝萧衍被侯景围困在台城的时候，萧纲这个做儿子的却被权位的诱惑蒙住了双眼，他竟然不顾父亲的死活，跟作乱的侯景做了一笔政治交易。

公元 549 年 3 月，台城被攻陷。萧纲须鬓如画，直发委地，双眉翠色，目光灼人，坐在永福省见叛贼侯景，神色自若，面无惧容。梁武帝死后，侯景立当了 18 年太子的萧纲为帝，史称简文帝，而侯景则成了梁朝的丞相。当然，真正执掌朝政的是丞相侯景，萧纲只不过是宝座上的一个傀儡罢了。

皇帝不好当，艺术家皇帝身遭惨死

萧纲虽然当上了皇帝，但对横行霸道、作恶多端的侯景却丝毫没有办法。后来，侯景因为一个偶然的机会见到了萧纲的女儿溧阳公主。溧阳公主当时正好14岁，通音律，爱诗词，是一朵含苞欲放的鲜花。侯景一眼就看上了这个美丽的少女。公元550年3月，侯景向简文帝萧纲求亲，要求萧纲把溧阳公主嫁给自己。萧纲没有办法，只能答应了他，出卖自己的女儿。同月，侯景这个北方少数民族来的粗人就和温柔美丽的溧阳公主成了亲。

当了驸马爷的侯景行事更加无所顾忌。一次，侯景请简文帝萧纲修禊宴集于乐游苑，在帐幕里宴饮3天。当萧纲起驾回宫之后，侯景竟然与自己心爱的溧阳公主一起面南背北，坐在了萧纲刚刚坐过的御床上，让文武群臣叩拜侍宴。文武百官虽然心中恼怒，却谁都不敢反抗。

人如果当久了奴隶，就会产生一种奴性。萧纲本来就是个软弱的人，当起奴隶来自然是得心应手。有一次，侯景请简文帝萧纲巡视西州（今南京西郊，南秦淮河东侧），萧纲乘坐的是一辆不加雕漆的素辇，身边仅有400多名侍卫。而侯景身边则有几千名铁甲铮亮的武士，时刻护卫在他的左右。在宴席上，萧纲听到丝竹之声，凄然流泪，传命让侯景跳一段舞给他看看；侯景也不甘示弱，也让萧纲跟他一起跳。结果，名义上是君臣，实际上是主奴的两个人就在宴席当中共舞起来，看得群臣纷纷摇头。酒过三巡之后，萧纲在床上抱着侯景，近乎谄媚地说："我心里念着丞相。"侯景则回答说："陛下如不顾念我，我哪能得到现在的地位！"

后来，湘东王萧绎（武帝萧衍第七子，即后来的梁元帝）下令大举讨伐侯景。萧绎发兵的檄文传遍远近，梁朝内部群起响应，只有皇帝萧纲还像个奴才一样小心地侍奉着侯景。

当了丞相，掌了权柄的侯景还嫌自己的官不够大。于是，侯景让简文帝萧纲晋升自己做相国，封 20 郡，为汉王，并且享受特殊的宫廷礼遇。萧纲自然不敢不答应，当场便写下了诏书。可是还不到一个月，侯景又对自己的官位不满足了，又要求萧纲封自己做宇宙大将军、都督六合诸军事等职。这次，侯景懒得让萧纲写诏书，而是自己写成诏书呈给萧纲，让他加盖玉玺。萧纲看过这封诏书之后惊讶地问："将军里竟有宇宙这样的称号吗？"侯景回答："我说有便是有！"

简文帝萧纲如此害怕侯景，对他的要求从没有违拗过，但在侯景的心中，还是要对萧纲小心提防。萧纲自从即帝位以来，他住的地方就被侯景派人严加把守，外人根本没有觐见萧纲的机会，只有武林侯萧谘和仆射王克、舍人殷不害 3 人，因为他们身体文弱才得到侯景的允许，可以在萧纲的居处进进出出，而萧纲哪怕是和他们说话，也只是说些与朝政无关的话，从不敢越雷池半步。

侯景娶简文帝的女儿溧阳公主，很宠爱她，因而妨碍了处理政事。侯景的心腹王伟多次劝谏侯景不要贪恋女色，然而侯景把这话告诉了溧阳公主。公主很不高兴，就在侯景的面前说王伟的坏话。王伟深知枕边风的厉害，恐怕被她的谗言所害，于是就极力劝说侯景除去简文帝萧纲，以此来转移侯景的注意力。侯景听从了他的建议，让前寿光殿学士谢昊起草诏书，又派吕季略把诏书带入宫内，逼着萧纲抄写出来。

公元 551 年 8 月，侯景派卫尉卿彭隽等人率领士兵进入宫殿，把简文帝废了，改封为晋安王，将其幽禁在永福省，还把他的内侍和卫兵都撤了，派精锐的骑兵把他严密看守起来，并在墙头插上枳、棘一类多刺的树枝。没过多久，侯景干脆把心一横，害死了萧纲，彻底绝了自己的后患。可怜萧纲由于贪恋权位，不惜牺牲女儿和自己身为人君的尊严去屈身侍奉仇人侯景，可最终，却还要亲手写下废黜自己皇位的诏书，并且被侯景圈禁、谋杀。历史的讽刺性在这里显露无疑。

千秋评说

纵观萧纲的一生，可谓用贪婪和窝囊来概括。由于他过分贪恋权位，而在险

境时不能自拔，并由此引发了家族之间的血腥冲突。甚至为了权力而不惜与自己的杀父仇人做政治交易，把权力重新分配。更让人无法接受的是，竟然答应叛贼侯景非常荒唐的要求，把自己只有14岁的女儿嫁给仇人。

但令人遗憾的是，萧纲在政治上的一再退让，并没有取得叛贼侯景的认可。而最后还是被从皇帝的宝座上拉了下来。在位时间只有短暂的两年，却留下了永久的耻辱。但事情没有到此了结，而最终还搭上了身家性命。

但有一点是要肯定的，这位不懂政治的恋位皇帝，却有较高的文学天赋。竟创造出大量的文学作品，并引领了萧纲文学集团的风骚，成为中国历史上诗歌创作最为繁荣的时期之一，并对后世产生了深远的影响。

高殷——遭祖母叔父暗算撒手江山

高殷，是北齐政权的创立者高洋和李皇后所生的长子，字正道，小字道人。后来成为北齐政权的第二任皇帝。6岁时就被父皇高洋立为皇太子，在16岁时，因父皇去世而继位的高殷在一生的大部分时间里，都称得上是一帆风顺。

高殷即位后励精图治，对民生极为关心，曾命使者巡省四方，求政得失，省察风俗，问人疾苦；整顿吏治，政治清明；武官年逾六旬皆放免，军事上淘汰老弱，留下精壮，军力大增；下诏减徭役，使由天保朝国势的危急有舒缓，实为一代明君。

宫廷斗争是无比残酷的。小小年纪就面临着如此艰巨的考验，使得这位少年英主的才气最终没有得以发挥，这不仅是高殷个人的悲剧，同时也是北齐王朝的悲剧。

继位内幕

高殷自幼聪慧过人，又接受过良好的教育，深明事理、处世大度，颇有帝王神韵。小小年纪就能将各种繁琐的事情打理得井井有条，尤其是在检查阅览时事政治上，更显示出了卓越的才气，因而也为他赢得了很好的名气。但高殷也有其自身的弱点，那就是生性柔弱、心地善良。针对高殷的这一特质，高殷的父皇高洋颇为担忧，他怕在自己去世后，太子高殷继位驾驭不了局面，便在临死前设下了一道“防火墙”，可即便如此，还是没能保得住这位少年天子。

父亲是野兽，儿子是儒生

高殷的父亲是北齐王朝的建立者、被后世称为文宣帝的高洋，母亲是北齐王朝的第一位皇后李氏。

高洋和他的父亲高欢都是汉族人。但是，由于高欢的夫人娄氏是鲜卑人，因此高洋有一般的鲜卑血统。父子两人常年与鲜卑人打交道，渐渐地就被鲜卑文化所同化了。高殷的父亲高洋完全把自己当成了鲜卑人，常常轻视汉人，也瞧不起儒生。但是，高殷的性格却与他的父亲大相径庭。高殷是一个受儒家文化影响极深的人。因此，高殷温润的作风很不得高洋的欢心，好几次都想废了他，改立他的弟弟太原王高绍德为太子，只是后来终究还是没有这么做罢了。

高殷之所以像个儒生，是因为他还是孩童时，便由国子博士李宝鼎和邢峙辅导学习儒经。高殷天资聪慧，还不到 10 岁便对各种经义十分熟稔。公元 556 年冬天，高洋在北齐的都城邺都(今临漳邺镇一带)举行了一次儒经辩论会。12 岁的高殷在众多宿儒中间不仅口若悬河地阐发《论语》、《孟子》等儒家经典的微言大义，甚至还能出言诘难，辩得那些饱学宿儒哑口无言。高殷在这次辩论会上的表现让人们充分了解了他的聪明才智，因此，在两年之后的公元 558 年，高洋外出去晋阳巡察的时候第一次让高殷担任监国，而这时，高殷只有区区 14 岁。在担任监国期间，高殷还不失时机地亲自主持了一次关于儒家经典《孝经》的讨论会，引起了不小的轰动。

高殷的父亲高洋这个人总共在位 10 年。在执政生涯的前半段，高洋是一个极有作为的君主，他改革管制，裁汰冗员，把北齐政权治理得井井有条。但是在他执政的最后几年，高洋却好像变了一个人一样。他开始沉溺于酒色，变得残暴不堪。

在高洋执政后期，邺都的金銮殿上设有一口锅和一把锯。每当高洋喝醉了酒，就在此以杀人为乐。而他这个人好酒如命，从早到晚都是醉醺醺的，所以他必须从早到晚不停地杀人才能满足自己变态的欲望，宫女宦官和亲信每天都有人惨死在他的油锅和利锯之下。最后，大臣们无奈之下，只能由司法部门把判决死刑的囚犯送到皇宫，供高洋杀人时之用，后来杀得太多，死囚不够供应，只好把牢里正在审讯中还没有定案的嫌疑犯们拿来充数，称为"供御囚"。这些"供御囚"们几乎成了高洋随从的一部分，不但被源源不断地送到皇宫被杀掉，即使在高洋出巡时，"供御囚"也跟在高洋的屁股后，随时供高洋残杀取乐。

高洋的侄女乐安公主嫁给了尚书右仆射崔暹的儿子。有一次，公主回宫探望自己的祖母娄太后，正好被高洋遇见了。高洋随口问及公主的生活，公主回答说："崔家十分尊重我，只是我觉得婆婆李氏好像不怎么喜欢我。"过了一段时间，崔暹因病去世了。身为皇帝的高洋竟然直接跑到了崔暹的家中，问崔暹的母亲李氏是否想念故去的丈夫。皇帝既然这样问，李氏很自然地回答说："结发夫妻，哪会不想念呢。"可是没想到高洋听了李氏的回答之后，"唰"地一声抽出佩刀，说："既然想念，那我送你去陪他好了！"说完便一刀砍下李氏的头，扔到墙外。原来，高洋是专门为自己的侄女乐安公主出气来了。

高洋的丧心病狂同样影响到了身为太子的高殷。在高殷 15 岁那年，高洋正在金凤台杀人玩。正在这时，高殷来了。于是，正杀得兴起的高洋把刀递给了高殷，让他跟自己一起享受杀人的乐趣。高殷从小受的是讲究"仁义礼智信"的儒家教育，自然不肯随便杀人。但父命难违，只能战战兢兢去杀，砍了数刀，仍然砍不掉犯人的脑袋。高洋见状大怒，上前用马鞭拼命地抽打高殷。高殷惊吓之余，就此患上了口吃和间歇性神经病，直到他死都未能痊愈。

时间到了公元 559 年，这时的高洋由于酒色过度，已经不能吃饭了，每天只靠几碗酒度日，没过多久就一命呜呼了。但是在高洋死前，他难得地清醒了一会儿。高洋深知，自己立的太子高殷性格软弱，在登基之后一定治不住自己那两个野心勃勃的弟弟高演和高湛。因此，他悲伤地对在他身前默默掉泪的李皇后说："人活在世，早晚会有一死，没什么可悲伤的。但可怜儿子高殷年纪还小，恐怕以后一定会被人夺去权柄啊！"紧接着，他又把弟弟高演叫了进来，对他说："我死之后，大齐的皇帝就是你侄儿高殷了。我向来知道你的心思，但是请你在夺他权柄的时候手下留情，千万不要杀了他啊！"

其实，高洋自然也想过替儿子清除掉高演和高湛这两块挡在身前的绊脚石。但是，高洋虽然残暴，却是一个非常孝顺的人，为了照顾母亲娄太后的情绪，他最终还是没有下手，而是把皇位以及妻儿的性命都押在了自己两个弟弟对自己和自己儿子的亲情上。只不过他的两个弟弟后来用自己的实际行动，证明了当时高洋的这种想法是多么的幼稚可笑。

高洋既死，太子高殷便在晋阳的宣德殿继承了皇位，大赦天下。紧接着，高殷尊自己的祖母娄太后为太皇太后，自己的生母王皇后为皇太后，拜右丞相、咸阳王斛律金为左丞相，拜录尚书事的六叔常山王高演为太傅，拜司徒的九叔长广王高湛为太尉。

"防火墙"难耐宫廷阴谋，一代明君惨被皇叔夺权

高殷登基称帝之后，当时的尚书令杨愔、尚书左仆射平秦王高归彦、侍中燕子献、黄门侍郎郑子默按照高洋的遗诏成为了辅政大臣，辅佐高殷执政。因为那两个王爷威望太重，况且当时高洋驾崩之日，太后本来就有立高演为王的意图，故此几位重臣都对高演和高湛心生猜忌。

既然如此，如何防范高演和高湛就成了这些辅政大臣们面对的首要问题。由于高洋死在晋阳，高殷也是在晋阳登基的。因此辅政大臣们在服丧期满之后，准备让高演一起跟到邺城去，留长广王高湛镇守晋阳。但是，有人提出异议，拼命反对。于是，高演和高湛又一起跟到了邺城。

此时，侍中燕子献出了个主意。他提议把两位王爷的生母、太皇太后娄氏安置在北宫，让政权归于皇太后王氏，王氏是高殷的亲妈，自然不会对自己的儿子不利。此外，这些年来，北齐对于官爵的赏赐太过繁多，于是，尚书令杨愔主动上表辞去了开府封王的封号。既然杨愔带了头，各个窃取恩宠荣归的人也都被废黜罢免了。

但是，这样一来，高殷和他的辅政大臣们却就此犯了众怒。那些因为这事受到牵连而丢失了官职的人全都投到高演和高湛两个人门下去了。而高归彦这个辅政大臣中唯一的皇族成员、高殷爷爷辈的当朝重臣，一开始虽然和杨愔他们志趣相投、齐心协力，但是不久之后也背叛了他们，把那些杨愔和燕子献等人猜忌两位王爷的言行和举动全都告诉了高演和高湛。

当初高殷太子府里的近臣郑子默和宋钦道当面对高殷说："你两个叔叔声威大权并重，最好快点除去他们。"高殷是个仁慈之人，既然两个叔叔还没有做出对自己不利的事，自己自然也没有理由去害他们。因此，高殷回答说："你们还是去和诸位大臣详细商议这件事吧。"

一心为了高殷打算的两人果然去找杨愔他们商量。一番密谋之后，这些死心塌地支持高殷的大臣们一致认定，最好能让高演和高湛去外地做刺史，这样一来，朝中也就太平了。但是，大臣们素来知道高殷的脾气，他恐怕不会同意这样的提案。于是，大臣们转而寻求与王太后联手，向王太后详细阐述了目前朝中的局势，得到了王太后的支持。

但是，王太后身边有一个叫李昌仪的宫人。这个李昌仪是北豫州刺史高钟密的妻子，常常入宫，很得王太后的信任。王太后因为李昌仪和自己有宗情，于是就把这件事告诉了李昌仪。结果，李昌仪却不是个值得信任之人，她把这件事密奏给了太皇太后娄氏。要知道，娄太后在高洋死后一直是在帮着自己的两个儿子来对抗自己的孙子的。因此，杨愔等人与王太后密谋的内容自然而然地就被高演和高湛知道了。

本来就野心勃勃的两位王爷自然是不会束手待毙的。于是高演就约弟弟高湛一起去打猎，在野外进行密谋。终于，杨愔等人还是说服了高殷，让他下旨把两位王爷派到州郡去任职。高演和高湛临行前，在尚书省大宴群臣，杨愔等人自然也在受邀之列。杨愔本打算前去赴宴，但郑子默对他说："此事凶险，杨尚书还是不去为妙。"杨愔却说："我们至诚，体念国家，怎么可能不去参加常山王赴职之宴呢?为什么忽然有这样的思虑?这样做，岂不是显得我们心中有鬼吗?"可事实上，高湛在白天的时候就已经安排了数十名家仆埋伏在宴会厅附近，同时还和酒席上的一些贵族通气，约定道："当我去向杨愔敬酒的时候，我会劝他喝两杯。这样一来，他肯定会起身致辞。这个时候我会说三句话：'捉酒'、'捉酒'、'干嘛不捉'。你们一听到这句暗号，立刻就上来捉拿杨愔。"

在宴会上，杨愔果然被擒。杨愔遭擒后，厉声喝骂："你们这些王爷准备谋反，要杀忠良之臣吗?!我杨某尊崇天子，削弱诸侯，一片赤诚都是为了国家，不应该到这种地步!"高演被他说动，想要放了他，高湛却坚决反对。结果，杨愔以及宋钦道等人都遭到了毒打，头破血流。此外，高演和高湛又派人一举抓获了郑子默。

紧接着，高演押着杨愔等人浩浩荡荡地进宫，靠着高归彦在军中的声威喝开了宫门。高演一直把杨愔等人押解到御前，高湛和高归彦则留在朱华门外。此时太皇太后驾临昭阳殿，太后和高殷站在一侧。高演上前说道："我和陛下你骨肉相连，而杨愔等人却想把持朝政，架空陛下。左右的王公大臣，都因恐惧而裹足不前，甚至连大气都不敢喘。你我叔侄本来是唇齿相依，现在却被用做作乱的助力，如果不早点解决此事，必定成为宗庙社稷的危害。我和高湛等人都以国事为重，今天一起抓杨愔等入宫，专等陛下发落。"

高殷一时之间受到惊吓，旧病重犯，精神昏沉紊乱，根本一句话也说不出来。这时，娄太后也来为高演说话："像杨愔这些居心叵测意图叛逆之人，想要杀我两个儿子，然后还要牵连到我，你怎么能纵容他们呢?!"高殷本想极力反驳，但是他心里越急，当初被父亲高洋吓出来的病就越严重，嘴里就越说不出话。这个时候，常山王高演叩头不止。太皇太后对高殷道："为什么不安慰你叔叔?"高殷这才勉强说道："叔叔啊，即使你要我的天子之位，我也不会有半点儿舍不得，何况那些汉人呢?只希望你能饶过侄儿我的性命。我自己离开这个昭阳殿，这里的事情随便你怎么处理。"说完，长叹一声，转身就走。结果，高演等人假托皇命，杀了杨愔、郑子默等人。

事后，高殷被逼拜常山王高演为大丞相、都督中外诸军、录尚书事，拜大司马、长广王高湛为太傅、京畿大都督，拜司徒段韶为大将军。自此，国政统统落入了高演、高湛兄弟之手。又过了不久，高殷再次被逼下诏，命令朝中大臣但凡军队国务之事，统统禀告给常山王高演，由高演全权处理，并封自己的伯父高澄的二儿子高孝珩为广宁王，四儿子高长恭为兰陵王。又过了几个月，高殷干脆被叔父高演贬为济南王，不久被杀。

千秋评说

高殷这位颇有治国才情的少年天子，虽然在位只有一年时间，却展现出了较高的政治智慧和亲民作风。如果高殷能够多执政几年的话，很可能就会成为中国历史上一位相当有作为的明君。

怎奈这位少年天子虽然在治国方面表现突出，但在玩弄阴谋诡计方面却还远不是自己祖母和两位叔叔的对手。高殷最大的弱点在于他不懂得如何在权力的格局中平衡利益关系。再加上在家族中遇到了对权力欲望极其强烈的两位叔叔的围剿，以及老祖母太皇太后娄氏一心想要护犊子，和那些见风使舵的臣子们的政治摇摆，才使得这位雄才大略的少年英才龙困潜滩、虎落平川，最终未能充分展示自己的才华，被贬为济南王后惨遭杀害。

刘子业——荒淫无耻被诛杀的宋前废帝

刘子业，小字法师，出生于公元449年，为南朝宋孝武帝刘骏与文穆皇后王氏的儿子，且是嫡长子，皇位最直接的继承人。

公元464年，南朝宋孝武帝去世，16岁的刘子业登基称帝。这位新皇帝在位期间，以淫乱不堪的生活和滥杀无辜的作为而引起了人们的广泛关注，其手段之狠毒，做法之荒谬，令人发指。

公元465年，仅做了一年多的皇帝，刘子业便自食恶果，惨遭杀害，结束了他年仅17岁的生命。刘子业死后，人们只是简单地为他举行了葬礼，并将他葬于秣陵县南。

时人多称刘子业为废帝，后人为了将他与另一位废帝刘昱区分开来，因此便改称其为前废帝，而刘昱则被称为后废帝。

继位内幕

身为嫡长子，刘子业将会继承皇位的命运似乎是毋庸置疑的，也正因为如此，所以他从小便在极其严厉的管教中长大。刘子业的父亲刘骏，经常对他施行暴力，轻则骂，重则打，甚至还曾一度要废掉他皇太子的身份。刘骏的这种做法，一方面可能是出于想要采取严厉的手段来助子成才，另一方面则是因为他并不喜欢刘子业，而是比较喜欢宠妃殷淑仪的儿子刘子鸾。刘骏的所作所为，对刘子业幼小的心灵产生了很大的负面影响，他不仅对父亲没有感情，反而充满了怨恨。于是在刘子业登基称帝并独立掌握政权后，一场策划多年的报复行为也由此展开。

乱伦皇帝临终托遗孤，荒唐太子续位承大统

公元 453 年，在魏晋南北朝时期的宋王朝内部，发生了一场“先见子杀父、后见弟杀兄”的皇位之争，最终，23 岁的刘骏在斗争中取胜，并登基称帝，是为孝武帝。

刘骏，小字道民，是宋文帝刘义隆第三子，同时也是宋王朝的第 4 位皇帝。刘骏在位 11 年的时间，在治国方面没有取得显著的成就，而他之所以被人们所熟知，则完全是依靠其荒淫无度的生活经历。

据了解，刘骏是中国历史上唯一一位被正史记载与生母乱伦的皇帝。其生母名叫路惠男，她长得花容月貌，曾深得宋文帝的宠爱。但在路惠男生完其子刘骏后，却渐渐失宠，同时也使她失去了对皇宫的眷恋。于是，在年仅 5 岁的刘骏被封为武陵王，要到武陵任职后，路惠男便与儿子一同来到了封地。在这里，他们母子二人朝夕相处，彼此之间的感情也日益深厚。

按理说，母子之间感情深厚，应该是件好事，但刘骏对母亲的感情却早已超出了亲情的范畴。终有一天，刘骏失去了控制，趁其母酒醉之际，与她发生了关系。据说，自此以后，刘骏与他的母亲之间一直保持着乱伦的关系。路惠男之所以没有拒绝儿子的求欢，是出于对刘骏的纵容，还是出于寂寞，人们不得而知，但正是因为她的所作所为，才造就了刘骏荒淫的性格。

刘骏统治时期，皇宫内但凡有点姿色的女人，不论尊卑长幼，都曾被强逼成欢，就连刘骏叔父刘义宣的 4 个女儿也未能幸免。刘义宣是荆州刺史，手握兵权，他对侄子刘骏到处留情的行为十分不满，甚至还发动了一次叛乱。面对叔父的叛变，刘骏原本打算主动让位，后来在其兄弟竟陵王的劝说下决定派兵迎战，最终获胜，大败刘义宣的叛军。

平定叛乱的胜利使刘骏沾沾自喜，将更多的时间沉浸在了宴饮狎亵、戏谑耍笑的生活之中，不仅导致国库空虚，同时也影响到了他的嫡长子刘子业的一生。

刘骏不是个好皇帝，同时也不是个好父亲，他丝毫不掩饰自己淫乱、好色的行为，而作为他的儿子，潜移默化之下，自然也就继承了他的这些坏作风，其中刘子业就是受害者之一。

刘子业是嫡长子，在刘骏还没有登基称帝时就已经出生了。据说公元453年，刘骏在争夺帝位之时，年仅5岁的刘子业不仅遭到过囚禁，而且还曾多次险些被刘骏的敌对势力所杀，这大概也是造就刘子业扭曲性格的原因之一。同年，刘骏登基称帝，刘子业也被立为太子。

一开始的时候，刘骏还是很喜欢刘子业的，因为毕竟是第一个儿子。但随着刘子业年龄的增长，其顽劣的性格也日益明显，从而使刘骏对这个不服管教的孩子渐渐失望，进而对他的态度也越来越严厉、无情。有一次，刘骏只是看到刘子业潦草的字迹，就勃然大怒，他让儿子跪在地上，指责他懒散懈怠、顽固不化、令人失望。打骂的次数多了，刘子业对父亲的态度，也就由最初的害怕慢慢变成了怨恨，这为其称帝后的报复行径埋下了伏笔。

除了严厉的管教以外，刘骏还曾一度想要废掉刘子业这个太子，改立小儿子刘子鸾为继承人。只是此举遭到了官员们的反对，才最终被搁置了下来，此事被刘子业知道后，无疑又加深了他对父亲的怨恨。

刘骏之所以想立刘子鸾为太子，主要原因即是由于刘子鸾是殷淑仪所生，而殷淑仪在后宫最为得宠。据记载，殷淑仪是刘义宣的4个女儿之一。当初刘骏在平定了刘义宣的叛乱后，便开始明目张胆地与他的4个女儿来往，并将她们纳为嫔妃，而殷淑仪便是其中最受刘骏喜爱的一个。

殷淑仪的儿子刘子鸾在年仅6岁之时，就被刘骏封为新安王，统领南徐州刺史。不过，正所谓红颜薄命，宠冠后宫的殷淑仪于公元462年不幸早逝，此事令刘骏颇为伤心。他将殷淑仪追封为贵妃，并为她举行了隆重的葬礼，之后又在皇都内为殷淑仪立庙。此外，刘骏还经常命嫔妃们以及文武百官与他一起在殷淑仪的坟前痛哭，如果看到谁哭得最为悲痛，他就会给予重赏，其所作所为，让人啼笑皆非。

也许正是因为殷淑仪的离世令刘骏太过伤心，而且后来又没有再次遇到像殷淑仪这样令他称心如意的女人，所以两年后，即公元464年，35岁的刘骏就因病去世，追随殷淑仪而去。

弥留之际，刘骏非常担心16岁的太子刘子业在继位后无法驾驭众臣。于是便死前托孤，立下遗嘱，由太宰、江夏王刘义恭与尚书令柳元景等朝臣为刘子业辅佐朝政。就这样，在托孤大臣的辅佐下，刘子业最终登上了皇位。

刘子业丧心病狂造杀孽

刘子业登基后，改国号为永光。据说他在得知父亲去世的消息后，不仅没有表现出任何的悲痛，反而似乎十分开心，因为他终于可以摆脱父亲的控制，独掌政权了。刘骏去世前托孤的行为，根本就是多此一举。这位刚登大位的少年天子，却爆发出了残忍的狼性特质，不仅没有任凭托孤大臣的摆布，而且还肆意地残杀忠良。他不管文武百官是否真正有错，只要看谁不顺眼，便会大开杀戒，导致宫廷内部人心惶惶，许多功臣和将领都相继遭到了迫害，而最终留在刘子业身边的则多是对他阿谀奉承的奸臣。

为了报复父亲曾经对自己的严厉管教，刘子业特意跑祖庙，命画师为自己的先祖画像，然后对这些先祖的画像逐个做了点评，所评的内容多为贬低或嘲笑，令在场的画师和大臣们十分无奈，但又不敢指责刘子业对先祖的不敬。

当刘子业看到父亲的画像时，立即带着质问的语气对画师说："这个老头的酒渣鼻子(红鼻头)，为什么没有被画出来?"此话让画师无言以对，因为他们平时给皇帝画像的时候，通常会将缺陷略去，这也是历代皇帝的画像大多英明神武的原因。但现在刘子业竟然提出要将自己父亲的缺点表现在画像上，尽管这令画师十分为难，但为了不惹怒这个脾气暴躁的小皇帝，他也只能顶着对先皇不敬的罪名，为刘骏的画像加上了一个红鼻头。

由于刘骏在生前十分疼爱殷淑仪的儿子刘子鸾的做法，也曾令刘子业颇为愤恨，因此在父亲去世后，他便迫不及待地采取了一系列的报复。刘子业先是逼迫刘子鸾自尽，迫使这个不到10岁的孩子在临死前，竟然说出了“愿后世不再生于帝王家”的豪言壮语。随后，刘子业又相继处死了殷淑仪的另外两个孩子。此外，他还派人挖开了殷淑仪的坟墓，当众对殷淑仪的尸体进行侮辱，最终才排解了心头之恨。

如果说刘子业因为曾经的仇恨而报复父亲的做法还算情有可原的话，那么他对其母所做出的事情就实在难以让人接受了。刘骏去世后不久，已被尊为皇太后的王宪嫄也很快身染重病，卧床不起。由于感觉到自己时日不多了，于是王氏便派人去召刘子业到自己宫中，想要在临死前再看看这个儿子，但却遭到刘子业的拒绝。他对负责来找他的人说：“病人的房间里有很多鬼，十分可怕，我哪能说去就去啊?”王太后从侍从的口中听到儿子这句话，悲愤交加，立即吩咐侍者说：“快给我拿把刀来！我要将肚子剖开，看看我怎么会生下这样的孩子！”紧接着，没过几天，王太后就在气愤中死去，最终也没有见着刘子业。

母亲死后，刘子业的行为更加肆无忌惮，他不仅用残酷的手段对待文武百官，而且还大肆虐待和打压自己的亲戚。刘子业之所以会这样做，主要原因就是他曾经亲眼目睹了父亲与其他亲族之间的夺位之争，并深受其害。于是为了避免自己的地位被其他亲族所取代，刘子业先下手为强，他将自己的几个叔叔都召回宫中，对他们实行了软禁，并以侮辱他们为乐，给每个叔叔都起了外号，完全不顾及尊卑长幼。尤其是湘东王刘彧，在刘子业的安排下每天都过着猪一样的生活。

刘彧体形肥胖，被刘子业称为“猪王”，而且这个小皇帝还为自己的胖叔叔专门营造了一个类似猪圈的住所，每日给刘彧提供猪食，其手段之无情，令人难以置信。而且，据说刘子业甚至还萌生了想要将刘彧当成“猪”炖了的想法，幸亏建安王刘休仁对刘子业说等有了皇太子再炖“猪”，以示庆祝，从而暂时挽救了刘彧一命。

刘休仁虽然足智多谋，但对于刘子业的种种恶劣行径，却常常防不胜防。刘休仁的母亲建安王太妃陈氏，在年近不惑之年依然美丽依旧，刘子业得知后，就派自己手下的一个将军当着刘休仁的面对陈氏进行奸污，还下令说如果刘休仁露出不满情绪，就立刻将被处死。可怜的陈太妃为了保全自己儿子的性命，不敢反抗，而在一旁的刘休仁也只能隐忍着自己的情绪，眼睁睁地看着自己的母亲被人侮辱，却束手无策。

据了解，除了刘休仁的母亲以外，刘子业对其他和刘氏皇族通婚的女子们也时常采取同样的手段进行迫害，他不断派手下强暴这些女子，自己则在一旁观赏，并且乐此不疲。然而，这些都并不足以表明刘子业的变态行径，其荒淫的程度已经完全超越了他的父亲刘骏，达到了肮脏、暴力、无耻，甚至是前无古人、后无来者的地步。

恶魔狂舞，刘子业荒淫无度终毁灭

孝武帝刘骏曾经公然与自己的母亲乱伦，这种违背了伦理道德的行为不仅被刘子业所继承，而且还表现得更为严重。刘子业先是和自己的亲姐姐、山阴公主刘楚玉发生了不正当的关系，这姐弟俩乃是一奶同胞，从小就很亲近。刘楚玉结婚后，便离开了皇宫，因此也激发出了刘子业对她的思念之情。同时，刘楚玉对自己的这个弟弟也存在这非分之想，于是两人很快又重新聚在了一起，并做出了苟且之事。不久后，刘楚玉的丈夫就突然暴毙，其死因不言而喻。

失去丈夫的刘楚玉不仅没有表现出应有的悲伤，反而干脆重新回到了宫中，明目张胆地与弟弟刘子业朝夕相处，同吃同睡，俨然成为了一对夫妻。同时在刘楚玉的要求下，刘子业还为这个姐姐找了 30 个英俊的男人，赐给刘楚玉充当男妃，让她恣意玩乐。这些男人在当时被称为面首。

在成功将姐姐据为己有后，刘子业又将下一个目标定在了自己姑姑新蔡公主的身上，据说这还是刘楚玉给他牵的红线。新蔡公主名为刘英媚，是宋文帝刘义隆的女儿，长得娇媚动人，后嫁给了宁朔将军何迈。由于新蔡公主与刘子业的一个妃子路氏有亲属关系，所以经常入宫。刘子业见她千娇百媚，年近三十依然风韵犹存，再加上刘楚玉的怂恿，因此，便萌生了对姑姑的占有之心。

刘子业假借妃子路氏的名义，将新蔡公主骗入宫中，不顾姑姑的反对，强行占有了她，后又强迫她留在宫中。新蔡公主的丈夫何迈深知刘子业的作为，原本就担心妻子的安危，现在又见她迟迟不归，于是便多次派人催促公主回府。对于何迈的举动，刘子业先是找了一具女尸放入棺材之中，派人送到何迈的府上，说是新蔡公主突然去世，还让何迈节哀。后来这件事被何迈识破，他为了重新夺回妻子，便想要杀掉刘子业，另立新君。结果这个计划却先被刘子业得知，最终何迈惨遭杀害，新蔡公主则在刘子业的强制下常住宫中，并被封为贵嫔，同时还被迫改姓为谢。据说刘子业之所以给新蔡公主改姓，主要是为了掩人耳目，可见他对伦理道德十分清楚，只是不想按此行事而已。

先是姐姐，后是姑姑，而且据说刘子业还曾与自己奶奶辈的公主有过亲密的接触。由此可见，刘子业对本族的女性都有着特殊的爱好，老少通吃，是个十足的性变态。

如果只是私生活荒淫无度也就罢了，但刘子业却偏偏还十分热中于导演淫乱的场面。他似乎觉得观看一个人侮辱别人的妻子不过瘾，所以就将各王王妃、公主都召集在一起，命令自己的众多宠臣对她们进行集体奸污。而刘子业则站在一旁，像看戏一样欣赏这一幕幕淫荡的场景，还时不时地拍手叫好。但如果他看到哪个王妃或公主抵死不从，便即刻下令对其进行惩罚，甚至还会牵连到她们的家人。

此外，刘子业还曾让宫门和亲信们都到后苑华林园中，命他们脱光了衣服，相互追逐，相互奸淫。其中若有不从者，也同样会被当场杀死。更令人发指的是，刘子业不仅派人来对宫女们进行奸污，甚至还强迫她们与畜生交配，并且还站在一旁大笑不止，完全失去了最基本的人性。

也许是由于坏事做多了，所以有一天，刘子业竟然在睡梦中梦到了一个浑身血污的女鬼，对着他大声斥责："你的行为悖逆不道，活不过明年了。"刘子业被惊醒，十分害怕，想要暂时收敛一下自己的行为。但是第二天，他却看到一个宫女与梦中的女鬼很像，顿起杀心，下令赐死了这名宫女。结果当夜，刘子业又梦到被赐死的宫女来到自己的床前，摘掉了他的头颅，并对他说："你枉杀了我，一定会遭到报应的。"刘子业再度被惊醒，醒来后更加害怕，便于第三天特意请来了巫师及彩女数百人，让他们来捉鬼。

巫师告诉刘子业，鬼在竹林堂中，于是一群人浩浩荡荡地来到竹林堂，先由巫师们作法招鬼，同时彩女们在一旁起舞。然后再让刘子业和侍从们先后依次射箭，就算是最终把鬼射死了。刘子业听说鬼已除尽，甚为宽心，当即命人在竹林堂设宴，并召集山阴公主和谢贵嫔等嫔妃，与她们一同开怀畅饮，听歌赏乐。

就在刘子业与嫔妃们纵情享乐之际，却突然闯入了一群不速之客，其中包括主衣寿寂之、内监王道隆、学官令李道儿、直阁将军柳光世等人。这些人原本都是刘子业的亲信，但他们却都无法忍受皇帝的所作所为，不愿再随时都要为自己及家人的安危提心吊胆，所以便与几位被软禁在宫中的王爷联手预谋，趁刘子业在竹林堂中狂欢的时候，公然持刀直入。

刘子业看到这些不速之客来者不善，慌忙拿起刚刚除鬼的弓箭，想要射杀来人。但不知是技术不好，还是因为紧张，刘子业连射几次都没有命中。无奈之下，他只能丢下弓箭逃跑，边跑边呼救，希望能有人来救驾。但是此刻，巫觋彩女和嫔妃们却只顾四窜而逃，没有一个人肯来搭救这个曾经十恶不赦的皇帝。众叛亲离的刘子业，最终被主衣寿寂之一刀砍入后背，当场毙命。

刘子业被谋杀致死后，山阴公主也很快被赐死，而谢贵嫔则也像刘子业一样，在竹林堂的那场叛乱中就死在了乱刀之下。紧接着，曾被刘子业关进猪圈的湘东王刘彧在众人的拥护下登基称帝，史称宋明帝。

尽管刘子业去世时年仅 17 岁，且只做了一年多的皇帝，但由于是自食恶果，因此也没有人会觉得可惜，反而令人大快人心。如果这个极端变态，又凶狠残暴的皇帝再多活几年，也许宋王朝就要提前走向衰亡了。

千秋评说

刘子业虽然在位只有一年多的时间，但却拖了一个长长的历史尾巴，因十恶不赦而遗臭万年。

刘子业不但以荒淫无度而名扬天下，就是其血腥残暴也令人发指。按理说，16岁的年纪就登上皇朝权力的巅峰，执政前景可谓一派大好。可他却不珍惜来之不易的帝王宝座，没有致力于建立自己应有的历史地位，而是把权力当成了随意发泄的工具，杀人如麻、荒淫无道，简直到了丧心病狂的地步。

同时，面对自己的昏庸行为，刘子业不仅不知悔改，反而当着大臣的面指着他父亲孝武帝的画像，恬不知耻地说："此人好色，不择尊卑！"

因而，面对刘宋王朝皇帝家族出现的种种怪相，有史学家甚至直接断言他们都有精神病，因为这种整体性的荒淫残暴历代少有。史学家们还分析，这种怪相产生的原因，主要源于宫廷内亲情关系的淡薄，以及权力欲望的无休止膨胀。几乎所有最高权力的拥有者，结局往往都不容乐观，所以皇帝们也时刻会有如履薄冰的感觉。在巨大的压力下，君主们的心理大都发生了扭曲，导致他们只能用残暴来掩饰恐惧，用放纵来宣泄压力，犹如末世魔鬼的狂欢。

正是因为这样的恶性循环，刘宋王朝才出现了荒诞不羁的沉浮和跌宕。刘子业只是其中的一分子，但却造成了整个王朝的沉沦与荒谬。

朱常洛——苦等三十九年，只坐一月江山

明光宗朱常洛，是明神宗和宫女王恭妃所生的儿子，既是万历皇帝朱翊钧的长子，也是明代第14位皇帝。然而，由于朱常洛是万历皇帝和宫女偷情的产物，因而总觉着朱常洛是他的一桩丑闻，因而，他从心里就不喜爱这位太子。

朱常洛是明代传奇色彩最浓的一位皇帝，“梃击案”、“红丸案”、“移宫案” 这著名的明宫三大疑案都与他有关。“梃击案”关系到他的登基，“红丸案”关系到他的死亡，在这两件疑案当中，他是主角，同时也是受害者，而“移宫案”则关系到继承他帝位的人选的问题，因此，朱常洛的一生都已经被这明宫三大疑案所笼罩了。

朱常洛没当皇帝之时处处小心，当了皇帝没几天，原本雄心勃勃的朱常洛又抱憾而终且死得不明不白；生前命运坎坷，死后陵寝也是采用当年景泰帝的废陵，命运对帝王竟也是如此捉弄，真是造化弄人啊。

继位内幕

从小不受父皇喜欢，又身遭三大疑案，朱常洛经历了如何曲折的登基道路，又是如何离奇地死去的呢?

太子地位摇摆，苦等三十九年终登基

在中国君主专制时期，有一个“有嫡立嫡，无嫡立长”的规矩，意思是说，由

皇帝和皇后所生的嫡长子首先是皇位最正统的继承人，不过如果没有嫡子，那么在皇帝与其他妃子所生的庶子中，年龄最长者则应为继承人的不二人选。然而，这个规矩在明朝的万历年间却出现了动摇，从而引发了一场长达十多年的“国本之争”。

所谓“国本之争”，就是一场有关皇太子的争端。万历年间，明神宗朱翊钧与王皇后一直都没能生下嫡子。而在公元 1582 年，庶子朱常洛则率先降生于世，成为神宗的长子。但是，对于长子的出现，朱翊钧却没有感受到任何的喜悦，因为朱常洛的母亲王氏最初只是一个宫女，神宗只是偶尔与其有染才导致她怀上身孕。据说神宗原本不打算要这个孩子，但迫于皇太后的压力，才将已经怀有身孕的王氏封为恭妃，使她以妃子的名义顺利生下了朱常洛。

皇太后之所以会帮助王氏，主要因为她曾是自己宫中的宫女，而且皇太后自己也是宫女出身，因此在她的劝说下，朱常洛的性命才得以保全。然而，朱翊钧对这个儿子却没有丝毫的好感，而且还认为他的出现是一桩丑事。所以，朱常洛出生后，很少得到父亲的关心，甚至直到十几岁仍大字不识。同时，神宗还对立朱常洛为皇太子一事一拖再拖，其原因一方面是由于他看不上这个长子，另一方面则是因为在朱常洛出生后的第四年，深得神宗宠爱的嫔妃郑氏也为他生下了一个儿子，即朱常洵。

由于神宗当时深爱着郑氏，所以对朱常洵自然也是十分疼爱，在孩子出生后不久便加封郑氏为贵妃，使其在后宫中的地位仅次于皇后。而且据说，神宗还一度想要让郑贵妃取代皇后的位置，这样一来，朱常洵就可由庶子变成嫡子，便可以名正言顺地被封为皇太子了。只是神宗的这个想法却遭到了其他人的一致反对，其中也包括他的母亲——现任皇太后李氏。

李太后在得知神宗因朱常洛是宫女之子而打算改立朱常洵为太子时，十分动怒，她提醒神宗说：“你也是宫女所生的孩子。”这句话让神宗有些惭愧，所以也就暂时收回了想要打破陈规、立朱常洵为太子的念头。不过，对于立朱常洛为太子这件事，神宗仍然想尽各种办法进行延缓。而朝臣们则不断地向皇帝上书，希望他能够尽快将朱常洛立为太子，并一致认为朱常洛的太子身份是毋庸置疑的。

这场你来我往的拉锯战持续了近20年的时间，其间，在朝臣们的反复劝说下，朱常洛于公元1594年开始接受正规的教育，后又于公元1601年被立为太子。此时，朱常洛已经19岁了。由于当时的皇太子又称国本，因此史上将这场皇太子的争端称为“国本之争”。

可以说，朱常洛能够成为皇太子，完全是大批朝臣们的功劳。在“国本之争”期间，朝臣们用尽了各种方法，唯一的希望就是要让神宗将朱常洛立为太子。尽管神宗一再地拖延，尽管皇帝的决定其他人原本无权干涉，但朝臣们却没有因此而懈怠，也没有因此而胆怯，反而充分发挥出团结一致且持之以恒的精神，最终将朱常洛推上了皇太子之位，也维护了正统的规矩。

朱常洛虽然在众大臣的帮助下登上了太子之位，但这个位置却并不牢靠，因为一心想让自己的儿子朱常洵成为皇太子的郑贵妃并没有因太子之位已定而善罢甘休。事实上，早在“国本之争”期间，郑贵妃就一直从中作梗，尤其是在李太后去世以后，她的行为也更加明目张胆。神宗所采取的拖延战术，以及想要先将郑贵妃册立皇后，再立朱常洵为太子的想法，据说都是郑贵妃所提供的手段。而在朱常洛被立为太子后，郑贵妃一方面设法拖延着福王朱常洵就藩的时间，另一方面则仍在寻找推翻朱常洛皇太子之位的时机。不过，此时的朱常洛已经在多年的太子之争中积累了许多的经验和教训，因此所作所为都是循规蹈矩，使郑贵妃无机可乘。

恰在此时，宫廷内部还发生了“梃击案”，危急到了太子朱常洛的生命，因此许多人都猜测这个案件的幕后主使是郑贵妃。“梃击案”是明末三大案的第一案，发生在公元1615年5月30日。那天，一名叫做张差的男子闯进朱常洛居住的慈庆宫，手持枣木棍乱打宫内之人，一直打到殿前的房檐下，才被宫中的内侍阻止并抓获。此案在审理的过程中，由于张差指控是受郑贵妃宫中的太监庞保和刘成的指使，牵扯到了郑贵妃的利益，导致案情最终不了了之。只是张差和两个太监相继被处死，使案件因没有了证人而无从查起，遂成为了明朝三大迷案之一。

郑贵妃究竟是不是梃击案的幕后主使，人们不得而知，但她想要让自己的儿子朱常洵成为皇帝的信念却是毋庸置疑的。而且这个女人也像支持朱常洛的诸位大臣们一样，有一种持之以恒的精神，似乎不达到目的绝不善罢甘休。因此，即使是后来朱常洛在登上皇位后，郑贵妃仍然没有放弃希望，这或许也正是朱常洛仅做了一个月的皇帝就突然离世的真正原因。

继位一月，宏图未展，撒手人寰

公元 1620 年，明神宗病逝，身为皇太子的朱常洛在经历了 39 年的动荡与争端后，终于登上了皇位，并改年号为“泰昌”。

朱常洛登基称帝后，便立即开始着手进行改革，以清除万历年间的弊政。他首先利用其父神宗生前聚敛的一些财产来犒赏边关将士，借此来聚拢这些将士们的心，进而也加强了边关的防守力度。

同时，朱常洛还发现万历朝的矿税如今已经成为了一个导致民不聊生、叛乱频发的重大弊端，于是便下令取消了这项税收，消除了民怨。

此外，为了解决在万历中后期就已经出现的官员严重不足的情况，朱常洛先是重振纲纪，并借此提拔了一批新的官吏。然后他又将一批由于进谏而得罪万历皇帝的言官从监狱中释放了出来，重新恢复了他们官职。朱常洛明白这些言官只是一时口误，没有掌握好说话的分寸，并不是真的犯下了不可饶恕的错误，因此也应该再给他们提供一次将功折罪的机会。如此一来，这些官员们也会感恩于心，一定会尽心尽力地为国家效力。朱常洛的这两项措施，最终补足了朝中官职的缺额，使国家在政治运转上逐渐步入正轨。

由于各项改革皆为明智之举，因此朱常洛所具有的一代明君的风范也初露锋芒，这不仅让当初支持他成为皇太子的朝臣们深感欣慰，而且百姓们也是受益匪浅。然而，就在大家乐观其成之际，朱常洛却突然病倒了，此时距他登基称帝还不到一个月。

据说，朱常洛之所以会突发急病，与郑贵妃脱不了干系。尽管在朱常洛登基后，他时常借着父亲的名义优待郑贵妃，甚至还向礼部提出了要封郑贵妃为皇太后的谕旨，并说这是其父临终前的遗命。此时，虽然先皇后和朱常洛的生母王氏都已经相继去世了，但礼部方面却仍然认为郑贵妃不具有被封为皇太后的条件，且此前的历史上也无先例，所以朱常洛才暂时将此事搁置不提。

对于朱常洛以德报怨的做法，郑贵妃并不领情，她知道这个皇帝有个缺点，即是贪恋美色，于是便挑选出 8 个美女，送给了朱常洛，让她们陪着皇上寻欢作乐。朱常洛一方面要处理国事，一方面又不舍得置美色于不顾，因此他的空闲时间便都沉溺在几个美女的温柔乡之中，很少能够得到真正的休息。如果是一个正常人长期得不到休息，也会承受不起。更何况由于从小就被父亲冷落，因此朱常洛的身体本来就不好，再加上得不到正常的休息，于是很快就卧病在床了。

与此同时，更令人匪夷所思的是，朱常洛的病明显是因为积劳成疾，应服用补药，再精心调养方可治愈，但掌管御药房的太监崔文升却偏偏给朱常洛开了一济泻药，导致皇帝连续腹泻 34 次，使病情再度恶化。

就在所有人对朱常洛的病情都似乎束手无策之际，又出现了一个关键人物，即鸿胪寺丞李可灼，他向皇上进献了两颗红丸，并称之为仙丹。也许是因为病急乱投医的缘故，所以尽管一些朝臣们对这两颗药丸提出了质疑，但朱常洛却仿佛听不进任何劝告，依然迫不及待地服下了一颗药丸。不过，服药后，朱常洛的病情也确实有所好转，不仅呼吸顺畅了，而且还食欲大开。然而，就像是回光返照一样，当朱常洛再次服下第二颗药丸后，他的病情非但没有像之前那样得到好转，反而开始昏昏欲睡，并于第二天清晨莫名其妙地离开了人世。随着朱常洛的去世，明朝三大案的第二案也由此产生，史称红丸案。

泰昌帝朱常洛最终死得不明不白，致使朝野大动，一些人开始对红丸案进行调查。同时朝臣们也是议论纷纷，有的认为是那些对红丸产生质疑的官员胡乱干预，才导致皇帝的病情被耽误，而更多的人则认为是郑贵妃的蓄意谋害。不过这个看法也并不是毫无根据的，因为据查证，最初给朱常洛开泻药的太监崔文升，就是郑贵妃的属下。但不知是牵扯的人太多，还是证据太少，到最后，红丸案也像之前的梃击案一样不了了之。事后，李可灼被充军，崔文升被贬放南京，而备受众人怀疑的郑贵妃却依然相安无事。

红丸案的结局令人失望，李可灼进献的药丸是否有毒？崔文升为什么要给皇上开泻药？以及谋害朱常洛的真正凶手是谁？这些问题人们都不得而知，但即使是这些问题都有了结果，也终究改变不了朱常洛去世的事实。这位皇帝从登基到病逝，仅有短短的一个月，因此史上通常称其为“一月天子”。尽管朱常洛统治时间极短，但却表现出了他在治国方面的卓越才能，因此他的早亡也不得不让人深感惋惜。

由于朱常洛的突然离世令人始料未及，所以直到他去世的第二年（公元 1621 年）9 月，人们才在原北京昌平景泰陵的废址上完成了重建和修缮庆陵的工作，并将泰昌帝葬入其中，而陪他一起同葬的则还有孝元、孝和、孝纯 3 位皇后。

千秋评说

应当说，朱常洛的命运并不顺畅，因生母身份问题，他就一直遭到父皇的歧视，虽为长子却久久不能被立为太子。甚至父皇曾一度萌发废长立幼的想法，差点让他与太子之位擦肩而过，幸亏诸大臣的冒死抵制，才使他的太子身份得以确立。

最悲哀的是，遭遇刺客，却不能放手追查元凶背后的黑手。好在苦等 39 年，终于在万历皇帝晏驾后登上了皇位。当他踌躇满志，准备放马一博的时候，却因为一副泻药、两粒红丸而呜呼哀哉，才仅仅做了 30 天的皇帝！真是可悲至极！

客观地讲，朱常洛在即位之初，是想做一个有为之君的。当年神宗大行敛财，宫中留有大量银两。朱常洛在登基后不久，曾连续两次发内帑共计 160 万两，用来赏赐在辽东及北方的前线防军。同时，朱常洛命令撤回万历末年引起官怨民愤的矿监和税监，召回在万历一朝因为上疏言事而遭到处罚的大臣，补用空缺的官职。

像邹元标、王德完等一些正直敢言的大臣，先后被下诏召回。这一切，都预示着新的政治面貌即将出现。然而，宫中的郑贵妃似乎仍是朱常洛无法摆脱的阴影。他非但没有胆量去追查当年郑贵妃对自己的迫害，反而处处以先皇为借口，优待郑贵妃。或许正是因为他的胆怯，才最终导致了他的死亡。因为，后人一直对那一副泻药和两粒红丸心存疑虑。不排除政治投毒暗杀的可能。

第六辑

千古遗憾：无缘身在最高层，太子终未登龙廷

太子是一种高回报高风险的行业。对于那些有志于争夺皇位的人来说，登上太子之位意味着自己在皇位争夺战中占据了先机。不过，一旦成了太子，所有还在觊觎皇位的人都会把你当成眼中钉、肉中刺。以致很多人虽然当上了太子，但还是被人拉下了马，终究没能当上皇帝。至于像胤礽那样苦等几十年却仍然两手空空的太子来说，就只能说是悲剧中的悲剧了。

刘据——父皇受惑清君侧，母子俱亡

刘据是汉武帝和卫子夫所生的儿子，又称卫太子。元朔元年3月，卫子夫被立为皇后，元狩元年，时年7岁的刘据就被立为太子。后来，刘据之孙刘询登上帝位，是为汉宣帝。汉宣帝即位后谥刘据曰“戾”，所以刘据又称“戾太子”。

太子刘据为人忠厚孝义，内则事亲尽孝，外则秉公办事，颇得众心。后来武帝为成年的太子修建“博望苑”，让其在那里跟宾客往来，“从其所好”，足见汉武帝刘彻对太子刘据的重视程度。事实上，刘据虽不及武帝的雄才大略，但不乏守成之本事，可惜，他的这身本事却终究没能得到施展的机会，而谥号中的那个“戾”字更是对他赤裸裸的污蔑。

继位内幕

在中国传统的伦理当中，不孝有三，无后为大。对于一个雄才大略的古代帝王来说，如果没有子嗣，那么统治是绝对不会稳固的。随着刘据的降生，将到而立之年的汉武帝终于有了自己政治衣钵的传承者，其欣喜之情可以想象。原本是父慈子孝、一派祥和的景象，按说刘据应该可以平平安安地当上皇帝，为什么会因为几个奸臣的诬陷就死无葬身之地呢?

政治资本雄厚无比，刘据地位坚如磐石

汉武帝刘彻的第一位皇后是陈阿娇，当年汉武帝能够顺利地登上皇帝之位，跟陈阿娇的母亲馆陶长公主刘嫖的大力扶持是分不开的。因此，汉武帝一继位，就把陈阿娇立为皇后。但是，汉武帝刘彻和陈皇后的婚姻纯粹是一场政治联姻，是汉朝宫廷内部权力博弈的产物，在生活中，刘彻与陈皇后的感情并不好。

后来，刘彻在一次打猎之后返回宫中的路上前去自己的姐姐平阳公主家里做客。平阳公主有一个歌姬名叫卫子夫。刘彻一见卫子夫，便喜欢得不得了，马上把她带回宫去，极尽宠爱之能事。很快，卫子夫为已经快要30岁但却仍然没有皇子的汉武帝刘彻生下了一个儿子，这个儿子就是史称“戾太子”的刘据。

生下刘据之后，卫子夫越发得宠。没过多久，汉武帝刘彻就废黜了陈阿娇的皇后之位，改立卫子夫为皇后，在刘据7岁的时候，又立了刘据为太子。后来，卫子夫的弟弟卫青在与匈奴作战的时候立下大功，被封为大将军，卫青的外甥霍去病也因为战功卓著，在20岁那年就成了与卫青并列大司马、大将军，与卫青分掌兵权。到了这时，卫氏一门已经是极尽荣宠。

不仅如此，围绕着卫、霍两位名将，还有战功卓著的一批军人，包括李广、张骞、公孙贺、李蔡、李息、公孙敖、张次公、赵食其、韩朔、苏建、郭昌、荀彘、路博德、赵破奴等人，皆以军功而位列要职。他们或出将入相，或为九卿郡守，个个都是朝廷中的股肱之臣，他们也自然而然地成为太子的臂膀。身为太子的刘据政治资本如此雄厚，再加上他本身仁慈贤明，深得人望，地位自然是稳固无比。

政见不合，太子刘据圣眷渐衰

刘据刚刚被立为太子的那段时间，汉武帝刘彻可以说是相当的春风得意。不仅是因为自己中年得子，有了一个确定的皇位继承人，彻底堵住了反对他的那些

贵戚大臣们的嘴，更是因为胸怀大志的汉武帝在与匈奴的战争中屡战屡胜，这种种的喜事加在一起，自然会让汉武帝更加宠爱太子刘据。

然而，随着刘据一天天长大，惯于炫耀武力的刘彻，和当年刘邦看不上性格懦弱的儿子刘盈一样，也觉得性格仁慈谦恭的刘据跟自己的行事风格完全不同，就好像不是自己的儿子似的。再加上这时卫皇后渐渐因为年老色衰而失去了汉武帝的宠爱，刘据的太子之位就不像之前那样稳固了。

当时，深得汉武帝宠幸的王夫人生下了儿子刘闳，李姬生下刘旦、刘胥，李夫人生下刘髆。儿子越来越多，选择也越来越多，刘彻对刘据母子自然而然地也就有了些成见。虽然如此，刘彻一时还没有废掉太子之意。为此他对刘据的舅舅、大将军卫青说："我听说皇后和太子心里不安，其实我并没有废掉太子的意思。太子敦厚好静，之后必然能够守住我留下的基业，不会让我担忧。我想立一个守成的君主，又有谁能贤明得过太子呢?所以你替我去安慰一下他们母子吧。"

但是，刘据对于父亲穷兵黩武、四处用兵征战早就心存不满了。他经常就这件事去向父亲劝谏，但是汉武帝却终究不肯把他的话放在心上，还笑着对刘据说："我这样做，还不都是为了你吗?这些事情是早晚都要做的，我现在替你做好了，以后你当了皇帝不就省事了吗?"父亲对自己的劝谏不以为然，刘据也就只有叹气的份。

公元前 117 年，霍去病逝世，死时年仅 24 岁，卫家失去了一位栋梁。公元前 106 年，大将军卫青病逝，卫家的第二根台柱子也轰然倒塌，皇后卫子夫和太子刘据就此失去了最有力的后援。由于汉武帝多年以来四处征伐，不知道将养民力，造成国用匮乏，天下户口减半，社会危机加剧。原先卫、霍手下的将领、卫太子周围的军功封侯集团也已经厌倦了多年艰苦的远征，在这种情况下，以太子刘据为首的一批温和派官员提出对内与民休息、停止酷敛，对外与匈奴和解、停止征伐四夷的新政方针。固执的汉武帝则坚持以武力讨伐四夷的方针。这样一来，汉武帝父子间在政见上的分歧渐渐被摆到了台面之上，也使得刘彻和刘据这对父子之间变得渐渐冷淡、疏远。

政治权力的转移，对于最高当权者来说，是非常严重的。即使是自己选定的继承人，也难免面对苛刻挑剔的目光。在父子政治理念有重大分歧的情况下，心理裂痕最终转化为政治危机。正是在这种情况下，汉武帝开始重新考虑卫太子的继承权问题。于是，具有敏感的政治嗅觉和投机之心、再次受到汉武帝的特殊信任并授以重要权力的江充，利用这种矛盾制造了“巫蛊之祸”，把卫皇后和刘据母子逼入了死亡的深渊。

巫蛊祸乱太子遭牵连，头脑发热刘据起兵谋大逆

汉武帝是一个十分迷信的人，他相信神仙，甚至像秦始皇一样，也想追求长生不老之道。因此，汉武帝偶一卧病，就会自然而然地认为有人在用巫蛊害他。所谓的“蛊”，根据民间传说，就是巫者将毒虫毒蛇放在一个器皿之中，让它们互相吞并，最后只剩下一个最强的。然后巫者再操纵这只毒虫毒蛇用咒诅符箓削制木人埋蛊地下等诸多方式来害人。使用巫蛊的人相信经过这样的法术，被诅咒者的灵魂就可以被控制或摄取。由于当时人们深信蛊这种东西是真实存在的。巫蛊在当时是妇女间相互仇视时发泄私愤的通常方式之一。当年皇后陈阿娇失宠，就曾使用巫蛊之术诅咒其情敌卫子夫，汉武帝知道这件事之后，才废黜了她的皇后之位。因此汉朝严格立法，禁止民众行巫蛊之事。

但是，这一次的“巫蛊之祸”的发生令上一次相形见绌。武帝此时已近垂暮之年，又疾病加身，一次，他在大白天看到了刺客出现的幻象，又做了个被数千木人围攻的噩梦。帝王晚年的多疑、猜忌的特质在他的身上加倍地表现出来。于是，一场悲剧就这样开始了。

“巫蛊之祸”的发生，还要先从宰相公孙贺和武帝之女诸邑公主、阳石公主巫蛊案说起。公元前 91 年，有人举报丞相公孙贺的儿子公孙敬声与卫皇后所生的女儿阳石公主私通，又派人用巫术诅咒汉武帝，并且在汉武帝经常经过的甘泉宫驰道埋偶人，祝诅之言十分恶毒。

汉武帝最痛恨的就是巫蛊之事，听闻这件事自然是勃然大怒。于是，在汉武帝的特意关照之下，廷尉府严办此案，公孙贺父子死于狱中，整个家族都被处死。数月之后，卫皇后与汉武帝的女儿诸邑公主和阳石公主也都因为牵连此事而被处死。

汉武帝在处理这一案件时的冷酷无情让每个人为之胆寒。但是，任何人都没有想到的是，公孙贺一案竟然还只是意见更大的滔天大案的导火索。

在审理公孙贺一案时，汉武帝已染病在身，为了养病，汉武帝前往甘泉宫疗养，长安城中只有卫皇后和太子刘据在主持大局，但是武帝却不信任他们，而是全权委托新任丞相刘屈氂和御史章赣，以及为武帝所宠信的特务头子、背景十分复杂的江充一同审理公孙贺案。

公孙贺案被办成大案的另一个关键因素是汉武帝时期的外戚李氏集团和刘屈氂的崛起。汉武帝的宠姬李夫人原本只是一个美丽的歌伎，通过其兄乐师李延年来到武帝身边。李夫人能歌善舞，千娇百媚，深受武帝宠爱，但李夫人不幸早死。她只留下一个王子刘髆，被汉武帝封为昌邑王。李夫人有 3 个兄长：李广利、李延年、李季，其中李广利后来成为贰师将军，逐步取代了卫、霍集团的军事领导地位。李广利远没有卫青、霍去病那样的军事才华，但是他全力支持武帝继续对外用兵的方针，因此而赢得了汉武帝的宠信，同时也使李氏集团逐渐崛起，成为了朝廷当中的一股重要势力。

刘屈氂是汉武帝的侄子，其父是武帝的庶兄、大名鼎鼎的中山靖王刘胜。虽然刘屈氂在名义上也是皇亲国戚，不过他父亲刘胜是著名的大色鬼，一辈子生了 120 多个儿子，刘屈氂仅是这 120 多个儿子中的一个，原本不过是个小小的涿郡太守罢了。在公孙贺因为巫蛊案被罢相后，刘屈氂得到了汉武帝的提拔，一步登天，从一个地方上的太守一夜之间摇身一变当上了左丞相。与此同时，刘屈氂的儿子娶了李广利的女儿为妻，作为儿女亲家，刘屈氂自然是和李氏集团同坐一条船的。

李广利自然十分希望自己的外甥、昌邑王刘髆能够当上太子，继承帝位。因此，在李广利和刘屈氂眼里，太子刘据自然是一块必须被除掉的绊脚石。进而，特务头子江充在李广利和刘屈氂的幕后支持下开始借公孙贺一案罗织罪名陷害太子和卫皇后。他向汉武帝密奏，说汉武帝的病因是由于“巫蛊”作祟，而公孙贺只不过是受人指使而已。于是，病重的汉武帝授权江充成立专案组，进一步对这件巫蛊大案进行深入调查。

在江充的操纵之下，案子越查越大，牵连的人也越来越多，导致汉武帝甚至开始怀疑自己的左右从人都已经被那个巫蛊事件的幕后主使人所收买了。江充趁机对汉武帝说："皇宫之中蛊气太重，如果不清除的话，皇上的疾病是不会好的。"汉武帝听信了江充的谗言，命令江充率领部下进入皇宫彻底搜查，并派遣按道侯韩说、御史章赣、黄门苏文等协助江充督办。江充亲自带领胡巫入宫搜查。

进宫之后，江充耀武扬威地先从后宫中很少得到宠幸的嫔妃宫中开始搜起，每间屋子都掘地三尺，把偌大一个未央宫翻了个底朝天。结果，江充在太子宫中掘出了桐木人和写有咒语的帛书。当然，这些东西都是准备蓄意谋害太子的江充事先派人埋进去的。

眼看江充已经欺负到自己头上来了，太子刘据忍无可忍，情急之下问计于太子少傅石德。结果这个石德误导了刘据，他说："不久前公孙贺父子、两位公主及卫伉家人都已遭陷害被杀。现在，逆贼江充就是在蓄意诬陷您，连木偶都已经挖出来了。皇上素来信任江充，一定会被他欺骗而怀疑您的。我们现在已经很难证明自己的清白，与其坐以待毙，不如动手杀掉江充，难道您不记得前朝始皇帝的太子扶苏受冤屈而死的事了吗?难道您想做扶苏第二吗?"

可是，向来优柔寡断的刘据很难下定决心就此起兵造反，他总觉得自己是一国储君，绝不应当擅开杀戒，因此仍想面见武帝，陈情辩白。但是，此时江充早已堵死了刘据晋见武帝的途径，并且已经向武帝诬告他用巫蛊谋害天子，意图谋反。

当刘据发现自己已经不可能通过正常渠道面见父皇之后，他终于下定了决心，决意除掉江充。于是，刘据以太子的身份调动了宫廷卫队，并且在卫皇后的支持下，以皇后印信调集了宫府中的弓兵、武库兵和长乐宫卫兵。紧接着，刘据告令百官，说江充要谋反。

起兵之后，刘据命自己的门客诈称是汉武帝派来的使者去见江充，结果一见到江充就把他抓了起来。江充的助手按道侯韩说则因为捕被杀，江充的另一个助手御史章赣在混乱中带伤突围，逃到甘泉宫向武帝报告太子刘据发动政变的事。在暂时控制了长安城之后，刘据将一腔怒火全都倾泻在了江充身上，亲自监督，把江充斩首示众。

此时的刘据已经杀红了眼，他在杀掉江充之后索性派兵攻打丞相府，捉拿此次巫蛊事件的幕后黑手——丞相刘屈氂。结果，刘屈氂还要比江充机警得多，一听说江充被杀，早就脚底抹油了。继章赣之后，刘屈氂也跑到甘泉宫向汉武帝报告情况去了。

一开始，武帝在甘泉宫听到章赣等人来报告太子出动军队，并不相信平常老实巴交的刘据竟然真的会起兵造反，认为可能是江充逼刘据过甚，刘据才一怒之下杀掉江充的。直到丞相刘屈氂的使者来报，他才确信刘据真的已经起兵造反了，并且已经占领了长安城，下一步估计就该登基称帝，让自己当太上皇了。于是，武帝下令刘屈氂率正规军杀回长安，讨伐刘据，他本人则由甘泉宫到达长安城西郊的建章宫，亲自指挥夺回长安城的军事行动。

刘据此时已是骑虎难下，只能带着自己那帮临时拼凑起来的乌合之众去抗衡自己父亲所率领的精锐之师。刘据的军队与丞相刘屈氂率领的政府军在长安城中血战数日，终究还是被击溃了。长安城重新被政府军占领之后，皇后卫子夫自杀。太子刘据不得不带着自己的两个儿子慌忙逃离长安，藏在湖县(今河南灵宝西)的一个朋友家。这家人很穷，家无余粮，根本养不活刘据这一家三口。为了生计，刘据派人去寻觅一个有钱的朋友，结果被朝廷密探发觉，地方官吏带人来捉拿。当县卒张富昌破门而入的时候，刘据不愿被小吏所辱，进入内室自缢而死，他的朋友与前来捉拿他的士兵格斗被杀，他的两个儿子也在混乱中被杀死。

在卫子夫和刘据死后，卫氏家族被诛灭九族，只有一个当时还未满周岁的孙子刘询幸免于难，就是后来的汉宣帝。刘据的幕僚与眷属也被杀光，而与卫氏沾亲带故有交情的侯爵、将领都被抄家杀头。由于儿子的背叛，盛怒之下的汉武帝大肆牵连，导致数万人死于非命，在这场大动乱中为刘据出力的兵丁则大多被举族流放到敦煌做苦力。

可悲的是，当武帝这位一代雄主人到暮年的时候，才终于识破了这场政治的阴谋，终于以理智的心情，对自己的所作所为进行了一番审视。明白过来的汉武帝下诏罪己，检讨自己多年前的过失，终于为刘据恢复了名誉，不过一切都已经太迟了。

千秋评说

众所周知，太子刘据是一位仁慈的太子，虽然与父皇在政见上有显著分歧，但还不致因此而引来杀身之祸。刘据之死，纯粹是以丞相刘屈氂和外戚李氏家族为代表的两股政治力量的合流，再加上江充这个特务头子的全盘运作而导致的。

应当说，在这件事上汉武帝也负有不可推卸的责任。汉武帝虽然是一代明君，可是在他随着时间的流逝而逐渐衰老之后，开始笃信巫蛊之术迷信异术偏方。这就给了奸佞小人以可乘之机，终于使得耿直的太子刘据自缢。当太子刘据被杀的真相被解开后，汉武帝也陷入了深深的自责之中，并且用建思子台、杀江充等行动来表达了对刘据的无限哀思。

当然，太子刘据在巫蛊之祸这件事上的所作所为也并不是无可指摘的。尽管父皇受到奸佞的迷惑，但他是完全可以通过多种方式与父皇武帝直接进行对话。毕竟他还只是一个太子，并不是真正的皇帝，并不应该越过父亲汉武帝直接举兵清理奸佞。他的这种做法在无形之中给了别人诬陷他谋反的口实，也就给自己最终的失败埋下了伏笔。

孙和——遭姐弟暗算，致使父皇生疑

孙和，是三国时期吴国开国皇帝孙权和王夫人所生之子，也是吴国最后一位皇帝孙皓的父亲。他曾被孙权立为皇太子，但后来被废黜，最后被赐死。

孙和以孙权三子的身份，之所以被封为皇太子，就是因为先他之前的两位兄长孙虑和孙登的先后夭折，再加上他个人的聪慧禀赋，才被父皇看上作为替补继承人的。

孙和自幼"好文学，善骑射，承师涉学，精识聪敏，尊敬师傅，爱好人物。"因此孙权对他很是器重，但孙和被立为太子后，却招致同父异母姐姐孙鲁班的强烈不满，因孙鲁班和孙和的母亲王夫人曾有过过节，而孙鲁班却把这怨气延伸到孙和的身上。而与此同时，那位对政治权力有较高期待的四弟孙霸，更是把三哥孙和看做他通向最高权力的障碍。因共同的利益交汇，孙鲁班和孙霸便成了政治盟友。于是，这两位姐弟便通过暗箱操作的方式，在父皇面前联手诬陷孙和。缺少识别能力的父皇孙权终于架不住女儿和四子的谗言，便稀里糊涂地将孙和从太子的位置上清理下去。

孙权死后，孙和又因一次宫廷争斗而再次成为权力角逐的牺牲品，这次，孙和赔上了性命，死时年仅 30 岁。

继位内幕

作为孙权三子的孙和被父皇东吴大帝孙权立为太子并不意外，因为他的两位皇兄英年早逝，况且孙和头脑聪慧、处世干练、为人正派。尽管孙和身上存在诸多优点，但在争宠激烈的皇室内部，那些心怀鬼胎的亲属们，为了各自的利益，才不会顾及孙和的聪明与才学，无不使出浑身解数，对孙和频频暗下黑手。就这样，孙和被从太子的位子上硬生生地拉了下来，就此与最高权力擦身而过。

机缘加能干，夺嫡之争孙和先拔头筹

东汉末年，三国鼎立，战乱频繁，而在各个国家的内部，各种争权夺利的斗争也时时上演，作为三国之一的吴国也同样如此。吴国正式建立于公元 222 年，史称孙吴或东吴，开国之君为东吴大帝孙权。

孙权一生有过多个女人，共育有 7 个儿子，因此在册立太子一事上，孙权可谓是煞费了一番苦心，先后册立了 3 位皇太子。孙权所立的第一位皇太子，是他的长子孙登。虽然史书上没有记载孙登生母的名字，但由于是孙权的第一个儿子，因此孙登从小便接受到了很好的教育，在父亲的要求下熟读《汉书》，通晓汉代历史，并且对政治和军事也很早就有自己独到的见解。因此孙权在自立为吴王之后，便立即将孙登册立为王太子。不久后，孙权称帝，孙登又荣登了皇太子的宝座。

孙登为人谦和，懂得知恩图报，又有真才实学，因此在他担任太子的 20 多年中，吴国的内部也算是太平，没有出现明显的争端。不过，也许是因为天妒英才，孙登稳坐太子之位 21 年之时，却突然因病去世，享年 33 岁。

孙登去世后，孙权在伤心之余只能再着手挑选一位皇太子。由于当时孙权的次子也已经过早地离开了人世，因此皇太子的人选就自然落在了孙权的第三个儿子孙和的身上。孙和字子孝，是孙权的妃子王夫人的儿子。孙和的母亲王夫人曾深得其父孙权的宠爱，因此她所生的儿子也理所当然的得到了重视。据说，孙和在 14 岁时，父亲孙权就派了专门的学者教他读书和技艺，为他成为一名合格的皇太子打下了基础。

由于天资聪颖，再加上后天的培养，所以孙和的才能也日益凸显了出来，史书上记载其“好文学，善骑射，承师涉学，精识聪敏，尊敬师傅，爱好人物”，可见孙和在各个方面都不逊色于他的兄长孙登。而且若论年龄，孙和也算是孙权在世的子嗣中最为年长的，所以在孙登去世后，经过一番深思熟虑，孙权最终将三子孙和册立为吴国历史上的第二个皇太子。

孙和处世沉稳老练、公正严明，并且还善于听取公众意见，从不擅自主张，因此也深得人心。同时，对于朝臣之间所产生的矛盾和冲突，孙和也通常都是尽力地调和，不会有所偏袒。据说，有一次，孙和发现都督刘宝和庶子丁晏二人产生了矛盾，而且还借此相互攻击。于是孙和便将这两个人叫到面前，对他们说："身为文武官员，应该相互团结，才会有益于朝廷。不要因为一点小的私怨就彼此争斗和陷害，那样你们自己也得不到任何好处。"听到孙和的这番话，刘宝和丁晏均深有感悟，于是便主动握手言和，彻底放下了他们的个人恩怨。

另外，在管理方面，孙和也做得十分得心应手。在被册立为太子后，孙和奉命入住东宫，并负责对其进行管理。在东宫中，孙和发现有些侍从爱好博弈游戏，并沉溺于其中，耽误了正事。于是孙和便耐心地对这些侍从们进行劝诫，而且为了以理服人，孙和还亲自编写了一篇关于博弈游戏有害无益的文章，使一些贪玩的侍从们自心里认识到了自己的错误，并主动加以改正。在孙和的精心管理下，东宫的风气也日渐好转，很少再出现侍从因沉溺于游戏而懈怠工作之事。

由此可见，孙和成为太子，可以算是实至名归的。但让所有人都没有想到的是，在孙和成为太子后，一场激烈的宫廷内部争端也随之展开。最终导致一个深受拥戴的皇太子被废，同时也给孙权的小儿子孙亮提供了一个享受太子之位的机会。

姐弟联手泼污水，太子蒙冤遭废黜

孙权解决了再立太子的事情后，又开始考虑册立皇后的问题。据了解，自孙权登基称帝后，东吴的皇后之位迟迟未定，即使是深受拥戴的孙权之妻步夫人，也是在去世后才被追封为皇后的。而在孙和被立为太子后，其母王夫人也无疑成为了皇后的最佳人选，同时孙权也确有此意，但这个想法却引起了孙鲁班的强烈反对。

孙鲁班又称全公主，是孙权的长女，为步夫人所生，曾先后嫁给已故的大都督周瑜的儿子周循和东吴后期的名将全琮为妻。孙鲁班与王夫人之间存在着很深的矛盾，矛盾的根源究竟是因为孙鲁班嫉恨王夫人代替了其母亲步夫人宠妃的位置还是其他原因，人们不得而知，但可以肯定的是，自小生长在皇室贵族、恃宠而骄的孙鲁班，绝对不会眼看着自己的仇人成为皇后。于是，她开始寻找时机，以打消父亲孙权想要册立王夫人为皇后的念头。

在孙权面前，孙鲁班时常会趁机挑拨离间，诉说王夫人的不是，致使孙权在女儿的游说下对王夫人渐渐有了成见。有一次，孙权身染疾病，孙鲁班一直陪在父亲身边，细心地照顾，体贴入微，让孙权感动不已，却完全没有察觉女儿另有所图。在觉得时机成熟后，孙鲁班开始在父亲面前诬陷王夫人，说她在得知孙权生病的消息后常面露喜色，似乎迫不及待地想让自己的儿子孙和登基称帝。

孙鲁班的蓄意诬陷让孙权颇为恼怒，对王夫人的成见也更加深刻，彻底打消了册立王夫人为后的想法。在与王夫人的斗争中，孙鲁班可谓是大获全胜，不过她并没有放下戒心。因为虽然王夫人已死，但她的儿子孙和却还在，而且有朝一日还极有可能成为皇帝。孙鲁班深知，如果孙和知道是自己害死了他的母亲，一定会设法报复，因此也只有把太子孙和也拉下马来，才能保全自己。

从那以后，孙鲁班又将矛头对准了自己的弟弟孙和，想要说服父亲易储。与此同时，孙权的第四子孙霸也在暗中策划让父亲易储之事。

孙霸和孙和是同母所生，但在利益的驱使下，他却完全忽略了自己与哥哥孙和的兄弟之情。据说孙霸和孙和原本都深受孙权的重视，孙和立为皇太子时，孙霸也被封为鲁王，两兄弟同住在东宫之中。但一些大臣们却说，太子和其他皇子应该有所区别，所以孙霸很快就被迫离开了东宫，这使他觉得很不平衡，好像自己低人一等似的。于是，为了赢回自己的地位，他开始在朝中结党营私，希望有一天能够取代孙和的太子之位。孙霸的所作所为不久后便被孙权察觉，为了控制儿子的错误行为，孙权要求他专心读书，禁止他与其他人有过多的往来，想要以此来让孙霸改正学好。但孙权的这一做法非但没能让孙霸打消夺嫡的念头，反而使孙霸更加坚定了取代孙和、登上皇太子之位的决心。

在易储一事上，孙霸和孙鲁班虽然各有所图，但目的却是一致的，使得孙和腹背受敌，太子之位也是岌岌可危。一方面，孙鲁班继续采取诬陷的手段来达到自己的目的。她在孙和受父亲之命到庙中替孙权祭奠之时，派人跟踪自己的弟弟。在发现孙和代父祭奠完后，又受邀到自己太子妃的叔叔张休府上做客后，便借此来无中生有地指控孙和不但没有到庙中去祭奠，反而到到张休家去商议谋反之事。孙鲁班的指控虽然不能让孙权完全信服，但心中也不免产生了对孙和的怀疑。于是他找到大臣杨竺，想要听听他对孙和与孙霸的看法。但此时的杨竺却已经被孙霸收买，因此他在孙权面前大赞孙霸的好处，激发出了孙权想要易储的想法。

孙权萌生易储的想法，很快便传到了孙和的耳里，这位皇太子也不是孤立无援、任人宰割的，于是他让尚书陆胤出面，要求丞相陆逊帮助他在皇上面前说些好话，避免自己无端被废。陆逊得知这一情况，立即对孙权进谏道："太子是国家正统的继承人，陛下您应该想方设法稳固他的位置。鲁王只是一个王爷，是皇亲国戚的藩臣，是决不能和太子享受一样的待遇的。两者的地位越分明，国家才能越安定。"孙权在听完陆逊的谏言后，想到当初自己只是秘密和杨竺商议太子之事，并没有其他人知道，于是便怀疑太子与朝臣有勾结的行为。尽管陆胤最终将走漏风声的罪名全部推到了杨竺的身上，没有牵连到太子，但仍不能打消孙权对太子勾党结派的疑虑，同时也使皇帝想要易储之事迅速传开。

不过，虽然孙权有了想要废黜太子的想法，但却始终都在犹豫，使得孙鲁班也开始按捺不住了。按理说，孙鲁班和孙霸有相同的目的，而且孙鲁班的丈夫全琮也支持孙霸成为太子，因此她应该也是站在孙霸一边的。但这两个人看似联手，实则却不然，因为孙霸也是王夫人的儿子，所以此时的孙鲁班又开始实施她的第二步计划，即拉拢孙权的另一位宠妃潘夫人，并在孙权面前不断地称赞潘夫人之子孙亮是个不可多得的人才，虽然年纪尚小，但前途不可限量，如果能立孙亮为太子，绝对是吴国之幸。

也许是由于太过心急，所以孙鲁班和孙霸的心思也渐渐被孙权所察觉。但是，虽然知道自己的这对儿女为了达到他们各自的目的，而使皇太子孙和蒙受了很多不白之冤。但孙权却没有因此对孙和产生同情，而是认为这种朝廷的内部争斗对自己的统治十分不利，很容易挑起更大的内讧，而避免这些争端的唯一途径，就是另立太子。所以，抱着息事宁人的态度，孙权最终下定了废黜太子的决心。

决心已定，孙权先是将皇太子孙和囚禁了起来，这一举动自然遭到了许多朝臣的不满，他们纷纷上谏要求保留太子之位，并各尽其法，希望可以改变孙权易储的决心。然而，朝臣们的所作所为却让孙权更加反感，导致许多官员都因此受到了牵连，有的被责罚，有的被发配，甚至还有的被赐死，将这场皇太子之争推向了白热化。最终，在公元250年8月，孙权一意孤行地废掉了孙和的皇太子之位，并将其安置在故鄣县。

孙和虽然被废，但其弟弟孙霸却并没有因此取代他的位置。因为对于孙霸的阴谋，孙权很早就了如指掌，所以在废黜太子后，孙权又开始着手处置孙霸。他采用严酷的手段清除了孙霸身边的同党，处死了孙霸。此后，东吴历史上的第三位皇太子也浮出了水面，即孙权最小的儿子孙亮。同时，孙亮的母亲潘夫人，在儿子成为太子后不久，也被册立为皇后，填补了吴国空置多年的皇后之位。

据了解，潘夫人在被册立成皇后之后，开始变得不可一世，这让曾深爱着她的孙权十分失望，并且还牵连到了孙亮，导致孙权对这第三个皇太子也产生了一些不满情绪，甚至想再度将曾经蒙冤被废的孙和召回。只是他的这一想法仍然遭到了孙鲁班及其党羽的反对，最终没能得到实施。公元253年，在孙权去世后，孙和又在一场争夺皇帝之位的斗争中受到牵连，被迫自杀，从而彻底失去了继承皇位的可能。公元264年，孙和的儿子孙皓夺得了皇位，成为了吴国的末代皇帝，并追谥孙和为文皇帝，实现了其父生前未完成的皇帝梦。

千秋评说

从孙和被废太子一事，再次让人感受到了权力这个魔咒发挥的作用，它不但可以挑战道德底线，甚至可以泯灭亲情。因为，太子就是未来的帝王，都不愿意屈尊他人，尽管他们是同父异母的兄弟。

可是在权力面前，亲情就会在瞬间打折。孙和就是这样的受害者。按理说，孙和之所以能立为皇太子，并非滥竽充数，而是他本身就具备了作为太子的一切要件。他“好文学，善骑射，承师涉学，精识聪敏，尊敬师傅，爱好人物。”孙权对他很是器重，因此，孙和在两位皇兄英年早逝后成为太子就非常自然。当然，只要任太子，未来承袭大位就应当没有任何悬念。

可是这却引发了姐姐孙鲁班和四弟孙霸的强烈嫉妒心理。尤其是四弟孙霸的野心更是明显，一心想取而代之。因而，废除他的太子身份就成了当务之急。孙霸经过一番密谋策划终于使孙和成为废太子。

李建成——玄武门之变，与帝位擦肩

李建成是唐高祖李渊与窦皇后所生的长子，陇西成纪（今甘肃省静宁县西南）人。公元617年，李渊起兵反隋，密召他与其弟李元吉至太原援助。授左领军大都督，封陇西郡公。李渊立隋炀帝孙代王侑为恭帝，改元义宁。恭帝封李渊为唐王，封李建成为唐王世子，开府置官属。公元618年，李渊建国大唐，立李建成为皇太子。李建成为人豁达宽厚，长期在京辅佐李渊确立唐初大政。李世民继位后，追封李建成为息王，谥号为“隐”。贞观十六年5月，又追赠李建成为“隐太子”。

由于李建成是唐初那场政治斗争中的失败者，而史书又一向是由胜利者所写的。因此李建成和李元吉兄弟俩在史书中几乎被写成昏庸无能之辈，甚至再三陷害李世民。最骇人听闻的说法是说李建成曾在酒中投毒，李世民便吐血数升。但是，史学界也对这一类的史料产生怀疑。投毒事件其实十分可疑，那时兄弟俩早已势同水火，李世民又怎么会去东宫和李建成喝酒？如果李建成真的想杀害弟弟，哪有毒不死的道理？人的血又有多少，李世民吐血数升未死，岂不是医学上的奇迹？因此不少史学家认为：李世民为了替自己的行为辩护，便在史书中捏造了很多栽赃李建成他们的传闻。

继位内幕

李建成在建唐过程中，发挥了重要作用。从晋阳起兵开始乃至之后的历次战役，李建成冲锋陷阵、一马当先，并率先攻破长安，奠定了唐都号令天下的军事基础。李建成正是凭借着这样显赫的战功和长子的身份，在父亲李渊称帝后成为大唐的第一位皇太子。但为什么像李建成这样一位既有功劳又具人望的皇太子最终却没能当上皇帝呢？此事说来话长。

既生瑜，何生亮，李家二子势同水火

唐高祖李渊推翻了隋朝，是名震天下的大唐王朝的创立者。李渊有4个嫡亲儿子：李建成、李世民、李玄霸和李元吉。在这4个儿子当中，李玄霸在后世评书中以“李元霸”的名字传世，被后世的小说家塑造成了武功卓绝的天下第一好汉。但实际上，李玄霸16岁就夭折了，自然也没什么机会像小说中那样征战沙场、建功立业。

事实上，在李渊推翻隋朝，并最终一统天下的过程中，他所倚仗的主要是李建成、李世民和李元吉这 3 个儿子。

但是，李建成的二弟李世民更是了得。唐朝建立以后，李世民讨伐薛举、薛仁杲，击溃刘武周，生擒窦建德、王世充，平定刘黑闼，为唐朝统一中国作出的贡献可说是无可匹敌。事实上，李世民之所以能够屡立战功，得到如此之多的表现机会，恰恰是因为他没当上太子而仅仅是秦王。当时，李渊的长子李建成已经被立为皇太子了。身为皇太子，李建成按朝规必须谨言守身，留在东宫韬养资望。因此，统兵出征、东征西讨的差事自然就落在了秦王李世民的肩上。

这些战争的经历对于李世民来说是绝好的历练，同时也是他积累人望和政治资本的大好机会。当时，他麾下能者如云，武将有李世勋、程咬金、秦叔宝、翟长孙、秦武通、尉迟恭等能征善战的大将，文臣则有杜如晦、房玄龄、虞世南等"十八学士"，真可谓贤臣如云，势力盖天，已经远远超过了太子李建成。公元 621 年，东都大捷之后，秦王李世民班师回长安。唐高祖李渊为胜利的将士举行隆重的欢迎仪式。秦王身披黄金甲，骑"飒露紫"，身后是 25 位威武的大将。李世民统率上万铁骑，在嘹亮的军乐声中通过长安城的街道，两旁百姓齐声欢呼，令李世民大出风头。这次大捷之后，李世民被父亲李渊封为"天策上将"，更享有特殊的权力，能够自设一套官署，位在诸位王爷之上，俨然一个小朝廷的架势。

随着势力的增大，虽然自己不像李建成一样有嫡长子的名分，但李世民也还是不可避免地对皇位产生了觊觎之心。另一方面，李世民势力的过分膨胀也理所当然地使太子李建成产生了强烈的危机感。凭心而论，李建成还是一位厚道豁达的人，在性格上，他比李世民更像他的父亲李渊，本来可以成为一位极有作为的有道明君。但是，他最大的麻烦是遇上了一个旷古绝今的天才，而这天才不幸就是他的亲弟弟。既生瑜，何生亮，这就是李建成的悲剧所在。

不管李建成怎样厚道，但是在皇位争夺这样的原则性问题上是不能有太多的仁慈之心的。随着李世民功名日盛，势力也越来越大，李建成不可能不对李世民充满敌意，并且要想方设法保住自己的太子之位。公元 622 年，农民起义军首领刘黑闼第二次起兵反叛唐朝。李建成接受了太子洗马魏征的建议，上奏请求率军亲征，李渊马上批准了他的请求。事实上，此前类似的工作都是由李世民全权负责的，这一次换帅，明眼人一眼就能看出其中的深意：李渊想要压制日益强大的秦王府势力，巩固东宫的太子地位。

此后，李世民与李建成之间的矛盾日趋尖锐，双方变得水火不容。李建成也开始正式把李世民视做自己的敌人了。他私自招募了几千人扩充东宫的军队，并且向幽州的罗艺借了三百人马重做自己的贴身随从。与此同时，李建成还与四弟齐王李元吉联盟，允诺他自己登基后立李元吉为皇太弟，两人联合起来与李世民的秦王府进行争斗。

齐王李元吉也不是善类，他是个既有野心，又有心计的狠角色。李元吉看得很清楚：无论是依凭宗法制度还是个人实力，自己都很难与两位哥哥一争长短。他的如意算盘是：先帮李建成除掉最难对付的李世民，并在争斗中消耗李建成的实力，充实自己的实力，最后再扳倒相对比较容易对付的太子哥哥。他的目标根本就不是什么虚无缥缈的“皇太弟”之位，而是要跨过两位哥哥的尸体直接登上九五至尊的宝座。

无论李元吉打的是什么主意，东宫与齐王府联合的力量，终究会对秦王府构成严重的威胁。双方的斗争从后宫、外朝一直到地方，几乎无所不在。纵观中国历史，每当朝廷中有两位或者诸位皇子都有资格竞争太子之位的话，那么朝中的大臣们也就几乎不可避免地会分别聚集在这几位皇子周围。当时的大臣们自然是分成两大派：一派支持太子、齐王，另一派支持秦王李世民。

这时，作为关键人物的李渊又是一种什么态度呢?李渊想要坚持嫡长子继承制，维护李建成的皇太子地位，不许李世民染指。但他也没有完全倒向李建成一边，想依靠帝王之术来搞平衡，从而维持朝廷内部的秩序。但是，李渊的这种摇摆不定和稀泥的态度非但无法阻止两派之间日益激烈的争斗，却反而会使两派的斗争愈演愈烈，一场大火拼显然是无法避免了。

玄武之变，李世民残杀亲兄

公元626年，突厥数万骑兵攻入关塞，围困乌城，大唐王朝边关告急。原本，率军出征、抵御外侮是"天策上将"李世民的分内之事。但是这次，李建成却出人意料地推荐李元吉代替李世民统率大军北征。李渊也同意了李建成的提议，或许，他想在李建成和李世民之间再造就李元吉这第三股势力，以便自己能够更好地玩平衡吧。

这次，李渊命令右武卫大将军罗艺、天纪将军张瑾等随同李元吉出征。早就跟李建成商量好了的李元吉趁机提出：自己第一次领兵，年轻识浅，所以请父皇调拨李世民天策上将府的名将尉迟敬德、程咬金、段志玄和秦叔宝来辅助自己，还要求父皇把李世民麾下的精锐部队划归自己统领。任何人都能看出来，这是一招恶毒的釜底抽薪之策，其用意显然是要挖空李世民的实力。因为无论何时，兵权都是政治斗争中最重要的筹码之一，李世民要是被夺了兵权，马上就要死无葬身之地。但是，就是这样的无理要求，李渊却不假思索地答应了李元吉。李元吉心中暗暗高兴，这下自己兵权在手，别说李世民不会再对自己构成威胁了，除掉李世民之后，再对李建成反戈一击也是易如反掌的事，金銮殿上那金光闪闪的宝座几乎已经在向我李元吉招手了。

见此情景，支持秦王李世民的大臣长孙无忌等人坐不住了，他们纷纷劝李世民先发制人，不可坐以待毙。李世民麾下的名将尉迟敬德更是向李世民摊牌：或者孤注一掷发动政变，或者干脆放他们即刻逃命，自己绝不在秦王府中等死！长孙无忌等人也纷纷表示，如果李世民不能下定决心的话，他们都要随着尉迟敬德一起逃命去了。在内外部的双重逼迫下，一直犹豫不决的李世民最终下定了发动兵变的决心。

第二天，李世民进宫向李渊告发了李建成和李元吉夺取兵权，准备谋反的阴谋。李渊决定次日召二人进宫，向他二人问个明白。李建成获知阴谋败露，决定先入皇宫，逼李渊表态。但是，李建成的心腹，当时负责守御宫城北门玄武门的将领常何却已经被李世民收买了。因此，李世民先一步知道了李建成兄弟二人的计划。

当李建成和李元吉兄弟二人准备进宫逼父亲李渊表态的时候，李世民已经亲自带领 100 多名心腹埋伏在玄武门内，准备伏击李建成一行了。就在李建成和李元吉走到临湖殿的时候，他二人忽然感到气氛不对，宫中的侍卫全都不见了踪影，就连常何也不知道跑到哪里去了。危急关头，兄弟二人急忙拨马往回跑，准备返回东宫。可是，临湖殿左右早闪出了李世民和诸多兵将来。

李建成和李元吉两人扭头看李世民，不由得大惊失色。只见李世民浑身着铠甲，手挽硬弓，骑在一匹高头大马上很是威风。李元吉一面叫李建成快跑，一面拉弓向李世民射箭。但是，当时便起突兀，李元吉在惊骇之下发力不够充分，准头也没掌握好，连射了三箭也没射中李世民。见事不妙，李元吉拍马就跑。就在这时，李世民拉开了弓，但他瞄准的并不是武艺精熟的李元吉，而是正在策马狂奔的李建成。

李世民一箭射去，李建成应声落马。李世民眼见自己的这一箭穿过了李建成的咽喉，心中方寸大乱，一时间竟然忘记了控制坐骑。当李世民终于回过神儿来的时候，他的马已经被树枝绊住，自己也被困在树丛里动弹不了了。李元吉看到李建成被杀，李世民被困，飞马奔了过来。他夺走了李世民的弓箭，准备用弓弦勒死李世民。李世民哪里是素以勇力著称的李元吉的对手?就在这千钧一发之际，尉迟敬德大吼一声，飞马赶到。李元吉一看尉迟敬德来了，马上舍了李世民，向着父皇李渊居住的武德殿飞奔，想要到那里寻求庇护。尉迟敬德当然不会轻易放走李元吉，只见他拉开弓，一箭射中了李元吉的背心。这一箭解决了李建成阵营的第二号人物，也是李元吉人生的最后一个镜头。尉迟敬德不愧是久经沙场的老将，他砍下李建成和李元吉的人头，救出李世民，带着人一路杀进了玄武门。

穿过玄武门之后，尉迟敬德闯进了武德殿，见到了唐高祖李渊。见到浑身是血的两个人，李渊大惊失色，颤声问道："外面是谁作乱?你二人来此做什么?"

尉迟敬德紧握着兵刃对唐高祖说："启禀陛下，太子与齐王作乱，现已被秦王杀了。秦王怕惊动陛下，特地派我前来护卫。”

早已经被李世民收买了的大臣陈叔达恬不知耻地接口道：“太子与齐王无功于天下，而且常常嫉妒秦王的功劳，意欲对秦王不利。现在这两个人聚众谋反，大逆不道，被秦王所杀，正是人心所向啊！陛下现在如果能将国事全权交给秦王处理的话，那么乱事一定可以很快平息下来。”

尉迟敬德又说：“现在外面东宫与齐王府的乱贼仍在负隅顽抗。贼人凶悍，请陛下下旨，让城中诸路军马一并受秦王节制，以便尽快讨平乱贼。”

无奈之下，唐高祖李渊只得答应了尉迟敬德的要求。3 天后，李世民逼迫父亲李渊封自己为太子，两个月后，李世民干脆将父亲李渊赶下了台，让他做太上皇，改年号为贞观，自己登基做了皇帝，也就是历史上赫赫有名的唐太宗。

千秋评说

李建成作为大唐帝国的第一位太子，在大唐创业之初，曾立下了赫赫战功，其太子地位自然也坚如磐石。按照帝王传承的规矩，他自然是理所当然的继位者。但这却成为一心想登上帝位的胞弟李世民的心腹大患。于是，李世民经过密谋策划，悍然采用了血腥的玄武门之变的方式，来排除了他强劲的政敌。

已经登上最高权力宝座的李世民，拥有无人能及的行政资源和黑白颠倒的发声权，况且又有一帮见风使舵的御用文人，故意用溜须手法粉饰李世民的丰功伟绩。至少是用“一俊遮百丑”的障眼法蒙蔽了世人，因而后人看到的李建成形象，是一个被刻意过滤、修正的另类版本。但拂去历史的尘封，清除御用的羁绊，还是能看到李建成的本来影子。

李承乾——疑位不保密政变，兄弟告发成庶人

李承乾，作为李世民和长孙皇后所生的长子，也就是所谓的嫡子，一降生就是继承皇位的不二人选。生于承乾殿，取名"承乾"，隐含承继皇业、总领乾坤之意。李承乾从小就很机敏聪惠，在解决、处理一些事情上，早熟似地显示出了较高的政治智慧。年龄稍大，就被太宗委以重任，在太宗出巡时代理国政。可见唐太宗对他的赏识与器重。

然而，这位"少敏惠，太宗甚爱之"的皇太子究其一生事迹，却又多为"过恶"，向来被史学家评为"不识时务"之人。但无论如何，这位嫡长子在大唐初年的政治斗争中留下了浓墨重彩的一笔，被称为"在溺爱中干涸的骄子"。

继位内幕

李承乾，作为一代帝王李世民的太子，是他的荣耀，也是他的挑战。应当说，李承乾已经具备了做太子的所有硬件。李承乾自幼聪明伶俐，深得李世民的赏识。李世民继位不久，便将年仅 8 岁的李承乾立为太子。起初，李承乾积极上进，识大体、顾大局，颇得太宗和朝廷大臣的好评。以致太宗外出时，皆让他监国。

但后来，由于养尊处优、喜好声色的日子过久了，李承乾沾染上不少恶习，且日益荒唐颓废。这让太宗相当懊恼，怎么能将盛世大唐托付给这样一个人?可是，李世民又不得不念及父子之情。那么，李承乾有没有重新建立起太宗的希望，最终又到底是否如初所盼呢?这位嫡长子继位的内幕就此拉开。

承乾太子貌似前程似锦，继位路上实则步步荆棘

一代明君唐太宗十分重视培养太子，对其长子李承乾，格外注意、倍加教育就是自然而然的事了。

李承乾，是李世民和长孙皇后所生的长子，也就是所谓的嫡子。生于承乾殿，故取名“承乾”，隐含承继皇业、总领乾坤之意。武德九年（公元 626 年）10 月，太宗刚刚即位，便将年仅 8 岁的李承乾立为太子。

幼年的李承乾聪明伶俐，太宗对他很是喜欢，并特意挑选了德高望重的大臣做他的老师，严格教导。一开始，李承乾积极上进，能识大体，颇得太宗和朝廷大臣的好评。

贞观九年（公元 635 年），太上皇李渊去世。太宗守孝期间，李承乾第一次掌管朝政，表现得非常好、有口皆碑。史书记载：“颇识大体”、“颇能听断”。太宗对他的表现也十分欣赏。从此以后，凡是太宗离开长安，都让太子监国。

如此上进有为，又已被立为太子，李承乾被当时所有人看作是理所当然的皇位继承人，前程一片锦绣。然而世事难料，李承乾放着顺利的政治坦途不要，非得自毁前程。这个被众人看好的皇太子渐渐在发生着变化。

由于李承乾生于深宫之中，长于妇人之手，自幼养尊处优，喜好声色。慢慢地，就沾染上了不少坏习惯，生活日益荒唐颓废。

据史书记载，太子李承乾曾让人铸造了一个近两米高的铜炉和一口巨大无比的锅；雇用逃亡的奴隶去偷盗老百姓的牲畜，然后他亲自把那些偷来的牲畜放在大锅里煮，和他的手下分着吃。

就这样，表面上一片“大好形势”的太子越来越“不走正道”。李承乾喜欢说突厥语，穿突厥服。他还特别挑选了面貌像突厥人的侍从，每 5 人组成一个部落，把头发梳成小辫，身穿羊皮，到草地上牧羊。有时还玩“假死”的游戏，他对自己的手下说：“假设我是可汗，现在死了，你们效仿突厥的风俗，来办丧事。”然后就像死

人一样躺到地上，大家一起放声大哭，骑到马上，环绕着“尸体”奔走，并依照突厥风俗，用刀割破自己的脸。李承乾对这种游戏乐此不疲，还说：“有朝一日我统治帝国，一定要率数万骑兵，到金城（今甘肃省兰州市）以西打猎，然后把头发解开（汉人束发）去当突厥人，投靠阿史那思摩。如果他给我一个将军当，我一定不会比别人干得差。”

李承乾所说的阿史那思摩，是突厥阿史那部的酋长。身为大唐王朝的储君，李承乾竟然公开表示要在得到天下后去做突厥酋长的部下，即使这番话纯属戏言，在当时那个朝代来说也显得过于离谱，至少不合储君的特殊身份。而这些，不能不引起太宗的恼怒。

李承乾跟叔父李元昌关系很好，常常一起出去游玩。有时，李承乾把左右侍从官员及卫士分作两队，他和李元昌各率一队。大家身披毛毡缝制的铠甲，手拿竹枪竹刀，扎营列阵、冲锋厮杀、枪刺刀砍，把流血受伤当做娱乐。有不听从命令的，就把他绑在树上一阵毒打，不少卫士因此而丧命。李承乾常常叫嚣：“要是我当了皇帝，就在御花园设一个万人营，跟汉王（李元昌）分别指挥，观赏士兵肉搏战，岂不快乐！”又说：“我当皇帝，一定要尽情享受所有的乐趣，有人规劝，立即诛杀。杀了数百人之后，那些进谏的人就不敢再说话了。”

李承乾的言行不仅荒谬，而且与太宗的想法及期望可以说是完全背道而驰。李氏家族虽然以武力得天下，但是，逆取而以顺守之，以马上得天下，不能以马上治之。此中道理，太宗自然十分清楚。所以执政以来，太宗一直偃武修文、制礼作乐、尊贤重士、修养百姓。而李承乾对太宗的举措似乎并不感兴趣，他喜好的依然是胡人风俗与战阵厮杀。

这里颇值一提的是，李承乾还养成了制造假象、愚弄朝臣的坏习惯。他常常在太子宫的官属面前谈论忠孝道理，谈到深刻之处甚至泪流满面。可是一回到宫里，就跟一群卑劣的小人物混在一起，淫乱猥亵，无所不为。如果有大臣打算规劝，李承乾知道他的来意，总是表示非常感激，亲自叩头迎接，极其诚恳地承认自己的错误。如此一来，劝谏者自然也就无话可说。寝宫之内的秘密外人无从知晓，所以当时的大臣相当看好李承乾，还一直认为他是一位贤能的储君。但李承乾这种“饰非”的习惯，最终坑害了他的政治前途。

与父失和，李承乾太子之位岌岌可危

李承乾伪造的假象，能瞒得过众人，却哪里能瞒得过太宗?没多久，太宗就发现了李承乾的劣习。最初，太宗也并没有打算放弃他，认为李承乾毕竟年轻，可塑性较大；只要有名师指点，就应该能把他培养成一个好的皇太子。

贞观七年(公元633年)，唐太宗为李承乾特意物色了一位名师——以向皇帝直言而闻名朝野的中书侍郎杜正伦，与协助太子的另一位老师于志宁共同教导辅佐太子。在杜正伦走马上任时，太宗千叮咛万嘱咐：“太子生长深宫。百姓艰难，耳目所未涉，能无骄逸乎！卿等不可不极谏！”太宗设身处地为李承乾着想的用心可谓良苦。

这时，李承乾患了脚疾，不能上朝觐见太宗，客观上便失去了太宗对他教诫、监督的机会。这使那些卑劣小人有了乘虚而入的机会，最终还是把这个“好声色”的太子引上了“侈纵日甚”的浪荡歪道。于志宁、杜正伦的直谏都不能使他回心转意。

唐太宗陆续聘任朝廷中的重要大臣作为太子李承乾的老师，不仅仅在于向李承乾传授学识才略，更重要的是希望借助于股肱大臣们的名望地位，形成一个以李承乾为核心的班底，为皇位继承打下基础。

可惜，李承乾并没有很好地利用这些机会来增长自己的才干，树立自己在朝廷中的威信。未沾恶习前，他也曾经试图与这些元老重臣们建立亲密的关系，例如李纲为太子少师时，患脚疾，不能穿鞋走路，李承乾便命卫士将他抬到殿内，“亲拜之，访以得失，大见崇重”。但随着李承乾纨绔习气的发展，他与老师们之间的关系日趋紧张。老师们的直言规谏让他觉得不舒服，老师们的背后告状更是让他恼恨不已。发展到后来，李承乾甚至派刺客去暗杀自己的老师。于志宁如果不是居丧守节，使刺客动了恻隐之心，恐怕早已命归黄泉。

李承乾平日宴游无度，甚至骄纵一个名叫称心的太常乐童。称心年十余岁，姿容美丽，能歌善舞。李承乾和他同起同睡，弄得满城风雨。唐太宗得知后怒不可遏，诛杀了称心，并狠狠地责骂了李承乾。但李承乾并不悔改，竟在太子宫辟出一个房间，供着称心的塑像，早晚焚香祭奠，还装着身体不舒服，几个月不上朝，公然与父亲对抗。

李承乾因病而致脚跛，已让唐太宗失去好感，而他君德上的缺陷更加深了唐太宗的不满，以至于对他开始厌恶了。查阅史籍，贞观初年，唐太宗常常亲临东宫，了解李承乾的学业进展；贞观七年，父子有时还相见。但此后，就没有唐太宗去东宫或与之交谈的记载了。父子之间隔阂日深，使李承乾在后来的储位争夺中势单力薄，处境十分不利。

孤注一掷谋政变，李承乾没能走完登基路

唐太宗对李承乾从疏到废也是有一个发展过程的。贞观七年（公元 633 年），太宗开始疏远李承乾，然而还没有废立之意。贞观十年（公元 636 年），开始萌废立之心。这年正月，他重新调整分封了子弟 17 人为王。2 月，除 5 人因年幼暂且不赴任外，其余 12 人均下诏迁任诸州都督，但只有相州都督魏王李泰“不任官”，由张亮代行都督相州职权。太宗把李泰留在身边，就含有废立太子的用意在内。

李承乾清楚地看到了父皇对自己的日渐疏远和对魏王李泰的偏爱，也明白自己已经失宠，太子的地位岌岌可危。当时的李承乾，不仅恶名远播、疾病缠身，而且上无太宗的信任，下无朝臣的支援，势穷运蹙。无计可施之际，他不得不开始采取极端的措施。

李承乾曾经派人伪称李泰府中官属，向唐太宗呈递“亲启密奏”，指控李泰种种罪恶。不料，太宗发现其中有诈，下令捉拿告密之人，要求将事情追查到底。告密计划落空以后，李承乾又派亲信纥干承基等人暗杀李泰，结果又没有得手。

屡次不成后，李承乾走出了最后一着险棋：他暗中联络政治上失意的叔父李元昌和大臣侯君集等人，歃血盟誓，阴谋发动政变，迫使太宗退位。附马杜荷对李承乾提供的方案是："天象发生变化，应立即用行动响应；你只要声称忽然得急病，生命垂危，皇上一定亲自前来探视，我们的谋略就可以成功。"

贞观十七年（公元643年）2月，就在李承乾紧锣密鼓地策划政变时，太宗第五子齐王李佑反于齐州（今山东历城）。李承乾闻讯后得意洋洋地对纥干承基说："太子宫的西墙距皇宫只不过20步，跟我共同创造大业，齐王怎能相比？"

齐王佑的叛乱被迅速平定。在审问谋逆案件时，牵连到李承乾的亲信纥干承基。4月初一，纥干承基在传讯中供出了李承乾密谋发动政变的方案。太宗大为震骇，立即指定司徒长孙无忌、司空房玄龄、特进萧瑀、兵部尚书李世绩，会同大理、中书、门下组成专门法庭进行调查审判。这个专门法庭几乎汇集了当朝所有的高级官员，可见太宗对调查太子是否谋反一事的重视。

经过调查，专门法庭认定谋反证据确凿。太宗问侍从官员说："怎么处置李承乾？"没有人敢回答，通事舍人来济建议说："陛下仍然是慈父，太子得以终其天年，当属最好的结局。"太宗接受了这个建议。

4月初六，唐太宗下诏罢黜太子李承乾，贬为平民，囚禁于右领军，又于贞观十七年（公元643年）9月初七，将李承乾流放到黔州。李承乾到了黔州没多久，便猝然死去。

千秋评说

按理说，李承乾有父皇李世民这个强大的后盾，再加上自己的勤奋和睿智，他的前途应当说是一片光明。可是这个李承乾却偏偏不识时务，认为自己是太子身份，就是理所当然的未来继位者，而在个人品行上不再严格要求自己。整日在东宫与群小猥亵，纵情声色，贪图享乐，荒废学业。这怎么能不让一心想追求历史英名地位的唐太宗反感呢？作为千古一帝的李世民，怎么可能将他辛辛苦苦经营的江山托付给一个颓废堕落的人呢?于是,更换太子的念头便萌发了。

只是更加可悲的是,糊涂的李承乾意识到自己的太子地位受到严峻考验时,不但没有进行深刻的自我反省,反而采取了政变这种极端的方式来维护自己的利益。但李承乾与他那位政治高手的父皇相比,实在是太稚嫩了,政变阴谋很快就被粉碎。根据法典,政变当事人绝对是要处以极刑的,这是铁律。可是李世民在这件事上却显得十分包容,也许李世民知道,自己就是通过弑兄杀弟而登上帝位的,如果再将儿子李承乾处死,无疑会让他背上千古骂名。

但李承乾也为他的政变而付出了惨重的代价:从太子身份而变为庶人;先是囚禁,后被发配,最终客死异乡。从某种程度上讲,李承乾怨不得别人,都是他自己咎由自取的结果。

耶律浚——遭陷害母后蒙冤,受牵连无辜被杀

耶律浚,小字耶鲁斡,出生于1057年,是辽道宗耶律洪基长子,母亲为宣懿皇后萧观音。因其"幼而能言,好学知书",深得道宗喜爱。

耶律浚在6岁时便被封为梁王,8岁就被立为皇太子,成为辽国的未来储君。同时,耶律浚本人也的确是不可多得的人才,他天资聪颖,勤奋好学,又善骑射,可谓是文武双全。如果能够顺利继承皇位,一定可以成为一代明君。只是他的一生却并没有表面上这么光鲜和顺利,而是充满了坎坷。不过,即使如此,耶律浚仍然凭借着自己的聪明才智多次化险为夷。

除了拥有相当高的政治智慧之外,耶律浚还是一个颇重感情的人。但这也正

是他最大的缺点，导致他最终被人利用，年仅20岁就在权力的争斗中早早地离开了人世。

耶律浚死后，辽道宗耶律洪基追悔莫及，追封耶律浚为昭怀太子，以天子之礼将其葬在玉峰山上。此外，在耶律浚的儿子辽天祚帝继位后，又追尊自己的父亲庙号顺宗，谥号大孝顺圣皇帝，以此来肯定耶律浚的历史功绩。

继位内幕

在现代人看来，皇太子作为一国之储君，未来的帝王，应该算是最有前途的职业了。而且皇太子之位仅此一个，因此品牌的含金量自不待言。所以这一行业，是真正意义上的高风险行业，随时面临着严峻的挑战，这在辽代太子耶律浚的继位过程中就得到了充分的体现。

太子是耶律浚的人生起点

耶律浚生于公元1057年，小字耶鲁斡，是耶律洪基和宣懿皇后萧观音的第一个儿子。耶律浚给后人留下的印象极佳，《辽史》记载他“幼而能言，好学知书”，而其父耶律洪基则说：“这个儿子聪慧过人，拥有天赐的才华。”同时，耶律浚的母亲萧观音与耶律洪基之间也是十分恩爱，两人均通音律、善书画、爱好诗赋，可谓志同道合。所以作为他们爱情的结晶，耶律浚自然从一出生就深得父母的重视，年仅6岁便被封为梁王，并且也一直都是皇位继承人的最佳人选。

除了天资聪颖以外，耶律浚在狩猎方面所表现出的过人天赋也让耶律洪基大为欣喜。7岁那年，耶律浚随父亲一起外出狩猎，先是连发三中，后又独自捕获了9只鹿。这让原本就对狩猎抱有浓厚兴趣的耶律洪基惊喜不已，他甚至觉得，自己的儿子虽然年幼，但在骑马射箭方面的能力却足以与此前的许多骑射高手相媲美。为此，耶律洪基还特意设宴庆祝了一番。

文武双全的耶律浚在各个方面都令耶律洪基颇为满意，于是在其年满 8 岁时，就被立为皇太子，成为了耶律洪基的继承人。公元 1075 年，作为皇太子的耶律浚开始帮助父亲管理朝政，兼领南、北枢密院事。

在还没有协助父亲管理朝政之前，耶律浚的生活还算是颇为顺利的，他不仅是耶律洪基的长子，同时也是他唯一的儿子，因此也不存在会有人与他争夺皇太子之位的危机，但没有人争夺，并不代表没有人会不嫉妒。耶律浚兼领南、北枢密院事后，就有人开始对他产生了嫉妒之心，这个人即是当时的北院枢密使耶律乙辛。

耶律乙辛可谓是辽道宗统治时期的一个十分重要的历史人物，也是耶律洪基所宠信的权奸之一。据说他从小就聪明机智，长大后又是仪表堂堂，但由于内心狡诈、好争权夺利，因此也给人留下了极其不好的印象。早在辽兴宗在位之时，耶律乙辛就已进入朝廷为官，并深得皇帝和皇后的青睐，屡次升迁。后来在耶律洪基继位后，耶律乙辛作为前朝的官吏，自然也得到了重用。

公元 1063 年，辽兴宗的弟弟耶律重元发动叛变，想要夺取耶律洪基的皇位。耶律乙辛和南院枢密使耶律仁先联手对叛军进行反击，最终帮助耶律洪基平定了叛乱，保住了他的皇位。因此，耶律洪基对耶律乙辛也更为器重，授其为北院枢密使，进号为魏王，并赐号匡时诩圣竭忠平乱功臣。1069 年，耶律乙辛又担任了代理太师，掌握了军权。从此，手握多项权力的耶律乙辛开始大肆收受贿赂，凡是对他阿谀奉承的人均得到了升迁，而一些忠直的大臣则遭到了排斥。如同样在平定叛乱中立功的耶律仁先就于 1065 年因受耶律乙辛而不得不出任南京，并留守在当地。

耶律浚兼领南、北枢密院事后，便立即着手对一些法令制度进行了改革，从而使耶律乙辛的权力受到了直接的限制，令他无法再为所欲为，于是便产生了对这位皇太子的嫉妒之心。虽然耶律乙辛自知无法取代皇太子之位，但他却可以设法除掉这个“眼中钉”，以恢复掌控权力的自由。于是，一场场的阴谋开始在宫廷中上演，直接威胁着皇太子耶律浚的安危。

十香词案，一代艳后萧观音香消玉殒

为了除掉皇太子，耶律乙辛多次寻找时机，不断地对耶律浚进行诬陷。然而太子也不是任人宰割的懦弱之辈，面对耶律乙辛的陷害，他每次都可以利用自己的睿智成功化险为夷。

被嫉妒冲昏头脑的耶律乙辛在多次诬陷太子未果后，又将矛头指向了皇太子的母亲萧观音，很可能是想借此来让耶律浚伤心欲绝，从而削减他的提防之心，再伺机对其进行陷害。

萧观音才华横溢，诗词歌赋样样精通，尤善琵琶。她爱好音乐，并且还能自作歌词。最初，由于志趣相投，再加上育有一子，因此萧观音与丈夫耶律洪基的生活十分美满且恩爱，但是后来，由于耶律洪基终日沉迷于狩猎，使权奸耶律乙辛手握重权，这些都让萧观音颇为担心。她多次劝诫自己的丈夫，哪知耶律洪基不仅不听，还对这个妻子产生了反感，使两个人的关系渐渐疏远。

为了发泄心中的不快，萧观音特意创作了歌词10首，称《回心院》。该词写得缠绵悱恻，情真意切，倾诉了她在失宠后的痛苦与悲凉，也抒发了他对丈夫的爱恋仍抱有很大的期盼与希望。据说，《回心院》在当时只有伶官赵惟一能弹唱得令萧观音满意，这让他们两人的关系在外人看来似乎有了一丝丝的暧昧，同时也给耶律乙辛的陷害大计提供了时机。

耶律乙辛在听到有关萧观音和赵惟一的谣传后，便暗中派人创作了一首《十香词》，再设法托人将这首歌词献给了萧观音，鼓动皇后为歌词谱曲。《十香词》的内容虽然有些暧昧，但对于时常用文字来表达自己爱情的萧观音来说却恰到好处，且赢得了她的欣赏。因此，萧观音亲自将这首词抄在了彩绢之上，并在词后加了一首名为《怀古》的小诗。正是这首诗，断送了萧观音的生命。

由于整件事都是耶律乙辛一手安排的，所以萧观音亲手抄写的《十香词》也很快落入了他的手中。他拿着诗词来到辽道宗面前，诬陷萧观音和赵惟一有染，并说这首《十香词》就是证据。对于耶律乙辛的指控，耶律洪基最初还有些将信将疑，但耶律乙辛的一个爪牙很快又在一首名为《怀古》的诗中发现了可乘之机。全诗为："宫中只数赵家妆，败雨残云误汉王；惟有知情一片月，曾窥飞燕入昭阳"，其中偏巧不巧的含有"赵惟一"三字，所以耶律乙辛一便说这就是萧观音暗恋赵惟一的表现。

耶律洪基在看到《怀古》一诗，并听完耶律乙辛的爪牙对这首诗的曲解后，顿生醋意，立即就认定萧观音与赵惟一私通。尽管在审讯过程中，萧观音一再为自己辩解，但却没有起到任何作用，反而让耶律洪基更加愤怒，对她大打出手。另一边，赵惟一也在耶律乙辛的安排下遭受了种种酷刑，使二人相继被屈打成招。最终，萧观音被耶律洪基敕令自尽，赵惟一则被凌迟处死。这次事件，因一首《十香词》而起，故史称十香词案。

母亲的含冤而死让耶律浚痛不欲生，这正好合了耶律乙辛的意，于是他开始再次计划对皇太子的诬陷。耶律乙辛先是鼓动耶律洪基应该再立皇后，并大力推荐他的心腹萧抹霞的妹妹，使萧抹霞的妹妹最终被册封为新皇后，从而进一步巩固了耶律乙辛在宫廷中的势力。与此同时，耶律乙辛又伙同众多的心腹，派护卫太保(御林军支队队长)耶律查剌去诬告太子想要弑君称帝。不过，由于证据不足，所以耶律乙辛及其党羽第一次对太子的诬告没有成功。

耶律乙辛再下杀手，昭怀太子步母后尘

不久后，从上一次失败中汲取了教训的耶律乙辛再次卷土重来，并改变了方针。他派人收买了仪仗队长萧讹都斡，让他主动找辽道宗"自首"。萧讹都斡来到耶律洪基面前，对他说："太子确实的确组织了一批同谋者，密谋造反，小臣我也预谋其中，只是现在因为害怕事发坐诛，所以才来自首，以求自保。"

昏庸无度的耶律洪基听信了萧讹都斡的谎言，由于涉及了他自身的安全问题，显然非同小可，所以耶律洪基立即下令抓获耶律乙辛所说的同太子密谋的一

干人等，并命耶律乙辛对他们进行审讯。耶律乙辛领命后，重蹈覆辙，对涉案人员实行酷刑。他派人在这些“密谋者”身上施以超重的枷锁，再让卫士用细绳勒住这些人的脖子，直到他们快窒息时才稍稍松手。在此种酷刑的折磨下，涉案人员均被迫承认了自己的“罪行”。

耶律洪基在听说“密谋者”们对“罪行”全部供认不讳后，更加愤怒，立即派人对太子进行审讯。哪知所派之人也是耶律乙辛的同党，他不顾太子一再地喊冤，私自伪造了一份太子的认罪状书，上呈辽道宗。

原本因为十香词案，耶律洪基对妻子的背叛信以为真，所以他对耶律浚的喜爱已经大打折扣了，现在再加上谋反的罪名，使他一气之下将太子贬为庶人，并囚于上京。可怜的耶律浚还没有从失去母亲的悲痛中缓解过来，就也成为了耶律乙辛阴谋中的牺牲品。

即使如此，耶律乙辛却依然没有善罢甘休，他先是派人用砖石在耶律浚的囚所之外垒砌围墙，以此来禁止其他人探视。后来干脆一不做二不休，又在暗中派出了两个人，将耶律浚活活掐死，然后再安排人传出消息，说耶律浚因病去世。此时，这个曾经身份显贵的皇太子，才年仅 20 岁。

耶律乙辛之所以会一手遮天，与耶律洪基昏庸的统治脱不了干系，若不是他终日沉迷于狩猎，将权力都交给权奸们处理，也不会酿成这么多的悲剧。然而，多行不义必自毙，据说耶律乙辛一系列的阴谋最终还是大白于天下，这不仅使他失去了官职，遭受了牢狱之灾，而且最终还被下诏缢死，可谓是一报还一报。

更可悲的是，公元 1101 年，耶律浚的儿子耶律延禧继位，是为天祚帝。为了替父亲耶律浚及奶奶萧观音报仇，天祚帝派人将耶律乙辛等人的尸体从坟墓中挖掘了出来，戮尸解恨，使耶律乙辛这个大权奸在死后都没有得到安宁。

与之相反的是，耶律洪基在得知儿子耶律浚被冤枉致死的真相后，便立即将他追封为昭怀太子，并按照天子礼葬为其举行了隆重的葬礼。而耶律浚的儿子耶律延禧，则追尊自己的父亲耶律浚庙号顺宗，谥号大孝顺圣皇帝。

千秋评说

太子耶律浚的无端被害，再次说明权力之争的残酷性。一个原本贤达仁爱的太子在多次遭到陷害后，都能自我解套，就说明了他的睿智与聪慧。

可是，耶律浚最终还是没有躲过奸佞小人泼向他的更大的污水，而成为大辽政坛上的屈死冤魂。尽管后来父皇知道真相后，又重新对这位蒙冤的太子以帝王之礼举行隆重的国葬。但这毕竟于事无补，因为耶律浚毕竟远离了他倾注满腔热情的锦绣江山。

假如没人暗算，耶律浚最终登上九五至尊的帝位，顺理成章地肩负起继往开来的历史重任。那么大辽的历史，将会因为贤达者的执政而改写。但这毕竟是假设，因为死者已无法生还，假设也许是对冤魂的最好祭奠。

朱标——未到登基身先死，满腹才华成遗憾

朱标，是明太祖朱元璋与马皇后所生的长子，也是大明王朝的第一位太子。因朱标先于太祖去世，未即皇位，被谥称懿文太子。

朱标在13岁时，便被明太祖朱元璋册封为太子。当时虽仍处于乱世，但其父朱元璋早已是一方诸侯，并凭借其出色的军事和政治才能完成了建国大业。因而，朱标从小便没有经受戎马倥偬和生活磨难。因而，在这样环境下成长的他，自幼就生性聪颖、为人忠厚。长大后更是温文儒雅、慈仁殷勤，颇具儒者风范。

生在帝王之家，就注定了朱标无法摆脱政治干系，也自然不可避免地掺和在

宫闱惊变之中。因父皇朱元璋在巩固江山上采取的是比较残酷的猛政，这让在相对安逸的环境里长大的朱标无法接受，因为他认为，朝廷应当崇尚仁政。这与父皇的执政理念有明显的冲突。但他又无法说服那位生性多疑的父皇，只得蛰伏在父皇的羽翼之下。尤其是在母亲马皇后去世后，更是少了父子之间的缓冲地带。为了让父皇采纳自己的建议，朱标也曾试探性地与父皇交流，可父皇总是以那句颇有分量的“等你做了皇帝再说！”的话，彻底封锁了朱标的嘴巴，就这样，颇有韬略的朱标却成了宫中的一只政治孤鸟，只得无奈地收起羽翼。可最终也没有等到继位，反而死在父皇朱元璋的前面了。

继位内幕

从表象上看，朱标作为大明江山的第一代储君，有着太多的自身优势，似乎天生就该龙行虎步，一路顺畅。然而，透过这些表象，进入历史内核，就不难看到，他相对短暂的一生，实则始终都处在其父朱元璋的阴影和凄厉残忍的政治斗争漩涡之中，从而使他在继位之路举步维艰。

长子 + 嫡子，朱标继位名正言顺

公元 1368 年，明太祖朱元璋灭元称帝，改国号为大明，顺利地完成了建国大业。这位开国皇帝出身于贫苦的农民家庭，仅靠自己在军事上的卓越才能赢得了天下，建立了全国统一的封建政权。因此在治国方面，朱元璋没有重复元朝末期的暴政，但却提倡以猛治国，运用法庭监狱特务和死刑镇慑官民，从而建立自己的威信。用他自己的话说就是“朕收平中国，非猛不可”。

朱元璋实行猛政的做法虽然看似残酷无情，但所取得的效果也十分显著，在政治、经济、军事、思想等方面都大力加强君主专制的中央集权统治，并推动了社会的前进。因此也很少有人对朱元璋的统治提出质疑，只有他的长子朱标时常与

其据理力争。

朱标是朱元璋与马皇后所生的孩子，既是嫡子，又是长子，因此一出生就掌握了继承父业的权力。据记载，朱标生于公元 1355 年，当时朱元璋已经在军事上取得了十分突出的成就，并早已是一方诸侯，而长子的降生则更多地激发出了朱元璋想要成就大业的雄心。与此同时，他也迅速制订好了一套培养朱标的计划，在其稍长之时就开始让他拜有名的儒学家为师，如元末明初的文学家宋濂就是其中之一。

公元 1367 年，朱元璋自称为吴王后，朱标也随即被立为世子。第二年，明朝建立，朱标则自然而然地成为了这个新王朝的第一位太子，开始了他长达 20 多年的储君生涯。

建国之后，朱元璋一边忙于国事，一边也不忘继续加大对朱标的教育力度，以培养出理想的继承人和未来的明智之君。为此，朱元璋特意在宫中设立了大本堂，收集各种古今图书，并聘请各地名儒为太子和诸王授课。同时，朱元璋还认为，作为一个皇位的继承人，不仅要有广博的学识，而且也要有一颗刚正不阿之心，只有心正了，才能将事情做到最好。因此，朱元璋又专门选招了一批德行高雅的端人正士，让他们给太子传授礼法，并控制其一言一行，要求他凡事都按礼法行事。

此外，朱元璋还常常以自己的经历训导太子，希望他可以体会到创业和守业的艰辛。据说，在朱标还是世子时，朱元璋曾派他去祭拜祖墓，希望他可以离开衣食无忧的生活，亲身去体会舟车劳顿，并借此来体察民情，了解民间生活的疾苦，这样在他继承帝位后才可以更好地勤政爱民。

在对太子的教育上，朱元璋可谓费尽了心机，然而朱标也没有辜负父亲对他所寄予的厚望。由于教育有方，因此，虽然身为皇族之后，并且从小就锦衣玉食，但朱标却丝毫没有其他贵族弟子身上的那种纨绔之风，而是温文尔雅、忠厚善良，再加上生性聪颖、勤奋好学，所学的知识都能融会贯通，年纪轻轻便颇具王者的风范。

朱标身上所体现出的优秀风范，让朱元璋看在眼里、喜在心间。于是在 1377 年，朱标 22 岁时，朱元璋见他年纪已长，便开始带着他每日与朝臣见面，并要求大臣们将一切政事都先交给太子处理，然后再交给皇帝作决断。这样一方面可以让朱标提前熟悉国政，另一方面也可以让他在协助朱元璋处理日常政务时，能够潜移默化地学习到父亲在治国方面的原则，以及勤奋的作为和处世的用心，从而为其将来管理国家奠定基础。

也正是在协助父亲处理国事的过程中，朱标与朱元璋之间的矛盾才日益明显起来。这对父子的成长环境有很大的不同，一个出身贫民，一个则出身显贵；一个严酷，一个宽大；一个在军事上有卓越的才能，提倡以猛治国，一个则从小接受儒家思想，且生性忠厚，主张实行仁政。两人在思想作风和处世方式上都大相径庭，偏偏朱元璋还是个权力欲望极强的人，在处理政事上很少听从他人的意见，甚至皇太子也不例外。

对于父亲的专横与独行，朱标所能做的只有一味地等待，但他却显然不甘于这种等待，他多次向父亲提出各种治国之道，却大部分都被朱元璋断然否决，使得朱标在挫败之余也饱受精神上的巨大压力，一腔热血无法施展，真可谓是有苦难言。

政见分歧，朱标受排挤抑郁身死

朱标虽然仁慈、宽厚，但在他的内心深处，却也埋藏着像他父亲一样的倔强。他虽然深知朱元璋忠于严猛之政，但却始终不愿顺从，而是与父亲据理力争，毫不惧怕自己的言行会触怒龙颜。实际上，如此倔强的内心，在朱标尚未和朱元璋一起处理政事之前就有所体现了。

公元 1374 年，孙贵妃去世，朱元璋要求太子为贵妃服丧一年，但却遭到了朱标的拒绝，理由是不合礼法。这件事让朱元璋十分愤怒，甚至想要用剑刺向太子，幸而在其他人的劝说下才平息下来。生性仁厚的太子，为什么会不愿为贵妃服丧?人们猜测这很可能与他不为人知的身世内幕有关。

据明末清初的潘柽章等人的考证证明,朱标并非像正史中记载的那样是马皇后的儿子,而是朱元璋的另一个妃子李氏所生。其生母为什么会被改成马皇后,人们不得而知,或许只是想要让其继承人的身份更加正统。如果这个说法属实的话,那么可想而知，从小就不能确认和接近生母的事实一定赋予了朱标更多的痛苦和无奈。因此,拒绝为父亲其他的妃子服丧,表面上是要遵从礼法,但实际上却似乎像是朱标对自己的痛苦和不满情绪的一种发泄。

朱标虽然有可能不是马皇后的亲生儿子，但这位皇后对朱标的情意却是并不比别人少。在朱元璋与朱标之间产生分歧之时,马皇后通常都会从中调和。朱元璋虽然独断,但也并不是冷酷无情的人。据说,有一次,朱元璋在征战时落败,受伤后险些被敌兵抓获,幸而马皇后将行动不便的他背在身上逃脱,才没有落到沦为战俘的境地。朱标在得知这件事后,便将其绘成了图像,一直带在身上。没想到这张图像在日后却发挥了一次意想不到的作用。

一日,朱元璋再次大开杀戒,太子立即劝告说:“陛下这样滥杀无辜,恐怕会伤了宫廷内部的和气。”对于太子的劝告,朱元璋当时没有反驳,但在第二天却故意将一根带刺的木棍放在地下,叫朱标拿起。在看到太子犹豫之时,朱元璋说:“我知道你看到这上面有刺不敢拿,所以我帮你先把这些刺去掉,再交给你才是对的。这就像我现在为你杀掉天下的坏人一样,只有都杀光了,你才能做好这个皇帝。”

对于父亲的这番言论,朱标并不认同,他说:“有什么样的皇帝,就有什么样的臣民。”此话令朱元璋更加气愤,随手就拿起椅子追打太子。朱标眼见逃不过父亲的责罚,而且当时马皇后已经离开了人世。于是他只能将随身带着的绘有马皇后救朱元璋的图像假装掉在了地上。朱元璋看到图后,想起了马皇后的旧情,也记起了她曾经多次出面调节他们父子的矛盾,因此便暂时平息了怒气,没有再对太子进行体罚。

由此可见,马皇后可谓是减缓这对父子之间矛盾冲突日益激化的一条纽带。然而,尽管如此,朱元璋和朱标之间的争执却仍然时时都在上演,并且在马皇后过世后变得更加频繁，也更加尖锐。

朱元璋统治时期，为了消灭内部的敌对力量，巩固皇家统治，他时常大开杀戒，完全不顾一些将相过去的汗马功劳，甚至也不顾及亲戚情谊和兄弟友爱，这让朱标十分不满。有一次，朱元璋欲诛宋濂。因为朱标从小便跟随宋濂学习儒学，所以在得知这一消息后，朱标立即来到父亲面前替恩师求情。但朱元璋却对他说："等你做了皇帝再赦免他吧。"这句话一语双关，不仅拒绝了朱标的求情，同时也似乎暗含着要他摆正自己地位的意义，提醒他不要对皇帝的所作所为妄加干涉。

另外，还有一次，朱元璋让朱标对一些刑囚之事进行审决，并令吏部尚书詹徽对太子进行辅佐。但在审决的过程中，朱标与詹徽却产生分歧，前者欲宽，后者欲重。对此，朱元璋最终采取了詹徽的决定，朱标不服，于是争辩说："立国应当以仁为本。"没想到此话却又一次引起了朱元璋的愤怒，他生气地说："难道你想要自己当皇帝，以此来教导我吗？"此话让朱标无言以对，并心生畏惧。

从这些事件中可以看出，朱元璋虽然给太子提供了接触和学习处理政务的机会，但却没有给他最终裁决的权力，甚至还在朱标的多次据理力争中对他产生了怀疑。这不仅让朱标无法施展自己的抱负，同时也使他们父子间的分歧日渐扩大，冲突不断升级。在被立为皇太子后，朱标不仅没有享受到这个身份的特权，反而终日生活在等待、紧张、郁闷甚至惊恐之中，这些都给他造成了难以言状的心里摧残，并且也消耗着他的生命力。

据说，在经历了与詹徽一起审决刑囚的那件事之后，没过多久，朱标便染上了重病，并于1392年不治而亡，享年37岁。皇太子的离世让朱元璋十分悲痛，他下令为朱标举行了极隆重的葬礼，并赐谥号"懿文太子"。

然而这些对于朱标来说，却都已经没有了任何意义。他出身于帝王之家，却没能享受到天伦之乐，从小便在极端的约束和压力中长大。他整整做了25年的储君，虽然踌躇满志，却一直都没有机会进行施展，能做的只有等待，但等来的却是无情的病魔。这一切的一切，都无疑让本该是一个幸运儿的朱标最终却变成了一个历史上的悲剧人物。

千秋评说

出身皇家，且贵为太子，这是多少人梦寐以求的，然而对于心地善良、崇尚仁爱和缺乏心理承受力的朱标来说，太子之尊却没有给他带来应有的幸福，反而成为毁灭其生命的负资产。

朱标一出生，就具备了继承其父权位的资格，且被朱元璋寄予厚望，从小就接受了严厉的管教。特别是在他被立为太子后，一言一行都被严格地限定在礼法的范畴内。使朱标失去了决定自己命运的权力，只能在漫长而又无奈的等待中接受政治的煎熬。特别是当他与明太祖的矛盾分歧日趋激烈时，更是承受着巨大的精神压力。最后，在多重因素的折磨下，终于尚未来得及登上他孜孜以求的皇帝宝座，就过早地先他父皇而去。

更令人悲哀的是，因为朱标的特殊身份，他从小不仅很少能够享受天伦之乐，同时也无法像常人一样沐浴人性的光辉。而作为政治人物，他也一直生活在郁闷和等待之中，至死都未获得自我做主、实现自己抱负的机会。

朱标的一生虽然尊贵，但却始终陷在政治思想的矛盾冲突之中。一方面，他所接受的教育告诉他，天下应以仁治为先，而不能采取血腥与残暴。但另一方面，其父朱元璋所推行的政策，却恰恰违背了这一宗旨。这些都给他的心灵造成了极大的伤害，使其最终因无法摆脱心理负担而提前走完了他短暂的一生。

不管时人抑或后人对朱标赋予了多少美好的希望和设想，也不管后人给他套上了怎样的美丽光环，但却始终都无法改变他郁郁寡欢的人生经历，也无法让他摆脱隐藏在荣华富贵之后的悲痛与无奈。

爱新觉罗·胤礽——两立两废几多曲折，皆因太子人格分裂

爱新觉罗·胤礽原名保成，是清圣祖康熙皇帝的嫡子，于1674年6月6日出生于北京紫禁城坤宁宫，生母是康熙皇帝的第一位皇后赫舍里氏。胤礽在康熙皇帝的诸位儿子中排行第七，但在胤礽之前出生的诸子多半早夭，因此后世称胤礽为康熙皇帝的嫡长子或皇次子。

胤礽在康熙十四年未满两岁时即被确立为清代历史上第一位，也是唯一一位受正式册封的明立皇太子。之后，康熙帝对其进行了特殊培养，希冀其成为一位明君。不料中途因康熙帝教子失当、佞臣离间等种种原因而导致太子人格分裂，心理严重扭曲，从之前的温文尔雅、谦和仁慈发展至后来的暴躁乖戾、僭越皇权，导致太子与皇帝之间矛盾丛生，以致不可调和，终于在圈禁地咸安宫内终老余生。他是历史上少有的历经两立两废的皇太子，做储君时间前后将近40年，但最终与皇位无缘，可谓悲剧一生。

继位内幕

胤礽本是康熙帝与孝诚仁皇后所生的嫡次子，但因嫡长子承祜4岁夭折，地位也因而变得十分尊贵。再加上胤礽生下来，他的母亲就因难产而死去，康熙伉俪情深，爱屋及乌。后来便作出一个惊人的决定：册立襁褓中的婴儿为皇太子，从此拉开了皇太子胤礽与康熙皇帝之间长达近40年的恩怨纠结。

身受亡母遗泽，胤礽身在襁褓成皇储

1674 年 6 月 6 日，这一天对于康熙来说是一个悲喜交加的日子。在这一天之前，康熙所有的正宫娘娘们所生的皇子都没能养大。因此，皇后赫舍里氏又生下一个皇子自然会让康熙皇帝欣喜至极。但是，痛苦的打击随之到来。在生这个皇子的过程中，皇后赫舍里氏因为难产而失血过多，在两个时辰之后便去世了。再得嫡子与突丧皇后两件事的同时发生，给年轻的康熙皇帝心中留下了挥之不去的阴影。康熙皇帝素来与赫舍里皇后感情极好，因此，在他为皇后作出诸多出人意料的善后之事后作出一个更加惊人的决定：册立刚刚出生还不满周岁，尚在襁褓之中的婴儿爱新觉罗·胤礽为皇太子。当然，令雄才伟略的康熙皇帝无论如何也想不到的是，这个婴儿竟然成了大清朝从此不再设太子之位的起因，爱新觉罗·胤礽也就成为了大清朝历史上唯一的一位皇太子。

1675 年 12 月 13 日，周岁仅一岁零七个月的爱新觉罗·胤礽正式被册封为皇太子。由于清朝并无立太子的先例，因此册封典礼上的一切庆典仪式都是从明朝沿袭过来的。在册封典礼上同时颁布的，还有三十三条皇帝赐予百姓的恩典，诸如蠲免赋税、特赦死囚等。同时，虽然太子还只是个婴儿，但康熙皇帝还是设立了专门为皇太子服务的詹事府衙门，并升内阁侍读学士孔郭岱，翰林院侍读学士陈廷敬并为詹事府满、汉詹事。

康熙皇帝立胤礽为太子的过程就是这样。为了纪念亡妻而将她的孩子立为太子，这样的理由虽然给向来野蛮黑暗的宫廷政治斗争史带来一抹温柔的色彩。但实际上，我们仔细想想就会知道，仅靠这一个理由，康熙皇帝是绝不可能说服朝中的大臣们支持自己册立太子的。事实上，康熙皇帝因为学习了汉族儒家经典，研究了中国历朝统治经验，深悉预立储君有利于皇权的连续性与稳固性，是巩固清王朝统治的头等大事，也接受了历代皇位继承的经验，特别是明朝嫡长子（正妻所生长子）继承皇位的历史传统。

与此同时，在胤礽出生的前一年，康熙皇帝颁布了撤藩诏书，历史上有名的“三藩之乱”随即爆发。在“三藩之乱”中，吴三桂以拥立朱三太子为名蛊惑人心，以之为号召来进行叛乱。吴三桂的这一举动让康熙皇帝亲身体会到了“太子”的巨大威力。于是，康熙皇帝杀掉吴三桂唯一的儿子、在北京做人质的额驸吴应熊，以丧其志、绝其望；同时，自己也立皇太子，为身后事预做准备，这样也就起到了壮大声势、稳定人心、加强皇权、巩固统治的作用。

自从下定决心把胤礽立为皇太子之后，康熙就把胤礽当做未来的皇帝进行培养。胤礽果然没有辜负父亲的期望。他本身天资聪颖，再加上康熙皇帝对他所进行的有针对性的精心调教，使胤礽几乎成为了一位文武兼备的完美皇太子，深得朝臣赞许，在朝廷中人望极高。

望眼欲穿，胤礽越位遭罢免

当了20多年贤明皇太子的爱新觉罗·胤礽渐渐感到了政治风向上的变化。公元1698年3月，康熙皇帝大肆册封诸位成年皇子。长子胤禔被封为多罗直郡王，三子胤祉被封为多罗诚郡王，四子胤禛、五子胤祺、七子胤祐、八子胤禩，俱为多罗贝勒。不仅如此，受封的诸位皇子纷纷开始参与国家政务，并且每个人都有了属于自己的一股政治势力。当然，此时诸皇子所拥有的政治资本还远远无法与当了20多年太子的胤礽相提并论。但是分封皇子，终究是在削弱皇太子的力量，也是对胤礽的一次考验。

不得不提的是康熙皇帝对皇太子胤礽的骄纵与溺爱：他默许胤礽使用与皇帝等同的皇太子仪仗、冠服；纵容胤礽挥霍浪费（当时皇太子东宫内的花销甚至比康熙皇帝自己本身的花销还要多）；胤礽脾气暴躁，就算任意鞭挞王公大臣，康熙也加以包庇，甚至“以身作则”地处置忤逆太子的人；默认私生活不检的太子放肆地广罗美女，等等。康熙皇帝不厌其烦地选撤太子的侍从，因为他坚信自己的儿子没什么过错，唯有儿子身边的小人教唆坏了太子。长期的姑息养奸，使得高高在上的胤礽养成了不可一世、蛮横无礼的性格，之前的君子气度早已荡然无存，变得乖戾暴躁，四周早已树敌无数。但是，在康熙皇帝的眼里，皇太子胤礽的一切过错都可以得到宽恕，除了一件事，那就是胤礽做太子做得不耐烦了，想要自己当皇帝，让他康熙像唐明皇一样去做太上皇。可是，已经当了几十年太子的胤礽的确有了这种倾向。

公元1708年5月，康熙皇帝巡幸塞外，命太子、长子、十三子、十四子、十五子、十六子、十七子、十八子随行。在巡幸期间，以皇长子胤禔为首的几位皇子向康熙皇帝打了小报告，历数太子胤礽的诸多不良表现。这些报告，虽然并不全是事实，但是康熙皇帝还是相信了他们的话。这是因为虽然他一再原谅胤礽的所作所为，但在内心当中也已经渐渐开始对他倒行逆施的行为生出种种不满了。这还不是最重要的，最重要的是，康熙皇帝渐渐开始察觉到了胤礽对于自己老而不死，以致他始终不能真正登基称帝的怨气。

与此同时，在这次巡幸塞外的途中，康熙皇帝刚满7岁的皇十八子胤祄患了急病，生命垂危。康熙皇帝十分焦虑，但皇太子胤礽却对此无动于衷。康熙皇帝向来疼爱这个年幼的老来子，一方面又回想起十多年来一直耿耿于怀的一件事：康熙二十九年7月，乌兰布通之战前夕，康熙出塞，途中生病，令皇太子与皇三子驰驿前迎。胤礽到行宫给皇父请安。当胤礽看到病势沉重、容颜消瘦的父亲的时候，脸上竟然没有丝毫担心忧虑的神色，也不曾对父皇良言宽慰。两件事情加起来，康熙不得不痛苦地认定，自己所立的这位皇太子根本就是个生性凉薄、只认权位不认亲的不义之徒。

返京途中，康熙帝发现皇太子夜晚靠近他的帐篷，从缝隙向里面窥视。原本，这件事情可大可小。但是与之前那几件事情联系起来，康熙皇帝立即便怀疑皇太子胤礽可能要“弑逆”。这件事也刺激康熙帝下决心立即废掉皇太子。

因此，康熙皇帝在返程的路上，在布尔哈苏台行宫召集了诸王、大臣、侍卫、文武官员，命令皇太子胤礽跪下，痛心疾首地数落胤礽的罪行。爱之深，责之切，在这次会议的过程中，康熙皇帝因为太过痛苦以至于扑倒在地，完全没有了平日里君临天下的帝王威仪。

同日，康熙帝为了打击太子集团的势力，下令将太子党首领索额图的两个儿子格尔芬、阿尔吉善及胤礽左右二格、苏尔特、哈什太、萨尔邦阿等人处死。不久之后，胤祄的病死，又给了原本已经相当脆弱的康熙皇帝以沉重的打击。康熙皇帝为了政治上的需要，不得不废斥皇太子。但废斥之后，又很难过，愤恨、失望、惋惜、怜爱，复杂的心情交织在一起，连续好几天都睡不好觉，对诸位大臣们谈起此事的时候也是唉声叹气的。

1708年9月16日，康熙皇帝一行回到北京。紧接着，康熙皇帝下令在皇帝养马的上驷院旁设毡帷给胤礽居住，又命皇四子胤禛与皇长子胤禔共同看守。当天，康熙皇帝召集诸臣于午门内，宣谕拘执皇太子胤礽之事。康熙皇帝亲自撰文告祭天地、太庙、社稷，并诏告天下，宣布废黜皇太子。

皇太子胤礽从康熙十四年初立，至康熙四十七年初废，总共当了33年太子。这时康熙帝55岁，皇太子35岁。废太子一事使康熙皇帝悲愤交加，格外痛心，心力交瘁。此时，康熙已经进入老年，而在接班人的选择上却陷入了僵局。他甚至哀求皇子们体谅体谅他，让他们不要再生事了。然而康熙皇帝的儿子太多，他在位时间又长，夜长梦多，皇子们早已形成了几个利益攸关的政治集团。他们之间的争斗，不是争夺房子、银子、珠宝和土地，而是天下那最具诱惑力的皇帝之位。面对如此巨大的诱惑，诸位皇子之间的争夺由表及里，由隐到显，由缓到急，由温到烈，势不能止。康熙帝废掉皇太子的举动不仅没有制止这种争夺，反而让皇四子胤禛，皇八子胤禩，皇十四子胤禵等一些皇子看到了继承皇位的希望，进而引发了更加激烈的夺嫡之争。

复位之后变本加厉，再遭废黜终生圈禁

作为太子，一旦被废，几乎就意味着政治生命的终结。在历史上，太子废而复立的先例几乎是绝无仅有的。但是，就在胤礽被废去太子之位的第二年，康熙皇

帝派遣大臣告祭天地、宗庙、社稷，又一次将胤礽立为了皇太子。36岁的胤礽也许当初因年幼未能体会到第一次册封大典的隆重，此刻的感受，于他而言，真如梦幻一般。

实际上，康熙之所以又一次立胤礽为太子，主要是因为他逐渐认识到自己当初施加在胤礽身上的罪名有很多不实之处。当初，康熙皇帝之所以下决心废太子，是因为他怀疑胤礽企图谋杀他。但是，在胤礽被废之后，康熙皇帝曾经去探望他，在探望的过程中，胤礽申诉说："皇父若说我别样的不是，事事都有，只弑逆的事，我实无此心。"康熙皇帝听了，不但没有斥责胤礽，反而认为他说得对，并因此下令将胤礽项上的锁链取下。本来自废太子后康熙帝就痛惜不已，每日长吁短叹，寝食不宁，这下更加对当时冲动之下所作出的决定感到后悔了。

因此，1708年11月15日，康熙帝召科尔沁达尔汉亲王额驸班第、领侍卫内大臣、都统、护军统领、满大学士、尚书等入宫，亲自在他们面前力保废太子胤礽，为他平反昭雪，说他并无谋逆之心，而且已经深深地后悔当初的言行，并提出了复立胤礽为皇太子的意向，并且当众将胤礽释放。胤礽也当众表示："父皇的谕旨是极其英明的。之前的事都是我的不对，但我毕竟是遭人陷害的。但无论如何，从今往后，我一定痛改前非，否则便不容于天地之间。"父子两人言辞恳切，这才有了前面胤礽被复立为太子的那一幕。

但是，胤礽的皇太子之位虽复，原本存在于朝廷当中的种种矛盾并未得到解决，所以很快就又发生了严惩皇太子党的事件。这次的主角是曾任步军统领的托合齐。

原来，1709年冬，多罗安郡王爱新觉罗·岳乐去世，托合齐于其丧事期间，纠集部分满族官员多次聚集在都统鄂善家宴饮，结果被人告发。在重要的丧事期间宴饮本是禁止的，但毕竟不是什么大事，康熙皇帝起初也认为宴饮之事只需稍加惩处就可以了。但值得注意的是，这次参加宴饮人员除步军统领托合齐外，还有刑部尚书齐世武、兵部尚书耿额和八旗的部分军官。这些人中有不少都手握兵权，尤其是步军统领托合齐统领的更是负有直接保卫皇帝之责的禁卫军。这样一看，这件原本极其普通的案子就变得不简单了。这件事最终还是引起了康熙皇帝的警觉，他认为托合齐一伙会饮是为在太子笼络朋党。要知道胤礽早已经厌烦了数十年的等待生活，曾多次向人抱怨。即使胤礽本人还没大胆到想要谋朝篡位，但谁能保证他的党人不鼎力拥戴呢？经过调查，康熙皇帝越来越相信自己的判断，托合齐等人极有可能不惜以武力逼迫自己传位给皇太子。康熙皇帝愤怒地指责托合齐等人为“乱臣贼子”，并且严令将托合齐一党重办。

至此，康熙皇帝与皇太子之间的矛盾，终于又一次发展到了不可调和的地步。康熙帝决定再废皇太子。

公元 1712 年 9 月 30 日，康熙皇帝向诸皇子宣布：“皇太子胤礽自复立以来，于之前所犯的过恶拒不悔改，大失人心，因此，祖宗留传下来的基业是万万不能传给这样的人的。我已经向皇太后报告了这件事，现决定拘禁皇太子胤礽，交给宗人府看押。”

公元 1712 年 11 月 16 日，康熙皇帝再次派遣官员将废皇太子一事告祭天地、太庙、社稷，并诏告天下。

胤礽第二次被废之后，被康熙皇帝下旨禁锢在咸安宫内。胤礽并不甘心，借医生为其妻石氏诊病之机，用矾水写信与外界联系，又被发觉。自此，康熙皇帝对胤礽的一举一动愈加戒备，而且再也不愿意立太子了。从此以后，朝中大臣再有上疏建议他立太子的，或处死，或入狱，一定严惩不贷。自康熙皇帝开始，整个大清王朝也就此再没立过一个太子。

千秋评说

胤礽在成为太子后的那 20 多年，本来是形势一片大好的。因为在当时，他还是父亲康熙皇帝心中的骄傲。如果康熙像他的老子顺治那样短命的话，也许历史上就不会出现“两立两废”的太子胤礽了，而是年轻有为的大清第三任皇帝胤礽。但不幸的是，胤礽遇上了中国历史上在位时间最长的皇帝康熙，因此便出现了这样的情况：当胤礽在襁褓中时，是太子；当他风华正茂时，是太子；当他人到中年的时候，他还是太子；一晃过了 30 多年，他都快垂垂老矣了，仍然做着他那看似很前途的职业——太子。不仅如此，他那些兄弟们也都各有自己的政治势力，也在虎视眈眈地窥视着太子地位。这让胤礽大感紧张，甚至都有些草木皆兵了。

与此同时，身为太子，胤礽注定要成为来自各方面中伤和施压的目标。再加上他本身也确实有些超权越位的举动，而被父皇视作精神出现了障碍，因而惨遭废黜。不过康熙皇帝毕竟是中国历史上首屈一指的有道明君，他在经过冷静思索之后，感到胤礽并没有像其他人所指责的那样有更大的政治图谋，他所使用的，也大多是些自保的手段，因此才在第二年令其重新复位。但重获大权的太子胤礽却真的开始规划自己夺权的攻势，拉帮结派，结党营私。这才最终引得康熙皇帝雷霆震怒，下了死手，胤礽的政治生命也就此彻底终结了。

从一个颇有较高人气的太子，到两次悲惨的罢免，胤礽可谓经历了人生的跌宕起伏。

溥儁——终未当上皇帝的大阿哥

溥儁，出生于 1885 年，是端郡王载漪之子，同时也为清朝的皇族成员。

溥儁的父亲载漪深得慈禧太后的器重，而母亲则是慈禧太后的侄女，因此溥儁从小便经常随母亲一起出入皇宫，与慈禧的关系非同一般。

载漪自幼好武，但他的儿子溥儁却并没有继承他的这一优点，从小不学无术，只对戏剧感兴趣，经常和下人一起去看戏，一时兴起的话还会亲自上台表演，完全没有一个皇室子弟本该有的成熟与稳重。

不过，一无是处的溥儁却偏偏被慈禧太后看重，于公元1899年在太后懿旨下入继穆宗同治为嗣，既然大清不能立太子，那就叫“大阿哥”，也就是实际意义上的皇储。

公元1900年，八国联军入侵中国，第二年，溥儁的父亲载漪因这次战争而受到牵连，被发配新疆，而溥儁的皇储之位也被废黜，成为大清帝国的一个黑色幽默。被废后的溥儁只能随父亲一起流落到了蒙古。最终于1942年郁郁而终。

继位内幕

因戊戌变法，使得慈禧太后和光绪皇帝之间的矛盾走向严重对立，她没有想到那个被自己一手扶持上帝位的傀儡光绪，竟然谋划摆脱她的控制。因而，溥儁就作为她的新一代的政治代理人，而被推上了政治舞台，并演绎了一段宛如闹剧一般的继位历史。

幼儿溥儁代光绪，慈禧执掌大清国

提到慈禧太后，很多人都不会陌生，她是清朝末期的一个十分重要的历史人物。在身份上，慈禧是咸丰皇帝的妃子，又是同治皇帝的生母，同时还是光绪皇帝的养母。在政治上，清朝末期的许多历史事件都与慈禧有关，如戊戌变法、八国联军入侵等。同时，值得一提的是，由于慈禧的一己私欲，还改变了端郡王载漪之子溥儁的人生命运。

端郡王载漪是清末的大臣，也是爱新觉罗氏的后代，其父亲奕谅人称惇亲王，为道光帝的第五子。此外，载漪的妻子，即端郡王福晋的出身也不容忽视，她与慈禧太后同属叶赫那拉氏，而且还是慈禧太后的侄女。所以，端郡王与福晋的儿子溥儁继承了爱新觉罗氏和叶赫那拉氏的双重血统。同时，由于溥儁的母亲与慈禧太后的关系甚好，经常带着他入宫与太后见面，因此慈禧对这个孩子也十分熟悉和喜爱。这些都为溥儁最终成为慈禧太后新一代政治代理人而奠定了基础。

慈禧太后之所以会想要让溥儁成为自己新一代的政治代理人，主要原因即是由于她与光绪之间日益尖锐的矛盾。慈禧自同治皇帝登基后就开始垂帘听政，虽然一直都在幕后，但却掌握着国家的最高权力。到光绪皇帝继位后，由于年纪尚小，所以垂帘听政的特权也依然把持在慈禧的手中。正所谓习惯成自然，因此慈禧太后在掌握清朝的最高统治权很多年后，自然不愿意轻易地将这些权力拱手让人。甚至是在光绪皇帝长大成人，开始实行亲政后，慈禧仍坚持在幕后操控，从而引起了光绪的不满。

一方面，光绪不甘于做一个傀儡皇帝；另一方面，慈禧太后又不舍得放弃自己手中的权力，从而导致这对母子之间的关系迅速僵化，并产生了许多矛盾冲突。而在戊戌变法之后，光绪和慈禧太后的关系则近乎达到了剑拔弩张的地步。

戊戌变法是发生在公元1898年的一场政治改革运动，由光绪皇帝亲自领导，启用康有为、梁启超等一些维新派人士，按照西方国家的模式对清朝的政治体制进行革新，以帮助中国走上君主立宪制的现代化道路。但由于变法危及到了封建守旧势力的利益，同时推行的速度也过于仓促，因此很快便受到了以慈禧太后为首的保守派的反对，从而演变成了一场政治斗争。

据说，在遭到保守派的反对后，光绪帝原本打算依靠袁世凯囚禁慈禧，但却反被袁世凯出卖。最终，光绪被慈禧关进了中南海瀛台，而其他维新派人物也相继被杀或逃亡，导致戊戌变法失败。由于这次革新运动仅维持了100天左右的时间，因此又称百日维新。

戊戌变法虽然以失败而告终，但这是中国历史上第一次资产阶级改良运动，且出发点和目标都十分正确，因此也是虽败犹荣。与此同时，通过这次变法，光绪帝和慈禧太后剑拔弩张的关系也彻底地浮出了水面。

对于光绪的“背叛”，慈禧在气愤之余也开始着手进行安排，希望可以设法清除这个不再听话的傀儡。慈禧先是借戊戌变法之势囚禁了光绪，接着又四处传播皇帝病重的消息，这样一来，她在除掉光绪后，也就不会有人怀疑了。然而，慈禧的这个阴谋却很快遭到了破坏，因为洋人在听说光绪生病之后，便自告奋勇地要帮他治病。慈禧不敢不给洋人面子，于是便让他们去给光绪看病，从而使皇帝病重的这个假消息不攻自破。

一计不成，再生一计。慈禧眼见先除掉光绪的计划失败，于是决定先挑选出新的继承人，再设法取代光绪的地位，为自己换一个新的傀儡。制订好计划后，慈禧又召见了荣禄进行密谈。荣禄是清朝的官员，官至总管内务府大臣，同时也是慈禧的得力助手。在经过一番密谈之后，慈禧决定将端郡王载漪之子溥儁立为“大阿哥”，即皇帝的继承人。

值得一提的是，在清朝之前，中国封建王朝在皇帝之位的继承上一直遵循着“有嫡立嫡，无嫡立长”的规矩。但这个规矩在进入清代后却被完全打破了，尤其是在慈禧太后掌权期间，继承人的人选则全部由她亲自定夺。于是，密谈后不久，一道以光绪帝名义颁布的诏书也随之出现。诏书中光绪自称不能养育子嗣，因此特立端郡王载漪的儿子为“大阿哥”。而此时，光绪帝仍被关在中南海的瀛台之中，所以这道诏书的幕后主使也就显而易见了。

内外交困，“保庆”皇帝梦一场

据说，溥儁不仅拥有爱新觉罗氏和叶赫那拉氏的双重血统，而且还擅长下棋和绘画，更重要的是还会唱戏，与慈禧太后志趣相投，因此在太后眼中，溥儁可谓是一个不可多得的人才。然而，慈禧立溥儁为“大阿哥”的主要原因，却并不是因为他能讨得自己的欢心，而是深知溥儁不学无术，没有雄才大略，并且又年纪尚轻，被立为“大阿哥”时才 15 岁，所以也很容易操控，使慈禧能够达到继续在幕后长期操纵权力之目的。

此外，慈禧选中溥儁的另一个原因则很可能是沾了其父载漪的光。虽然载漪的父亲奕誴与慈禧相互对立，但是对于自幼好武的载漪，慈禧却十分喜爱，一心想将他培养成自己的心腹，并将他过继给了瑞怀亲王之子瑞敏郡王奕志，后被册封为端郡王（其实原本为瑞郡王，但据说在当时的奏折中因笔误而将“瑞”写成了“端”，所以也就将错就错了）。在慈禧的精心培养下，载漪对她自然也是忠心不二，全力支持慈禧太后的霸权事业。据了解，载漪还曾向慈禧主动提出，说自己的儿子溥儁可以做大阿哥，从而也更加坚定了慈禧的决心。

公元 1899 年，溥儁被立为“大阿哥”后，便奉命迁出了端郡王府，入住阿哥所的弘德殿。同时，慈禧还安排了大学士徐桐照料溥儁，另外又召来了清代唯一一位旗人状元崇绮和陕安道道台高庆恩，以及翰林侍读宝丰、崇寿等人来担任溥儁的老师，迅速地完善了大阿哥的班底，可见慈禧对这个傀儡阿哥相当重视。

不过，尽管慈禧为溥儁创造了更加优越的生活和学习环境，但正所谓朽木不可雕也，15 岁的溥儁所具有的顽劣作风已经根深蒂固，并不是一朝一夕就能改变的。再加上溥儁的父亲载漪也是一介武夫，又是京城有名的花花公子，爱好声色犬马、吹拉弹唱。偏偏这些嗜好都被溥儁所继承，进宫后，他似乎根本不知道“大阿哥”这个身份的重要性，依然像从前一样不学无术，整天吃喝玩乐、提笼架鸟，还时不时地唱几段戏，仿佛将弘德殿当成了一个大戏台。

而且，据慈禧宫中的一个小宫女所说，溥儁虽然聪明，但完全不通事理，稍有不如意就对着天大哭，怎么劝都没用，俨然是一个被惯坏的顽童。然而，就是这样一个纨绔子弟，却偏偏成了一个将要继承皇位的“大阿哥”，不免让人觉得既荒唐又可笑。

不过这一切对慈禧来说却是极其严肃的，溥儁只是她的一个筹码，能够帮助她继续把持最高权力，至于筹码的好坏就不是她需要考虑的事情了。

公元 1900 年正月初一，溥儁以大阿哥的身份到大高殿、奉先殿行礼。此后不久，慈禧便开始迫不及待地预定为光绪举行禅位典礼，让溥儁取而代之，并改年号为“保庆”。同时，在荣禄的建议下，慈禧又给各国公使发出邀请，让他们前来道贺。但此举却遭到了各国公使的断然拒绝，公使们纷纷表示，他们并不接受新皇帝的上任。另外，慈禧的决定在清政府内部也遭到了强烈反对，迫于内外的双重压力，慈禧只能将废帝一事暂时搁置下来。

在此期间，国外的列强对中国的侵略愈演愈烈，使国内相继涌现出了大批“反洋教”的团体，统称为义和团。最初，清政府内部对义和团有两种意见，一派主张借助义和团来抵抗外国，另一派主张镇压义和团与外国主和。前者以载漪等人为代表，后者则以李鸿章、袁世凯等为主。在还没有出现废帝一事之前，慈禧一直在这两派中间犹豫不决，直到她看似周密的计划遭到了洋人的拒绝后，她才决定接受载漪一伙等人的意见，通过义和团来对抗洋人。这样不仅可以解决战乱问题，而且如果将洋人们赶出中国，他们也就无权再干涉废帝之事了。

于是，在公元1900年5月，慈禧太后向俄、英、法、美、日等列强宣战。次月，义和团开始在载漪等人的安排下向外国使馆发动进攻。让慈禧没有想到的是，她想要借助义和团赶走洋人的计划不仅没有达到预期的效果，却反而引来了八国联军的入侵。这些外国列强早就对中国的领土窥伺已久了，只是一直都没有找到入侵的机会，而慈禧的公然宣战则正好给外国列强们提供了一个入侵中国的充足理由。

对于八国联军的入侵，慈禧始料未及，清兵被打得节节败退，毫无还击之力。眼见八国联军很快就要逼近京师了，慈禧只能挟持了仍在被软禁的光绪，并带着“大阿哥”溥儁，以及载漪等人仓皇出逃，一路向西，前往西安。

据说，在逃亡的路上，“大阿哥”溥儁仍玩心不减，一路吹拉弹唱，好不自在，似乎并不像是逃亡，倒像是在游山玩水，根本就不把国家的兴亡放在心上。与溥儁相比，操控权力多年的慈禧就显得颇为明智了，她当然知道失权事小，失国却事大，于是当各国公使提出要以严惩罪魁和皇上、皇太后必须回京为条件缔结合约之时，慈禧立即应允，并表示会马上和皇帝回北京。最终，在公元1901年9月7日，清政府与英、美、俄、德、日、意、法、奥、西、比、荷等十一国签订了耻辱的《辛丑条约》。

各国公使要求严惩罪魁，并列出了惩凶的名单，其上“大阿哥”溥儁的父亲载漪赫然居其首。载漪为了能让自己的儿子登上皇位，对于主张义和团抵抗洋人一事最为热心，所以他被列为罪魁也是毋庸置疑的，这一点慈禧太后不会不知道，但为了保卫国土，保全自己的性命，她也只能放下一己私欲。

此后不久，慈禧就按照条约的规定，将载漪发配新疆，永远监禁。而作为罪魁的儿子，溥儁自然也不再具备继续做大阿哥的条件，并由此失去了他所存在的价值。最终，慈禧在返京途中，以载漪获罪祖宗，其子溥儁不宜做“皇储”为由，宣布了废除“大阿哥”的称号。

溥儁被废后，虽然得到了其父载漪的大量财产，也有了一段婚姻，但婚后的生活却并不如意。夫妻经常吵架不说，而且由于两人是近亲结婚，因此他们的长子生下来就是弱智。次子倒是聪明伶俐，但只活到 5 岁就不幸夭折。再加上一无所长的溥儁很快就将父亲留给他的财产挥霍一空，变得贫穷凄苦。于是在公元 1942 年，由于积忧成疾，溥儁撒手人寰，死后被薄葬于一座寺庙的后院中。

就这样，曾经甚嚣尘上的“大阿哥”事件才最终落下帷幕。由于整件事宛如一场闹剧，且颇有些喜剧的色彩，因而溥儁这位差一点成为“保庆”皇帝的“大阿哥”也成了历史上的一个跳梁小丑，不断被后人所笑谈。

千秋评说

溥儁作为“大阿哥”身份的出现，是慈禧太后对光绪皇帝的彻底封杀和全面否定。他被选为“皇储”后，也的确风光过一阵子，并曾经一度认为自己背后有慈禧太后这样重量级的政治操盘手，理应感到十分坦然，因此也对他自己的另立中央前景充满期待。

其实，溥儁只是个不学无术的浪荡公子，入皇宫后头上贴了张“大阿哥”的护身符，再加上背后有慈禧太后的这样别具分量的政治靠山，其行为就更加荒诞不经，做起了登上龙位的春秋大梦。即便是在八国联军入侵中国后，跟随慈禧太后避难到西安时，仍未改其一贯的胡作非为的本性。他时常与太监私出野游，甚至在宫中拔取皇后簪珥戏乐，还与宫女私通。

当然，关于这位候补皇帝的传闻很多。一日，在戏园争座位，溥儁竟率太监与人大战于城隍庙之庆喜园，结果太监受创大败。后来，他又迷恋上一个妓女，且染上了梅毒。但好在，历史终于没有给这位不学无术的纨绔子弟更多的机会，要不然，就不知道会有多少关于他的雷人段子将要发生了。